CINQUIÈME ÉDITION

LES FEMMES DES TUILERIES

L'APOGÉE

DE

NAPOLÉON III

(1860)

PAR

IMBERT DE SAINT-AMAND

PARIS
LIBRAIRIE DENTU
78, BOULEVARD SAINT-MICHEL

Tous droits réservés.

L'APOGÉE DE NAPOLÉON III

(1860)

LES FEMMES DE VERSAILLES

I.	La Cour de Louis XIV..............................	3 50
II.	La Cour de Louis XV...............................	3 50
III.	Les Dernières Années de Louis XV............	3 50
IV.	Les Beaux Jours de Marie-Antoinette.........	3 50
V.	La Fin de l'Ancien Régime........................	3 50

LES FEMMES DES TUILERIES

I.	Histoire du Château des Tuileries.............	3 50
II.	Marie-Antoinette aux Tuileries..................	3 50
III.	Marie-Antoinette et l'Agonie de la Royauté..	3 50
IV.	La Dernière Année de Marie-Antoinette......	3 50
V.	La Jeunesse de l'Impératrice Joséphine......	3 50
VI.	La Citoyenne Bonaparte...........................	3 50
VII.	La Femme du Premier Consul....................	3 50
VIII.	La Cour de l'Impératrice Joséphine............	3 50
IX.	Les Dernières Années de l'Impératrice Joséphine.	3 50
X.	Les Beaux Jours de l'Impératrice Marie-Louise...	3 50
XI.	Marie-Louise et la Décadence de l'Empire...	3 50
XII.	Marie-Louise et l'Invasion de 1814.............	3 50
XIII.	Marie-Louise, l'Ile d'Elbe et les Cent-Jours..	3 50
XIV.	Marie-Louise et le Duc de Reichstadt.........	3 50
XV.	La Jeunesse de la Duchesse d'Angoulême....	3 50
XVI.	La Duchesse d'Angoulême et les deux Restaurations	3 50
XVII.	La Duchesse de Berry et la Cour de Louis XVIII	3 50
XVIII.	La Duchesse de Berry et la Cour de Charles X...	3 50
XIX.	La Duchesse de Berry et la Révolution de 1830...	3 50
XX.	La Duchesse de Berry et la Vendée.............	3 50
XXI.	La Captivité de la Duchesse de Berry.........	3 50
XXII.	Les Dernières Années de la Duchesse de Berry..	3 50
XXIII.	La Jeunesse de la Reine Marie-Amélie........	3 50
XXIV.	Marie-Amélie et la Cour de Palerme...........	3 50
XXV.	Marie-Amélie au Palais-Royal....................	3 50
XXVI.	Marie-Amélie et la Cour des Tuileries.........	3 50
XXVII.	Marie-Amélie et la Duchesse d'Orléans.......	3 50
XXVIII.	Marie-Amélie et l'Apogée du règne de Louis-Philippe	3 50
XXIX.	Marie-Amélie et la Société Française en 1847..	3 50
XXX.	La Révolution de 1848.............................	3 50
XXXI.	Les Exils...	3 50
XXXII.	Louis-Napoléon et Mademoiselle de Montijo..	3 50
XXXIII.	Napoléon III et sa Cour...........................	3 50
XXXIV.	La Cour du Second Empire (1856-1858)......	3 50
XXXV.	La France et l'Italie (1859).......................	3 50
XXXVI.	L'Apogée de Napoléon III (1860)................	3 50

Les Femmes de la Cour des derniers Valois............	3 50
Deux Victimes de la Commune............................	3 50
Souvenirs (poésies)..	3 50
Portraits des Grandes Dames.............................	3 50
Madame de Girardin...	3 50
Histoire du Château des Tuileries illustrée...........	5 00

ÉDITIONS SPÉCIALES DÉDIÉES A LA JEUNESSE

La Cour de Louis XIV.......................................	3 50
La Cour de Louis XV..	3 50
Les Beaux Jours de Marie-Antoinette..................	3 50
La Jeunesse de l'Impératrice Joséphine...............	3 50

EN PRÉPARATION :

Le Règne de Napoléon III (1861).

LES FEMMES DES TUILERIES

L'APOGÉE
DE
NAPOLÉON III
(1860)

PAR

IMBERT DE SAINT-AMAND

PARIS
LIBRAIRIE DENTU
78, boulevard Saint-Michel, 78

Tous droits réservés, y compris la Suède et la Norvège

INTRODUCTION

L'année 1860 peut être considérée comme l'apogée du second Empire. A l'intérieur comme au dehors elle est marquée par de grands événements. L'annexion de la Savoie et de Nice à la France est plus qu'une conquête, c'est un triomphe de la force morale, une proclamation du principe que les peuples ont le droit de disposer de leur sort. Jamais adjonction de territoire ne s'est faite dans des conditions plus flatteuses pour un pays. L'expédition de Syrie, nouvelle croisade, est la victoire de l'humanité et de la civilisation contre le fanatisme et la barbarie. La campagne de Chine, rehaussée par le mirage de l'éloignement et par d'incroyables succès, atteint les proportions de la légende. Le traité de commerce avec l'Angleterre inspire aux partisans de la liberté commerciale des espérances ilimitées. Le décret du 24 novembre, progrès sensible dans la voie de la liberté politique, présage ce qu'on appelle le couronnement de l'édifice.

L'Empereur et l'Empire sont encore dans la force de l'âge. Né le 28 avril 1808, Napoléon III a cinquante-deux ans, et n'a rien perdu de son activité physique et morale. Jouissant d'une excellente santé, habile aux exercices du corps, alerte, infatigable, il remplit avec autant de zèle que d'exactitude tous ses devoirs de souverain. Il règne et il gouverne. Indécis parfois sur les moyens, il ne l'est pas sur le but. Ce qu'il poursuit, c'est à l'intérieur le fonctionnement harmonieux d'une démocratie césarienne, au dehors la mise en vigueur du principe des nationalités. Sa politique est une politique réformatrice, humanitaire, cosmopolite. Il a la prétention d'être surtout un homme de progrès, d'inaugurer un droit nouveau, d'être l'ami des humbles, des opprimés, des prolétaires, d'emprunter au socialisme tout ce que le socialisme peut avoir d'utile et de pratique, d'améliorer le sort moral et matériel du plus grand nombre, de faire avancer dans la voie de la civilisation non seulement la France, mais le genre humain tout entier. Les problèmes les plus ardus et les projets les plus grandioses tentent son imagination romanesque et aventureuse. Ses idées sont parfois les idées d'un rêveur. Mais elles partent toujours d'un esprit élevé et d'un cœur généreux.

À voir la démarche lente, le calme imperturbable, la physionomie impassible du souverain, on ne se douterait pas à quel point son cerveau travaille. L'économie politique ne le préoccupe pas moins que la diplomatie, et il veut faire entrer l'industrie et le commerce dans une ère nouvelle. Les affaires d'Italie lui donnent au moins autant de soucis que les affaires de France. Outre son gouvernement officiel, il a une sorte de gouvernement occulte, des agents secrets, un service particulier d'informations, des journalistes que lui-même inspire directement. Il lui arrrive quelquefois de rédiger, souvent de corriger des articles. Jamais monarque ne s'est plus occupé de la presse, et n'en a plus reconnu la puissance. Il est en rapport même avec des journaux dont les tendances passent pour être républicaines, et à certains moments, ces journaux-là reflètent sa pensée plus exactement que la presse officieuse. Il prête aussi une attention marquée aux choses militaires et continue ses études sur son arme favorite, l'artillerie. Malgré de si multiples occupations, il n'a jamais l'air d'être pressé, et ne se plaint jamais de son fardeau. On peut dire qu'il joue son rôle de souverain avec l'aisance d'un grand acteur.

L'Empereur a le don de se faire aimer. Son affabilité, sa courtoisie, son extrême douceur, ont un charme qui séduit ses adversaires eux-mêmes. Il a dans le caractère un fond de modestie que ses succès n'ont nullement diminué. Jamais il ne laisse échapper un mouvement d'infatuation ou d'orgueil, d'impatience ou de colère. Généreux jusqu'à la prodigalité, indulgent jusqu'à l'exagération, bon jusqu'à la faiblesse, il est le maître le plus facile à servir, le plus bienveillant, le meilleur pour ses serviteurs, grands et petits.

Le prestige de l'Empereur n'a reçu encore aucune atteinte. Comme tout lui a réussi depuis son avènement au trône, on s'imagine que l'heureux monarque a fait un pacte avec la fortune. Alors même qu'il est en Italie le jouet des évènements, on se persuade qu'il en est l'arbitre et le directeur. Les partis désarmés et découragés semblent avoir renoncé à la lutte. Les royalistes, divisés contre eux-mêmes par l'antagonisme existant entre les Bourbons de la branche aînée et ceux de la branche cadette, ont abandonné leurs projets de fusion. La république, dont M. Thiers a dit qu'elle finissait toujours dans le sang ou l'imbécillité, ne semble plus être qu'une chimère. On la croit morte et incapable de ressusciter. La vie de l'Empereur n'est plus menacée par aucun attentat. Les sicaires italiens ont rentré leurs poignards dans leur gaine, Napoléon III jouit en paix des succès de son règne. En 1860, de tous les souverains, c'est assurément lui qui tient la plus grande place dans le monde.

L'Impératrice est à l'apogée de sa beauté, comme l'Empereur est à l'apogée de son pouvoir. Née le 5 mai 1826, cinq ans jour pour jour après la mort de Napoléon, dont elle devait perpétuer la race, elle a trente-quatre ans, et, comme le dit le général Fleury, on ne lui en donnerait que vingt-cinq. De toutes les souveraines c'est sans contredit la plus belle, la plus à la mode, la plus adulée. Partout où elle apparaît, elle éblouit, elle fascine les foules. Ses voyages sont autant d'ovations. On l'admire, on l'applaudit, on l'acclame. Sept ans de règne lui ont donné l'habitude et l'expérience du rang suprême. Elle s'acquitte à merveille de ses fonctions d'impératrice. Personne, à cette époque, ne lui adresse de reproches. On trouve tout naturel que ses sympathies soient pour le Pape, parrain de son fils, et parfois même on regrette qu'elle n'ait pas plus d'influence sur son époux. Le luxe qu'elle déploie n'est nullement critiqué. Il contribue abondamment à la prospérité du commerce parisien, et l'on reconnaît que l'Impératrice des Français doit être la femme la plus élégante, la mieux parée du monde entier. Mère heureuse entre toutes, elle constate avec joie l'intérêt que toutes les classes de la société témoignent à son fils.

Le Prince Impérial a quatre ans révolus, le 16 mars 1860. Sa grâce et sa gentillesse sont extrêmes. Les Parisiens aiment à le voir se promener en voiture dans les allées du Bois de Boulogne. Ils suivent avec une attention amicale ses progrès. C'est véritablement l'enfant de la France. On croit à son avenir et à la durée de la dynastie.

L'édifice semble indestructible, et cependant ses bases vont être ébranlées. Comme il arrive presque toujours dans l'histoire des grands règnes, c'est l'apogée elle-même qui est le signal du déclin, et rien n'est plus trompeur que la prospérité. C'est précisément pendant le voyage triomphal fait par l'Empereur et par l'Impératrice dans les départements nouvellement annexés que se produisent les premières causes de la décadence du règne. A Chambéry, le 28 août, le général Cialdini et M. Farini, sous prétexte de complimenter Napoléon III, viennent lui demander pour l'armée piémontaise l'autorisation d'envahir les États de l'Église. D'un seul mot, le souverain pourrait empêcher cette violation du droit des gens, et alors il n'y aurait ni unité de l'Italie, ni unité de l'Allemagne. Six ans plus tard, il n'aurait également qu'un seul mot à dire pour empêcher la guerre entre les Prussiens et les Autrichiens. S'il déclarait à ce moment que dans le cas où l'Autriche serait attaquée il la défendrait, la Prusse ne songerait même pas à entamer la lutte, et alors point de Sadowa, point de Sedan. A partir de 1860, la politique extérieure de Napoléon III manque de netteté et de fermeté. Indécise et variable, elle louvoie entre les défenseurs et les adversaires de la Papauté, entre le roi de Sardaigne et le roi de Naples, entre le respect des traités et la Révolution.

Le voyage triomphal de 1860 fut également pour l'Impératrice le prélude des catastrophes futures. Le 18 septembre, près d'Alger, pendant l'éblouissante fantasia, où sa beauté arracha aux Arabes un long cri d'admiration et de surprise, elle souffrait déjà cruellement. Sa sœur la duchesse d'Albe était morte l'avant-veille, et, tout en lui cachant la fatale nouvelle, on la lui laissait pressentir. Le retour en France fut précipité, et, en débarquant, après une traversée contrariée par un temps horrible, elle apprit à la fois la mort de sa sœur et l'écrasement de l'armée pontificale à Castelfidardo. Ce jour-là elle eut l'intuition de tous les malheurs que l'avenir lui réservait, et reconnut l'inanité des gloires et des grandeurs humaines. L'année des ovations fut aussi l'année des angoisses.

Le public n'avait pas les mêmes inquiétudes que l'Impératrice. Le sentiment qui dominait c'était l'optimisme. Seuls quelques esprits perspicaces entrevoyaient à l'horizon les points noirs. La foule croyait la France invulnérable et invincible. Quiconque aurait prédit des catastrophes telles que les capitulations de Sedan, de Metz et de Paris, la révolution du 4 septembre, la Commune, l'incendie des châteaux de Saint-Cloud et des Tuileries, aurait passé non seulement pour un trembleur, mais pour un fou. Heureuse et fière d'elle-même, la France se mirait dans sa gloire, se persuadant qu'elle était la reine des nations, comme Paris la capitale des capitales. Il faut avoir vécu à cette époque pour se rendre compte de ce qu'il y avait alors dans le caractère français de fierté et d'audace, d'entrain et de gaité.

Ce n'est pas sans émotion que je vais essayer de retracer, avec sa lumière et ses ombres, le tableau d'une année qui me reporte aux illusions et aux enchantements de ma jeunesse. Comme mes contemporains, j'étais tout à la joie de l'heure présente, et, plein de confiance dans l'avenir, je ne songeais pas aux précipices qui étaient au bout de la route. Aujourd'hui l'expérience permet de méditer sur les erreurs commises et d'apprécier les événements avec une impartialité absolue.

C'est pour les peuples malheureux une consolation de se rappeler leur grandeur passée, mais c'est en même temps un devoir d'étudier les causes qui la leur ont fait perdre et de travailler ainsi à la reconquérir. L'histoire, si elle se transforme en école de patriotisme, devient un enseignement, une force, une espérance.

IMBERT DE SAINT-AMAND.

L'APOGÉE
DE NAPOLÉON III

I

LE JOUR DE L'AN

En se réveillant le 1ᵉʳ janvier 1860, plusieurs personnes se demandaient si le jour de l'an se passerait sans quelque coup de théâtre comme celui qui avait marqué le 1ᵉʳ janvier précédent. On se rappelait que ce jour-là Napoléon III avait adressé, d'un ton calme et courtois, à l'ambassadeur d'Autriche, la phrase qui avait été comme le signal de la guerre d'Italie. L'Empereur n'allait-il pas tenir encore un langage dont toute l'Europe aurait à s'émouvoir ? Il n'en fut rien ; la réception du Corps diplomatique eut lieu au château des Tuileries sans incident. Le nonce du Pape, en sa qualité de doyen, prononça le compliment d'usage, et se borna à offrir au souverain les vœux et les hommages du Corps diplomatique. Napoléon III répondit : « Je suis heureux de rappeler que, depuis mon entrée au pouvoir, j'ai toujours professé le plus profond respect pour tous les droits reconnus, et que le but constant de mes efforts sera de rétablir partout, autant qu'il dépendra de moi, la confiance et la paix. » Cette déclaration était vague, mais n'avait rien de menaçant.

Le même jour, l'Empereur reçut une lettre que la reine Victoria lui avait adressée, la veille, pour lui souhaiter la bonne année. S. M. britannique s'exprimait ainsi : « Puisse l'année qui commence ne vous apporter que bonheur et contentement ! Celle qui s'en va a été orageuse et pénible, et laisse le deuil dans bien des cœurs. Je prie Dieu que, dans celle qui vient, l'œuvre de la pacification, avec tous les bienfaits qu'elle apporte au progrès et au repos du monde, puisse s'accomplir sans entraves Il y aura bien des idées divergentes, bien des intérêts en apparence hostiles à concilier ; mais, le ciel aidant, et nous-mêmes ne cherchant que le bonheur de ceux dont nous sommes appelés à diriger et à régler le sort, il n'y a pas lieu de désespérer d'un sort heureux. »

L'Empereur répondit : « J'espère que l'année qui commence ne sera marquée par aucune des péripéties qui ont agité l'année 1859, et ce que je désire par-dessus tout, c'est que dans l'intérêt du progrès et de la paix de l'univers, elle puisse resserrer encore davantage notre alliance qui a toujours été féconde en heureux résultats. »

Si à Paris le jour de l'an n'avait donné lieu à rien d'anormal, il n'en fut pas de même à Rome. Le duc de Gramont, ambassadeur de France, écrivait au comte Walewski, ministre des Affaires étrangères : « Un incident presque pénible a signalé la réception au Vatican de MM. les généraux et chefs de corps de l'armée française. Sous l'empire des préoccupations qui l'absorbent depuis quelques jours, le Saint-Père, dans sa réponse au général de Goyon, s'est laissé gagner par l'émotion, et quelques phrases, prononcées avec une énergie et un ton qui ne lui sont pas familiers, ont fait à Rome un événement politique d'une audience qui, jusqu'à ce jour, n'avait jamais été qu'un échange de formules courtoises. »

Le général de Goyon venait de présenter à Pie IX les hommages de l'armée d'occupation. Le Saint-Père lui répondit : « Monsieur le général, si chaque année nous avons reçu avec plaisir les vœux que vous nous avez présentés au nom des braves officiers et de l'armée que vous commandez si dignement, ces vœux nous sont doublement chers aujourd'hui à cause des événements exceptionnels qui se sont succédé, et parce que vous nous assurez que la division française qui se trouve dans les États Pontificaux y est placée pour la défense des droits de la catholicité. Que Dieu vous bénisse donc, vous et toute l'armée française ! Qu'il bénisse également toutes les classes de cette généreuse nation ! »

La fin de l'allocution du Pape attesta les alarmes et les inquiétudes qui le faisaient souffrir, surtout depuis la publication de la brochure : *Le Pape et le Congrès*. Le Saint-Père prononça, avec une émotion qui se communiqua à son auditoire, ces chaleureuses et pathétiques paroles : « En nous prosternant aux pieds de ce Dieu qui fut, est et sera dans l'éternité, nous le prions, dans l'humilité de notre cœur, de faire descendre ses grâces et ses lumières sur le Chef auguste de cette armée et de cette nation, afin qu'éclairé de ces lumières, il puisse marcher sûrement dans sa route difficile, et reconnaître encore la fausseté de certains principes qui ont été produits ces jours derniers dans un opuscule qu'on peut appeler un monument insigne d'hypocrisie et un tissu ignoble de contradictions. Nous espérons, disons plus, nous sommes persuadé qu'à l'aide de ces lumières, il condamnera les principes contenus dans cet opuscule. Nous en sommes d'autant plus convaincu que nous possédons quelques pièces, qu'il y a quelque temps Sa Majesté eut la bonté de nous faire parvenir, et qui sont une véritable condamnation de ces principes. C'est avec cette conviction que nous implorons Dieu pour qu'il répande ses bénédictions sur l'Empereur, sur son Auguste compagne, sur le Prince Impérial et sur toute la France. »

L'allocution de Pie IX impressionna vivement l'Impératrice. Aux yeux de la souveraine, qui tenait plus qu'à tout autre chose au maintien de l'accord entre le trône et l'autel, l'année commençait mal, puisqu'elle indiquait les symptômes d'un dissentiment grave entre le Vatican et les Tuileries. Le Saint-Père, le parrain du Prince Impérial, qualifiait de « monument insigne d'hypocrisie » une publication notoirement inspirée par l'Empereur, et il laissait clairement entendre que pour la continuation de ses bons rapports avec l'Empire, il exigeait le désaveu de cette publication. Malgré tout son dévouement au Saint-Siège, l'Impératrice n'espérait pas pouvoir obtenir un pareil désaveu, et elle entrevoyait avec effroi les difficultés de la situation.

Autant l'Empereur désirait mettre un terme à l'occupation de Rome par ses troupes, autant l'Impératrice souhaitait le maintien de cette occupation. Rien ne lui plaisait davantage que la protection accordée au Souverain Pontife par l'Empereur, fils aîné de l'Église, veillant, comme un moderne Charlemagne, sur le patrimoine de saint Pierre. Elle commençait déjà, pour défendre le pouvoir temporel du Pape, la lutte ardente qu'elle continua pendant toute la durée du règne de son époux. En agissant ainsi elle obéissait à une conviction profonde, car elle croyait les intérêts de l'Église liés d'une manière intime aux intérêts de l'Empire. Que l'occupation française à Rome blessât l'Angleterre, puissance protestante, naturellement jalouse des gloires séculaires de la France, l'Impératrice se l'expliquait très bien, mais ce qu'elle ne pouvait pas comprendre, c'est que le gouvernement impérial, qui trouvait dans le clergé un si puissant appui, voulût se l'aliéner en renonçant à une mission qui plaçait la nation française à la tête de la race latine et lui assurait auprès de sa clientèle catholique, dans le monde entier, un crédit et un prestige extraordinaires. La cause du Saint-Père eut dans l'Impératrice une avocate passionnée et souvent éloquente.

Dès ce moment, il se forma dans les conseils de l'Empereur deux camps opposés, quelque chose comme une droite et une gauche. Le prince Napoléon était à la tête de la gauche, l'Impératrice à la tête de la droite. Le souverain, qui, dans sa politique extérieure autant que dans sa politique intérieure, aimait à *diviser pour régner*, cherchait à tenir la balance égale entre les deux partis dont il était l'arbitre. Nous verrons, pendant toute l'année dont nous allons faire le récit, se poursuivre et s'accentuer leur antagonisme.

Au début de 1860, les diplomates français, presque sans exception, étaient des hommes de droite, et leur chef, le comte Walewski, s'était opposé, autant qu'il l'avait pu, au programme du comte de Cavour. Aussi l'Impératrice le vit elle avec regret donner sa démission et céder le portefeuille des Affaires étrangères à un homme moins hostile aux prétentions de la Sardaigne.

II

LA DÉMISSION DU COMTE WALEWSKI

Le comte Walewski était à la tête de la diplomatie française depuis le 8 mai 1855. Je me souviens du prestige qu'avait sur ses subordonnés un ministre des Affaires étrangères au temps de Napoléon III. C'est au comte Walewski que je devais mon entrée dans la carrière diplomatique. Je me rappelle avec quelle émotion, quel respect je pénétrai un jour dans son cabinet, à la suite des membres du comité du contentieux, qui me faisaient rédiger les procès-verbaux de leurs séances. Il daigna m'adresser un mot d'encouragement. Son origine, sa belle prestance, son masque napoléonien, son exquise politesse, son air de grand seigneur lui donnaient un aspect imposant. Le soir, quand je l'apercevais aux réceptions du ministère des Affaires étrangères, alors si élégantes, et dont la comtesse Walewska faisait si gracieusement les honneurs, quand je le voyais avec son grand cordon, entouré des hommages de tous les diplomates français et étrangers, il me faisait l'effet d'un homme absolument heureux. J'ignorais encore les soucis qui s'attachaient à cette fonction si haute et si enviée de ministre des Affaires étrangères.

Jusque vers la fin du Congrès de Paris, l'accord entre l'Empereur et le comte Walewski avait été complet; depuis cette époque, il n'existait plus. Autant Napoléon III était favorable aux idées du comte de Cavour, autant son ministre leur était opposé. L'entrevue de Plombières avait été faite en dehors du comte Walewski; il n'était point partisan de la guerre d'Italie, et avait fait tous ses efforts pour en abréger la durée. Diplomate de l'ancienne école, il avait pris au sérieux les préliminaires de Villafranca, le traité de Zurich, la proposition d'un Congrès. Toute cette œuvre s'écroulait. A quoi bon tant de dépêches, tant de notes, tant de télégrammes, tant de courriers, tant d'allées et venues de diplomates? Néant que tout cela. Le vent de la révolution avait balayé toutes les paperasses diplomatiques.

L'encre avec laquelle les plénipotentiaires avaient signé le traité de Zurich était à peine séchée, que cet acte, si péniblement élaboré, était déjà caduc. Au fond, les puissances contractantes n'en souhaitaient pas l'exécution. Victor-Emmanuel ne se souciait pas plus d'être le confédéré de François-Joseph que François-Joseph ne se souciait d'être celui de Victor-Emmanuel. La présidence honoraire, offerte à Pie IX, lui semblait être une compensation dérisoire de la perte des Légations, et, tant que celles-ci ne lui auraient pas été restituées, le Saint-Père déclarait hautement qu'il n'entrerait dans aucune espèce de négociations. La perspective d'une combinaison en vertu de laquelle l'empereur d'Autriche n'aurait été en Vénétie que ce que le roi des Pays-Bas était dans le grand-duché de Luxembourg ne plaisait nullement à François-Joseph. Du moment où il vit la possibilité de conserver la domination effective de la Vénétie, il n'attacha plus que peu de prix à l'exécution d'un traité qui la lui eût fait perdre.

De son côté, Napoléon III, après de longues hésitations, s'était décidé à abandonner à la Sardaigne toute l'Italie centrale, y compris les Légations, et ne voulait plus d'un Congrès où il lui aurait été difficile de justifier des annexions si contraires aux traités. Pendant quelque temps encore, il cacha sa pensée, et le comte Walewski continua à soutenir les droits reconnus. Mais le ministère des Affaires étrangères n'était plus qu'une façade, la diplomatie un trompe-l'œil. Le duc de Gramont, à Rome, le prince de La Tour d'Auvergne, à Turin, souffraient du rôle qu'on leur faisait jouer. Interprètes officiels d'une politique qui était celle du ministre des Affaires étrangères, mais qui n'était plus celle du souverain, ils se trouvaient sans cesse dans une position fausse. Les dépêches dont ils donnaient lecture étaient considérées comme de simples formalités. On ne prenait au sérieux ni leurs conseils, ni leurs remontrances, ni leurs promesses.

Jusqu'à la fin de 1859, le comte Walewski avait espéré la réunion du Congrès et une solution conforme aux clauses du traité de Zurich. On lisait dans la Chronique de la quinzaine publiée par la *Revue des Deux-Mondes* le 1er janvier 1860 : « Le mot seul de Congrès avait eu une vertu magique d'apaisement. On allait donc le tenir enfin ce merveilleux spécifique de paix. On se rassurait par système. Les questions italiennes ! On les oubliait, on les ajournait jusqu'au moment où les médecins consultants de l'Europe se réuniraient au quai d'Orsay. Le Congrès reculait-il du 5 janvier au 19, tant mieux ; c'était quinze jours de gagnés pour ce suave et trop court *farniente* politique. Eh bien ! ce n'est pas nous qui aurons le cœur de blâmer ceux qui, sachant estimer cette trêve, l'ont voulu déguster sans distraction ; elle a duré moins longtemps encore qu'ils ne semblaient pouvoir se le promettre. »

L'échafaudage diplomatique venait, en effet,

d'être renversé comme un château de cartes. Il avait suffi pour cela d'une simple brochure anonyme : *Le Pape et le Congrès*. Inspirée par l'Empereur, à l'insu de son ministre des Affaires étrangères, elle avait paru le 23 décembre, et l'on avait compris que Napoléon III, en la publiant, se proposait de rendre le Congrès impossible. Le comte Walewski espéra peut-être encore que cette publication n'ayant pas un caractère officiel, la partie n'était pas complètement perdue. Mais la lettre adressée par l'Empereur au Pape, le 31 décembre, dissipa les dernières illusions du ministre.

La conclusion de la lettre était celle-ci : « Je le dis avec un regret sincère, et quelque pénible que soit la solution, ce qui me paraîtrait le plus conforme aux intérêts du Saint-Siège, ce serait de faire le sacrifice des provinces révoltées. Si le Saint-Père, pour le repos de l'Europe, renonçait à ces provinces qui, depuis cinquante ans, suscitent tant d'embarras à son gouvernement, et qu'en échange il demandât aux puissances de lui garantir la possession du reste, je ne doute pas du retour immédiat de l'ordre. Alors le Saint-Père assurerait à l'Italie reconnaissante la paix pendant de longues années et au Saint-Siège la possession paisible des États de l'Église. Votre Sainteté, j'aime à le croire, ne se méprendra pas sur les sentiments qui m'animent ; elle comprendra les difficultés de ma situation; elle interprètera avec bienveillance la franchise de mon langage, en se souvenant de tout ce que j'ai fait pour la religion catholique et son auguste chef. »

Le Pape, lié par un serment solennel, considérait comme un devoir de conscience de ne céder aucune portion des Etats de l'Eglise. Nulle force humaine n'aurait pu l'y décider. Il repoussa énergiquement l'idée de se faire représenter dans une assemblée diplomatique dont sa dépossession aurait été le programme. Le Congrès fut donc abandonné, et le comte Walewski, partisan de l'autonomie toscane et des revendications du Pape, renonça à son portefeuille.

Le *Moniteur* du 5 janvier 1860 publia un décret du 4, ainsi conçu : « M. Thouvenel, ambassadeur à Constantinople, est nommé ministre des Affaires étrangères, en remplacement de M. le comte Walewski, dont la démission est acceptée. » La retraite du ministre n'était pas, d'ailleurs, une disgrâce, car, le jour même où sa démission était acceptée, un décret spécial attribuait à ceux des membres du Conseil privé qui n'exerçaient aucune fonction salariée, un traitement de cent mille francs. Parmi les membres du Conseil privé, le comte Walewski était seul dans la situation prévue par le décret, et en créant ainsi, sans le concours de l'autorité législative, une dépense nouvelle, l'Empereur témoignait sa reconnaissance pour les services rendus par son ancien ministre.

La retraite du comte Walewski ne produisit qu'une légère impression sur le public, alors peu au courant de ce qui se passait dans les coulisses diplomatiques. L'Empereur, responsable, occupait seul la scène, et l'on s'occupait peu de ses ministres. On savait d'ailleurs que M. Thouvenel, diplomate de carrière, était un homme de grand mérite, et l'on se plaisait à croire qu'il serait à la hauteur de sa tâche. Les journaux ne parlèrent presque pas du changement qui avait lieu au quai d'Orsay. Pour en comprendre la signification, il fallut recourir à un article d'un journal anglais, le *Morning Post*, que reproduisit le *Moniteur* du 8 janvier. — On lisait dans cet article : « Depuis quelque temps, il était évident que la politique du comte Walewski avait pris une certaine pente vers ce que l'on est convenu d'appeler le parti réactionnaire. Si M. le comte Walewski n'est pas lui-même, et d'une façon absolue, légitimiste, dans le sens ordinaire de ce mot, il a montré des dispositions favorables aux réclamations des princes italiens dépossédés. Nous concevons parfaitement qu'avec les sentiments si élevés qui le distinguent il n'ait point voulu se faire l'instrument d'une politique qu'il ne peut approuver. » L'article continuait par un éloge de M. Thouvenel, et se terminait par cette phrase : « Il n'y aura plus de ces hésitations qui ont signalé l'intervalle entre l'entrevue de Villafranca et le moment actuel. La tête qui dirige la politique de la France sera d'accord avec la main qui la fera exécuter. Dans tous les cas il n'y aura pas d'intervention, et l'on ne mettra pas d'opposition à ce que l'Italie prenne, au milieu des nations de l'Europe, le rang qui lui appartient, et qui satisfera à la fois les vœux de l'empereur Napoléon et les désirs de la nation anglaise. »

Ainsi donc c'est par un journal anglais que le public était mis au courant de la situation diplomatique de la France. Ne donner, sur une question aussi délicate et aussi grave que la démission du ministre des Affaires étrangères, d'autres éclaircissements qu'un article du *Morning Post*, était une particularité digne de remarque. La phrase relative à l'Italie pouvait être considérée comme un présage de toutes les concessions que Napoléon III ferait, dans la péninsule, à la politique unitaire.

III

LA LETTRE AU MINISTRE D'ÉTAT

Napoléon III aimait les coups de théâtre. Il se plaisait à étonner ses ministres eux-mêmes et à prendre des résolutions imprévues, œuvre de son initiative personnelle. Il occupait l'opinion publique par des changements à vue et aimait à mettre tour à tour en lumière les idées belliqueuses et les idées pacifiques. Au moment où le projet de Congrès était abandonné et où une reprise de la guerre pouvait être à craindre, il voulut rassurer les esprits en ne parlant que des victoires du commerce, de l'industrie et de l'agriculture. Comme il se préparait à réclamer l'annexion de Nice et de la Savoie, il savait qu'il allait éveiller des défiances et des jalousies en Europe et qu'on le représenterait comme un souverain ambitieux et avide de conquêtes. Il s'attacha donc à se donner des apparences entièrement pacifiques. D'autre part, il n'ignorait pas que le traité de commerce qu'il préparait mystérieusement avec l'Angleterre soulèverait de la part des protectionnistes français les critiques les plus vives et les plus passionnées. Il voulut préparer les esprits à ce traité, en développant lui-même, dans un document qu'il livrerait à la publicité, des idées se rapprochant de la théorie du libre échange. Telle fut l'origine de la lettre qu'il adressa, le 5 janvier, à M. Fould, ministre d'État, et que publia le *Moniteur* du 15.

Très claire et facile à comprendre par les paysans comme par les ouvriers, la lettre du 5 janvier portait le cachet du style et du caractère de l'Empereur. Elle révélait le souverain philanthropique, l'homme de progrès décidé à mettre au-dessus de toutes ses autres préoccupations politiques l'amélioration du sort moral et matériel du plus grand nombre. Elle rappelait les écrits humanitaires qu'il avait autrefois rédigés dans la forteresse de Ham, pour tracer le programme d'un règne auquel il était alors seul à croire. Écrite le lendemain même de la démission du ministre des Affaires étrangères, elle détournait l'attention publique des complications de plus en plus graves auxquelles donnaient lieu les questions italiennes. C'était une diversion habile et opportune.

La lettre commençait ainsi : « Monsieur le

ministre, malgré l'incertitude qui règne encore sur plusieurs points de la politique étrangère, on peut prévoir avec confiance une solution pacifique. Le moment est donc venu de nous occuper des moyens d'imprimer un grand essor aux diverses branches de la richesse nationale. Je vous adresse dans ce but les bases d'un programme dont plusieurs parties devront recevoir l'approbation des Chambres, et sur lequel vous vous concerterez avec vos collègues afin de préparer les mesures les plus propres à donner une vive impulsion à l'agriculture, à l'industrie et au commerce. »

L'Empereur entrait ensuite dans la doctrine libre échangiste. « Depuis longtemps, disait-il, on proclame cette vérité qu'il faut multiplier les moyens d'échange pour rendre le commerce florissant ; que, sans concurrence, l'industrie reste stationnaire et conserve des prix élevés qui s'opposent aux progrès de la consommation ; que, sans une industrie prospère qui développe les capitaux, l'agriculture elle-même demeure dans l'enfance. Tout s'enchaîne donc dans le développement successif des éléments de la prospérité publique. »

Le souverain réformateur ajoutait : « il faut améliorer notre agriculture et affranchir notre industrie de toutes les entraves intérieures qui la placent dans des conditions d'infériorité. Aujourd'hui, non seulement nos grandes exploitations sont gênées par une foule de règlements restrictifs, mais encore le bien-être de ceux qui travaillent est loin d'être arrivé au développement qu'il a atteint dans un pays voisin. Il n'y a donc qu'un système général de bonne économie politique qui puisse, en créant la richesse nationale, répandre l'aisance dans la classe ouvrière. »

Faire participer l'agriculture aux bienfaits des institutions de crédit ; défricher les forêts situées dans les plaines et reboiser les montagnes ; affecter tous les ans une somme considérable aux grands travaux de dessèchement, d'irrigation et de défrichement ; affranchir de tout droit les matières premières indispensables à l'industrie ; lui prêter à un taux modéré les capitaux destinés au perfectionnement de son matériel ; faire exécuter le plus promptement possible les voies de communication, canaux, routes et chemins de fer ; abaisser l'impôt sur les denrées de grande consommation, telles sont les grandes lignes du programme de l'Empereur : « Par ces mesures, disait-il, l'agriculture trouvera l'écoulement de ses produits ; l'industrie, affranchie d'entraves intérieures, aidée par le Gouvernement, stimulée par la concurrence étrangère, luttera avantageusement avec les produits étrangers, et notre commerce, au lieu de languir, prendra un nouvel essor. »

Comment ces améliorations pourront-elles

être obtenues sans troubler l'équilibre financier? La conclusion de la paix a permis de ne pas épuiser le montant de l'emprunt contracté pour la guerre de 1859. Il reste une somme considérable disponible, qui, réunie à d'autres ressources, s'élève à environ cent millions. En demandant au Corps législatif l'autorisation d'appliquer cette somme à de grands travaux publics et en la divisant en trois annuités, on aura environ cinquante millions par an à ajouter aux sommes considérables déjà portées annuellement au budget.

L'Empereur ne songe pas seulement aux intérêts matériels, il songe aussi aux intérêts moraux. Avec les ressources extraordinaires disponibles, il veut achever promptement les chemins de fer, les canaux, les routes et les ports, mais il veut aussi relever les cathédrales et les églises, encourager dignement les sciences, les lettres et les arts.

Napoléon III résumait ainsi sa pensée à la fin de sa lettre :

Suppression des droits sur la laine et sur les cotons ;

— Réduction successive sur les sucres et les cafés ;

— Amélioration énergiquement poursuivie des voies de communication ;

— Réduction des droits sur les canaux et par suite abaissement des frais de transport ;

— Prêts à l'agriculture et à l'industrie ;
— Travaux considérables d'utilité publique ;
— Suppression des prohibitions ;
— Traités de commerce avec les puissances étrangères.

On ne peut contester à la lettre impériale une grande allure. Elle rompait avec la routine et ouvrait à la prospérité nationale des voies toutes nouvelles. La presse officieuse l'accueillit avec enthousiasme, mais les mécontents furent nombreux. L'Empereur venait de porter un rude coup aux privilèges des grands manufacturiers. En annonçant la négociation des traités de commerce, il indiquait sa volonté d'accueillir sur le marché français, moyennant une juste réciprocité, les produits étrangers et de substituer à la prohibition un tarif assez libéral, pour faciliter les échanges internationaux. Prêts à profiter de toutes les mesures qui pouvaient diminuer leurs prix de revient et accroître leurs bénéfices, les partisans du régime prohibitif n'étaient nullement disposés à accepter la concurrence étrangère. Ils auraient volontiers coupé le programme impérial en deux et supprimé la dernière partie, celle qui faisait pressentir la prochaine conclusion de traités de commerce avec les puissances étrangères.

Comme les embellissements de Paris, les réformes économiques allaient rencontrer les plus vives résistances. Si l'Empereur avait consulté préalablement les Chambres, il n'aurait obtenu aucun résultat. Son initiative individuelle pouvait seule réussir, et sans sa volonté indomptable, la routine partout et toujours aurait empêché le progrès.

IV

LE GÉNÉRAL DE MONTAUBAN

Au moment même où il préconisait les idées pacifiques pour l'Europe, Napoléon III avait décidé pour l'Extrême-Orient une des campagnes les plus hardies qui furent jamais. Avec son audace habituelle, et sa passion pour les dangers et les entreprises aléatoires, il avait organisé une expédition lointaine et merveilleuse, destinée plus que toute autre à frapper les imaginations. Il la faisait de compte à demi avec l'Angleterre, comme celle de Crimée, et il avait l'espoir que cette nouvelle confraternité d'armes arrêterait les jalousies héréditaires des Anglais à l'égard de la France. Dans sa pensée, le traité de commerce et l'expédition de Chine atténueraient l'irritation et les défiances que l'annexion de Nice et de la Savoie ne manquerait pas de faire naître à Londres.

D'autre part, à l'heure où de graves difficultés s'élevaient entre le Saint-Siège et lui, l'Empereur aimait à donner un gage éclatant de sa sollicitude pour la cause de la chrétienté, et il lui plaisait de défendre la croix en Chine avec l'épée de la France. Plus une entreprise était périlleuse, plus elle lui souriait. Plus une contrée était éloignée, plus il était heureux d'y déployer ses aigles.

Les causes de conflit avec la Chine remontaient à plusieurs années. Au commencement de 1855, un missionnaire français, M. Chapdelaine, y avait été torturé et mis à mort. En 1856, dans les eaux de Canton, un petit bâtiment portant pavillon britannique avait été capturé par les autorités chinoises. La France n'avait pas voulu laisser l'Angleterre se venger seule. En 1857, les flottes des deux nations bombardaient Canton. En 1858, elles forçaient les défenses du Pei-Ho, et remontaient le fleuve jusqu'à Tien-Tsin, ville située à environ trente-cinq lieues de Pékin. Les Chinois effrayés se décidèrent alors à négocier. Le 27 juin 1858, un traité fut signé, qui ouvrait de nouveaux ports aux Européens, proclamait le libre exercice de la religion chrétienne, stipulait au profit des alliés une indemnité de guerre, et portait que les ratifications seraient échangées à Pékin.

Un an plus tard, les ministres de France et d'Angleterre, MM. de Bourboulon et Bruce, avaient quitté Shanghaï, avec l'intention de se rendre à Pékin pour y procéder, comme cela était convenu, à l'échange des ratifications du traité. Arrivés à l'embouchure du Pei-Ho, ils la trouvèrent barrée. Les forts chinois des deux rives couvrirent de leurs feux croisés les canonnières des deux puissances. 430 Anglais et 15 Français furent mis hors de combat et les deux diplomates n'eurent plus qu'à retourner à Shanghaï. C'est le 25 juin 1859, le lendemain même de la bataille de Solférino, que cet outrage avait été fait à la France et à l'Angleterre. Il ne pouvait rester impuni.

Les cabinets de Paris et de Londres examinèrent donc de concert les mesures qu'il convenait de prendre pour tirer une vengeance éclatante de la déloyauté des Chinois. Ils ne tombèrent pas immédiatement d'accord sur l'importance ni sur le but de la nouvelle expédition. Napoléon III désirait que les opérations militaires fussent poussées aussi loin que possible, pour laisser dans l'esprit des Chinois une impression durable. Le gouvernement de la reine hésitait. Les difficultés qu'il éprouvait à envoyer si loin un corps d'armée, et la crainte d'avoir à constater la supériorité des armes de la France sur celles de l'Angleterre, comme en Crimée, le détournaient d'une action décisive. Mais l'Empereur insista, et, à la suite d'actives négociations qui occupèrent les mois de septembre et d'octobre, son opinion finit par prévaloir. On reconnut qu'une démonstration navale n'était pas suffisante, et la guerre de Chine fut décidée. La France s'engagea à fournir un contingent de 12,000 hommes, et l'Angleterre un contingent de 18,000, dont une partie serait demandée à l'armée des Indes.

Napoléon III eut d'abord l'idée de confier le commandement des forces françaises au général Trochu qui, à Solférino, dans un moment critique, avait fait preuve de coup d'œil et de sang-froid, lorsqu'il avait amené une des brigades de sa division au secours du 4e corps. Napoléon III avait une sympathie un peu aveugle pour l'homme qui fut si fatal à sa dynastie. Un jour que, dans une conversation intime avec le général Fleury, il passait en revue les mérites et les défauts des généraux de l'armée d'Italie, il dit, quand vint le tour de Trochu : « Celui-là est le plus fort de tous. » Il lui offrit le commandement en chef de l'armée de Chine, pour lui fournir l'occasion de mériter le bâton de maréchal. Mais, le général Trochu ayant décliné une offre si flatteuse, le général Fleury proposa à l'Empereur le général de Montauban.

Né en 1796, ce général avait conservé, à soixante-trois ans, toute la vigueur et toute l'activité de la jeunesse. C'était un homme plein de courage et d'intelligence, exerçant, par un heureux mélange de fermeté et de bonté, un grand ascendant sur les troupes, brillant militaire, habile organisateur, avec les qualités d'un diplomate. Le général Fleury a dit dans ses *Souvenirs* : « C'était à lui, alors chef d'escadrons des spahis d'Oran, que j'avais été adressé par mon ami le marquis du Hallay, lorsque j'étais simple engagé volontaire. Il m'avait reçu en père, et m'avait épargné les ennuis des premiers commencements, jusqu'au jour où Yusuf, arrivant prendre le commandement du régiment, m'avait pris pour son secrétaire. On n'oublie jamais les sympathies qu'un chef vous a montrées dans les dures épreuves de l'apprentissage militaire. »

Père d'une nombreuse famille, et ne possédant aucune fortune, le vaillant officier d'Afrique avait eu des embarras d'argent que ses rivaux exploitaient contre lui, et qui avaient nui à sa carrière. Arrivé au grade de colonel, les étoiles lui avaient été plusieurs fois refusées avant la Révolution de 1848. Mais fortement appuyé par l'ancien engagé volontaire devenu puissant à l'Élysée, et ensuite aux Tuileries, il était devenu général de brigade en 1851 et général de division en 1855. Après avoir commandé la province d'Oran, il était à la tête de la 21e division militaire à Limoges, quand, à son grand étonnement, il apprit sa nomination de commandant en chef de l'armée de Chine. Il accepta sans la moindre hésitation la tâche si périlleuse, devant laquelle des hommes beaucoup plus jeunes avaient reculé.

Les Français se croyaient alors invincibles. Ils avaient la passion du danger et de la gloire. Rien ne pouvait arrêter l'irrésistible élan de leur héroïsme. Le 7 novembre 1859, une circulaire du ministre de la Guerre, adressée aux chefs de corps pour le recrutement de l'expédition, provoqua des demandes si nombreuses qu'on dut choisir des officiers et des soldats d'élite. Ainsi fut composé un admirable corps de huit mille hommes, composé de deux régiments d'infanterie de ligne, d'un régiment d'infanterie de marine et d'un bataillon de chasseurs à pied. C'est la petite phalange qui devait faire des miracles. Le général de Montauban lui adressa cette proclamation : « Votre tâche est grande et belle à remplir ; mais le succès est assuré par votre dévouement à l'Empereur et à la France. Un jour, en rentrant dans la mère patrie, vous direz avec orgueil à vos concitoyens que vous avez porté le drapeau national dans des contrées où la Rome immortelle, au temps de sa grandeur, n'a jamais songé à faire pénétrer ses légions. »

Le corps expéditionnaire français fut embarqué à Toulon, au mois de décembre 1859, et dirigé vers la Chine par la longue route du cap de Bonne-Espérance. Désireux de devancer ses troupes et de préparer lui-même son installation sur le sol chinois, le général de Montauban prit, avec son état-major, une voie plus rapide, celle de l'Egypte. Le 12 janvier 1860, il s'embarqua à Marseille sur la *Panthère*, paquebot de la Compagnie Péninsulaire Orientale. Il avait le titre officiel de commandant en chef des forces françaises de terre et de mer de l'expédition de Chine. Il était investi en outre de tous les pouvoirs diplomatiques. Ses instructions le rendaient maître de donner à l'expédition la direction qu'il croirait utile aux intérêts de la France, mais en se concertant avec le représentant de la reine Victoria et avec le commandant en chef des troupes britanniques. Plus tard, et malgré les engagements pris avec lui, on lui enleva une partie de ses pouvoirs, pour les attribuer à un ambassadeur et à un amiral. Mais le général de Montauban accepta sans murmurer une décision contraire à l'unité d'action qui aurait été si désirable, et mena à bien, malgré des obstacles inouïs, une entreprise qui a dépassé les fabuleux exploits de Cortez et de Pizarre.

V

LE TRAITÉ DE COMMERCE AVEC L'ANGLETERRE

Le 23 janvier 1860 — onze jours après que le général de Montauban s'embarquait à Marseille pour la Chine — le traité de commerce entre la France et l'Angleterre était signé à Paris, d'un côté par M. Baroche, président du Conseil d'Etat, chargé de l'intérim du ministère des Affaires étrangères, en attendant l'arrivée de M. Thouvenel, et par M. Rouher, ministre de l'Agriculture, du Commerce et des Travaux publics; de l'autre, par le comte Cowley, ambassadeur de Sa Majesté britannique près de l'Empereur des Français, et par M. Richard Cobden, membre de la Chambre des Communes.

Jamais négociations n'avaient été menées plus mystérieusement. L'entreprise, dirigée contre les protectionnistes, fut un véritable complot, un coup d'Etat économique.

Napoléon III rompait brusquement avec les traditions de la politique commerciale française.

Le système protecteur avait été réglementé par Colbert.

Le plan de Napoléon Ier fut de fermer à l'Angleterre non seulement les ports français, mais le commerce du monde entier.

Sous la Restauration, les prohibitions les plus rigoureuses avaient été strictement maintenues.

Sous le règne de Louis-Philippe, beaucoup de grands manufacturiers et de grands industriels siégeaient soit à la Chambre des pairs, soit à la Chambre des députés, et jamais ils n'auraient permis qu'une atteinte quelconque fût portée à leurs privilèges.

Les mêmes doctrines et plusieurs des mêmes hommes se trouvaient au Corps législatif, et l'Empereur avait d'abord craint de froisser les intérêts et de provoquer l'opposition de personnages influents dont le concours n'avait pas été inutile au rétablissement des institutions impériales.

Dans les méditations de captivité de Ham, le futur souverain s'était déclaré le partisan de la liberté commerciale. Mais, arrivé au pouvoir, il avait dû d'abord reculer devant les résistances opiniâtres que rencontraient ses projets de réforme et ses idées cosmopolites.

Un premier essai, fait en 1856, avait été infructueux. Au moment où siégeait le Congrès de Paris, l'Empereur avait dit à l'un des plénipotentiaires, lord Clarendon : « Je sais que vous êtes un zélé libre échangiste. Eh bien ! je suis heureux que mon Conseil d'État achève l'élaboration d'un projet qui répondra à vos tendances. » En effet, le 9 juillet 1856, une proposition de loi avait été transmise au Corps législatif, en vue de supprimer toutes les prohibitions. Mais le souverain réformateur avait trop compté sur la docilité de la Chambre. Le projet y reçut un si mauvais accueil qu'il fut retiré, avec la promesse, insérée dans le *Moniteur*, qu'il ne serait pas représenté avant 1861.

Napoléon III était la persévérance et la patience mêmes. Jamais il ne tenait plus à ses idées qu'au moment où il semblait y avoir renoncé.

En France, le principal représentant de la doctrine du libre échange était M. Michel Chevalier, ancien saint-simonien, professeur d'économie politique au Collège de France en 1840, devenu impérialiste, collaborateur régulier du *Journal des Débats*, président du Conseil général de l'Hérault, département viticole et libre échangiste. En Angleterre, c'était M. Richard Cobden. Ces deux hommes se rencontrèrent en 1859 à Bradford, où les économistes de l'école de Manchester s'étaient réunis en Congrès.

M. Cobden vint ensuite à Paris, où il eut avec l'Empereur d'importants entretiens, et lui parla de la statue élevée à Robert Peel avec cette ins cription sur le piédestal : « Il améliora le sort des classes laborieuses et souffrantes, par l'abaissement du prix des denrées de première nécessité. » Rappeler un tel souvenir, c'était toucher la corde sensible chez Napoléon III : « De toutes les récompenses, s'écria le monarque humanitaire, c'est celle que j'envierais le plus. »

Briser les entraves de la routine, attaquer les monopoles, apparaître comme le défenseur des ouvriers, des paysans, des prolétaires, subordonner aux intérêts du plus grand nombre ceux des chefs de la féodalité financière, commerciale et industrielle, c'était un plan conforme aux sentiments démocratiques d'un souverain qui, plus dévoué au peuple que bien des républicains, était surtout un philanthrope. M. Cobden n'eut pas de peine à le convaincre. La cause plaidée par le libre échangiste anglais était gagnée d'avance. L'Empereur prit la résolution inébranlable de la faire triompher sans retard, en dépit de toutes les oppositions et de tous les obstacles. L'Angleterre étant la première des puissances industrielles, un traité passé avec elle serait le type des conventions futures conclues avec les autres États, et la liberté commerciale triompherait.

Napoléon III était convaincu qu'aucune vaste réforme ne pouvait être accomplie par les assemblées, et que tout ce qui s'était fait de grand sous son règne avait été le résultat de son initiative et de sa volonté personnelles. Pendant que les protectionnistes, s'endormant sur les promesses qui leur avaient été faites en 1856, se persuadaient que rien ne serait changé sans qu'ils fussent consultés, l'Empereur se souvint que la Constitution lui reconnaissait le droit de conclure des traités de commerce, sans avoir à se préoccuper de l'assentiment des Chambres. Le sénatus-consulte du 25 décembre 1852 lui accordait cette prérogative. Il crut le moment venu pour lui de s'en servir. Il conspira aux Tuileries avec M. Cobden pour la liberté commerciale, comme il avait conspiré à Plombières avec M. de Cavour pour l'indépendance italienne. Dans toute sa carrière, on retrouve le même système de préparations mystérieuses conduisant à des coups d'audace. Les expéditions de Strasbourg et de Boulogne, le deux décembre, la guerre d'Italie, le traité de commerce avec l'Angleterre procédèrent de la même tactique. La devise de Napoléon III semblait être : surprendre le monde entier.

Le traité du 23 janvier 1860, qui fixait pour une durée de dix années l'état des relations commerciales entre la France et l'Angleterre, était, en matière économique, une véritable révolution. Soit pour les articles jadis prohibés, soit pour les autres, le système adopté devenait celui des tarifs modérés. Les fils, les tissus, les fers, les aciers, les machines, les outils de provenance étrangère seraient introduits en France moyennant des droits qui ne pourraient dépasser en aucun cas 30 pour 100 de la valeur. Ces tarifs devaient entrer en vigueur à des dates diverses, dont la plus éloignée se trouvait reculée jusqu'au 1er octobre 1861 pour les fils et les tissus. Quant aux houilles, le droit qui était de trois francs soixante centimes la tonne, serait à bref délai supprimé. Pour la première fois, le marché français s'ouvrait largement aux produits britanniques.

En échange, la France obtenait la franchise complète pour les articles de fantaisie ou de mode, ainsi que pour les soieries, et une réduction de droits pour les vins et les spiritueux.

Le traité était définitif pour la France. Pour l'Angleterre, il devait être soumis à la ratification du Parlement.

Signé le 23 janvier, le traité fut tenu secret pendant quelques jours encore. Le public ne l'apprit que le 10 février. Bien accueilli dans les villes maritimes et dans les départements viticoles, il souleva une explosion de murmures dans les centres manufacturiers et industriels. Les producteurs de houille, de fer, de fils et de tissus virent avec un extrême dépit disparaître un régime douanier qui leur procurait de beaux bénéfices pour le présent et leur assurait, croyaient-ils, pleine sécurité pour l'avenir. Leur surprise et leur déception furent aussi vives que leur mécontentement. Ils étaient forcés de le reconnaître, l'Empereur avait usé de son droit strict. Mais n'était-ce pas là un abus du pouvoir personnel, une marque de défiance, une bravade à l'égard des Chambres? Les partisans les plus dévoués de l'Empire méritaient-ils d'être les victimes d'un pareil procédé? Pourquoi les négociations avaient-elles été tenues secrètes? Pourquoi les hommes les plus compétents n'avaient-ils pas même été consultés? Pourquoi, en un seul jour, par un trait de plume, les questions les plus ardues et les plus graves se trouvaient-elles irrévocablement tranchées? De Rouen et de Lille, de Tourcoing et de Roubaix, toutes sortes de plaintes arrivèrent. Les maîtres de forges et les chefs des industries textiles qui siégeaient au Corps législatif se firent surtout remarquer par leurs doléances.

Il n'y a pas d'oppositions plus ardentes et plus acharnées que celles qui ont pour mobiles les intérêts. Malgré toute sa puissance, Napoléon III ne put mettre un terme à la lutte violente engagée entre les protectionnistes et les libres échangistes. Elle devait se poursuivre pendant toute la durée de son règne. Elle continue encore. La liberté commerciale finira peut-être par triompher dans le monde. Mais en ce moment elle subit une éclipse. Les deux camps n'ont pas désarmé. Ils conservent chacun leurs positions. Le débat n'est pas encore tranché. *Adhuc sub judice lis est.*

VI

L'AGITATION RELIGIEUSE

Le gouvernement impérial avait à lutter en même temps contre deux oppositions, l'une fondée sur les intérêts matériels, et l'autre sur les intérêts religieux. Sir Charles Gréville écrivait dans son *Journal* le 22 janvier 1860 : « Pour braver à la fois le parti clérical et le parti protectionniste, il faut que l'Empereur ait une extraordinaire confiance dans son prestige personnel ; il sera intéressant de voir si l'événement justifiera cette audace. »

Sans l'Italie, l'accord le plus complet eût toujours existé entre le souverain et le clergé. La seule pierre d'achoppement fut la question romaine. Napoléon III reconnaissait que si l'Eglise lui devait beaucoup, il devait beaucoup à l'Eglise. Il avait trouvé en elle, lors de son élection à la présidence de la République, puis à l'Empire, l'appui le plus dévoué et le plus efficace. Les curés avaient voté pour lui à la tête des populations. Sa bienveillance pour le clergé avait contribué, plus que toute autre chose, à lui assurer le concours des masses conservatrices. Elle lui avait valu l'approbation des catholiques dans le monde entier. Ce n'était pas une perte insignifiante que celle d'une telle situation. L'Empereur s'en rendait très bien compte et ne voyait pas sans chagrin les progrès de l'agitation religieuse qui, depuis la publication de la brochure *Le Pape et le Congrès*, allait chaque jour en s'accentuant.

Le mouvement fut dirigé, dès le début, par le plus fougueux, le plus irascible, le plus éloquent des prélats de France, Mgr Dupanloup, évêque d'Orléans, membre de l'Académie française.

L'abbé Lagrange a raconté dans quel état d'irritation l'opuscule anonyme mit le célèbre évêque. Il le reçut la veille de Noël, au moment même où il allait entrer à sa chapelle pour confesser, et on l'entendit s'écrier : « C'est effroyable, mais il y a moyen de tuer cela sur place. » Le soir, il dit aux ecclésiastiques qui l'entouraient : « Cette brochure, messieurs, c'est l'enfer », et il passa toute la nuit à en rédiger la véhémente réfutation. « Croyez-vous donc, écrivait-il en concluant, que le sang français ait oublié de couler dans nos veines, et que nos cœurs ne battent plus dans nos poitrines? Prenez-y garde; vous finirez par nous blesser; je ne sais si nous avons besoin d'être réveillés, mais vous réussissez à merveille à nous ouvrir les yeux... Ce matin, saint jour de la naissance du Sauveur du monde dans une étable, j'entendais des voix innocentes et pleines de vie redire dans ma cathédrale : *Gloria in excelsis Deo!* et je me disais avec joie : Cela se chantera toujours sur la terre. Mais à ces paroles : *Et in terrâ pax hominibus bonæ voluntatis*, je me disais avec douleur : Les hommes n'ont pas la paix, parce qu'ils ne sont pas des hommes de bonne volonté. Daigne le ciel leur donner enfin cette bonne volonté sincère et ce courage qui leur manquent pour accomplir l'œuvre de Dieu et leur propre destinée! »

Quelques jours après, Mgr Pie, évêque de Poitiers, lisait, du haut de la chaire de sa cathédrale, une longue réfutation de la brochure. Tous les mandements épiscopaux la condamnaient.

Le Pape lui-même parla. Son encyclique du 19 janvier exhorta les pasteurs et les fidèles du monde entier à concourir de tous les efforts de leur zèle à la défense des droits du Saint-Siège sur les Légations. L'ordre venu de Rome fut obéi respectueusement par toute la catholicité.

Tous les dissentiments qui s'étaient autrefois produits entre les défenseurs de l'Eglise s'effacèrent. Ultramontains et gallicans, catholiques absolutistes et catholiques libéraux, clergé séculier et clergé régulier, ecclésiastiques et laïques rivalisèrent de zèle.

A Paris, le *Correspondant* publia quatre articles sur la *Question Romaine* : l'un de M. Cochin, l'autre du prince Albert de Broglie, le troisième de M. de Courcelle, ancien ambassadeur de France près le Saint-Siège, le quatrième du comte de Falloux, l'auteur principal de la loi sur la liberté de l'enseignement. Ces quatre articles, qui traitaient la question sur toutes ses faces, produisirent une réelle sensation. En la personne de M. Cochin et du prince Albert de Broglie, le *Correspondant* fut frappé d'un second *avertissement*. Pour une publication périodique, le troisième *avertissement* était la mort sans phrase.

Les avertissements se multipliaient, frappant les journaux les plus importants comme les plus modestes feuilles de province.

Trois membres du Corps législatif, MM. de Cuverville, Keller et Anatole Lemercier, avaient sollicité de l'Empereur une audience, pour plaider auprès de lui la cause pontificale. L'audience leur ayant été refusée, ils résumèrent leurs doléances dans une lettre collective que publia un journal de Saint-Brieuc, la *Bretagne*. Ce journal fut supprimé.

L'ardente feuille cléricale dirigée par M. Louis Veuillot, l'*Univers*, autrefois admiratrice enthousiaste de l'Empereur et de son gouvernement, avait brusquement changé d'attitude. Le journal, qui avait si bruyamment applaudi au rétablissement de l'Empire, et qui, en 1858, s'était fait l'historiographe dithyrambique du pieux voyage accompli dans la catholique Bretagne par l'Empereur et l'Impératrice, prit violemment parti pour Pie IX contre Napoléon III. Il fut supprimé le 30 janvier.

L'Académie française, autrefois voltairienne, se prononçait avec énergie pour le Vatican. M. Villemain, qui naguère avait la manie de voir partout des Jésuites, publia sous ce titre : *La France, l'Empire et la Papauté*, une brochure dans laquelle il défendait « en la personne du Pape le droit public violé. » Le plus célèbre des protestants, M. Guizot, approuva entièrement le Souverain Pontife, et se trouva ainsi en parfait accord avec M. Thiers. Le Père Lacordaire lui-même, qui, en 1859, s'était déclaré le partisan de la guerre d'Italie, se prononça énergiquement pour Pie IX contre Victor-Emmanuel.

L'Académie française devait procéder, le 2 février, à une élection pour remplacer M. de Tocqueville. Mgr Dupanloup dit à plusieurs de ses confrères académiciens : « J'ai été toute ma vie en dissentiment avec le Père Lacordaire par l'esprit; mais je ne connais pas au monde de plus noble cœur, ni un homme mieux fait pour honorer l'Académie. »

L'illustre dominicain fut élu par 21 voix sur 35 votants (dans ce scrutin M. Camille Doucet eut trois voix et M. Henri Martin en eut une). Tout de suite après l'élection à laquelle il venait de prendre une grande part, le chef des philosophes spiritualistes, M. Cousin, rencontra, sur l'escalier de l'Institut, Mgr Dupanloup et lui parla des droits du Pape avec sa verve et son éloquence habituelles. « Consentiriez-vous, lui demanda l'évêque, à écrire ce que vous venez de dire, et m'autoriseriez-vous à le publier ? » — « Très volontiers, répondit le philosophe »; et le lendemain l'évêque recevait, écrite de la main de M. Cousin, la conversation de la veille. Il l'insérait dans son volume *De la Souveraineté Pontificale* qu'il était en train de composer. La voici :

« La philosophie matérialiste et athée peut être indifférente, elle doit même applaudir à la diminution et à la dégradation de la Papauté, car la Papauté ne lui est guère nécessaire pour apprendre aux hommes que l'âme est un résultat du corps, et qu'il n'y a point d'autre Dieu que le monde. Mais la philosophie spiritualiste envisage d'un œil bien différent ce qui se passe. Si elle n'est point aveuglée par le plus sot orgueil, elle doit savoir qu'en dehors de l'école, dans le genre humain, le spiritualisme est représenté par le christianisme, que le christianisme lui-même est excellemment représenté par l'Eglise catholique, et qu'ainsi le Saint-Père est le représentant de tout l'ordre intellectuel et moral. »

Enfin le catholique libéral par excellence, l'ami des nationalités, le nouvel académicien, le Père Lacordaire, publiait la brochure *De la liberté de l'Eglise et de l'Italie*, où il disait : « Italiens, votre cause est belle, mais vous ne savez pas l'honorer; et vous la servez plus mal encore. Qu'avez-vous fait ? Pour un vain système d'unité absolue, qui n'intéresse en rien votre nationalité, ni votre liberté, vous avez élevé entre vous et deux cents millions de catholiques une barrière qui grandit chaque jour. Vous avez mis contre vos légitimes espérances plus que des hommes, vous y avez mis le christianisme, c'est-à-dire le plus grand ouvrage de Dieu sur la terre. Sachez-le bien, c'est Dieu qui a fait Rome pour son Eglise. Vous avez donc mis contre vous une volonté éternelle de Dieu. Vous la trouverez un jour, n'en doutez pas. »

Le gouvernement impérial envoyait des circulaires qui étaient adressées l'une par le ministre des Affaires étrangères aux agents diplomatiques, l'autre par le ministre de l'Intérieur aux préfets, la troisième par le ministre des Cultes aux archevêques et aux évêques. La première (8 février), s'attachait à démontrer que l'existence et le caractère du Saint-Siège ne recevaient aucune atteinte d'une simple modification de territoire. La seconde (15 février), enjoignait aux préfets d'empêcher la distribution des brochures non autorisées et d'exercer une surveillance spéciale sur les discours prononcés en chaire. La troisième (17 février) insistait sur les services que l'Empereur avait rendus à la religion, comme au Saint-Siège, et recommandait à l'épiscopat de calmer l'agitation. Ces circulaires furent impuissantes à arrêter le mouvement. Le monde catholique s'en tenait à l'Encyclique du Pape.

L'opposition religieuse, très vive dans le clergé et parmi les classes dirigeantes, ne s'étendait ni aux rues, ni aux boutiques, ni aux ateliers. Elle n'en était pas moins redoutable. Préludant à l'opposition politique, elle remettait en scène d'anciens parlementaires fatigués de silence et de repos; elle rappelait les brillantes luttes de la monarchie de Juillet; elle ranimait le goût de la discussion; elle faisait de la Papauté persécutée la rivale de l'Empire triomphant.

Tant que la France impériale avait vécu d'accord avec l'Église, le comte de Chambord avait parlé de Napoléon III avec une certaine sympathie. Du moment où le Pape et l'Empereur furent brouillés, toutes les passions légitimistes, assoupies depuis quelques années, se réveillèrent.

Les adversaires de l'Empire, quels qu'ils fussent, virent tout de suite le parti qu'ils pourraient tirer d'un pareil état de chose. Rien n'est plus dangereux pour un gouvernement que de se trouver pris, comme entre deux feux, entre une opposition de droite et une opposition de gauche. C'était le sort réservé à l'Empire. Il allait être jusqu'à la fin du règne exposé à une coalition de cléricaux et de républicains.

Les anciens partis reprenaient courage. Ils constataient avec plaisir que les Chambres n'étaient plus aussi dociles, que l'édifice impérial ne paraissait plus aussi indestructible, que le nombre des mécontents augmentait, que l'accord du trône et de l'autel avait cessé.

Ce qui aggravait la situation, c'est que les membres du gouvernement eux-mêmes, sénateurs, députés, diplomates, étaient, à peu près tous, les partisans du Pape et les détracteurs de la politique italienne.

VII

LA MORT DE LA GRANDE-DUCHESSE STÉPHANIE

Les difficultés de la politique extérieure et intérieure n'arrêtaient pas le mouvement mondain. Paris était aussi brillant et aussi animé que les hivers précédents. Au début de l'année, une certaine hésitation s'était produite parmi les personnes habituées à donner des fêtes. L'ajournement indéfini du Congrès, la langueur des affaires, la baisse de la Bourse les avaient un peu découragées. Mais le plaisir reprit bien vite ses droits. Le grand bal des Tuileries, le 11 janvier, fut comme un signal éblouissant. Le jeune prince d'Orange, fils du roi des Pays-Bas, y assistait. Les cent-gardes stationnaient, semblables à des cariatides, sur chaque marche du grand escalier. Tous les hommes portaient l'uniforme ou le costume de cour, avec la culotte courte et les bas de soie. Les toilettes des femmes étaient magnifiques. L'Impératrice, plus resplendissante que jamais, avait une robe de soie bleu de ciel, recouverte d'une autre robe de point d'Alençon, avec une parure de turquoises, et un diadème surmonté du plus beau des diamants de la couronne : le Régent. Quand elle fit son entrée dans la salle des Maréchaux, on entendit un long murmure d'admiration.

A la fin de janvier, les fêtes de la cour et de la société officielle furent interrompues pour quelques jours, par une mort qui attrista beaucoup l'Empereur, celle de sa proche parente, la grande-duchesse Stéphanie de Bade.

Peu de carrières furent aussi curieuses que celle de cette princesse. Pendant son enfance, nul n'aurait pu prédire les brillantes destinées qui lui étaient réservées.

Le marquis de Beauharnais, père du premier mari de Joséphine, avait un frère, le comte Claude, qui fut chef d'escadre, et qui épousa Mlle Fanny Mouchard, la femme auteur, à qui le poète Lebrun fit cette malicieuse épigramme :

> Eglé, belle et poète, a deux petits travers :
> Elle fait son visage, et ne fait point ses vers.

Le comte Claude et la comtesse Fanny avaient un fils nommé Claude comme son père, et qui épousa la fille du comte de Lezay-Marnésia. De cette union naquit, à Paris, le 28 août 1779, Stéphanie de Beauharnais, la future grande-duchesse de Bade. Son père, devenu veuf, l'avait confiée à une vieille tante religieuse qui demeurait à Montauban, et c'est là qu'elle vivait très modestement, dans une obscurité profonde, quand son oncle, M. de Lezay-Marnézia, eut l'idée de la conduire à Paris et de la présenter à la femme du Premier Consul. Elle plut à Joséphine, qui lui fit terminer son éducation à Saint-Germain, dans le pensionnat à la mode, celui de Mme Campan. Quand elle en sortit, sa grâce, son esprit, sa beauté, firent sensation à la cour des Tuileries. Napoléon eut pour elle un tel engouement, qu'à la surprise générale il l'adopta pour fille, le 3 mars 1806. Elle devint Altesse Impériale, et prit le pas sur les sœurs de l'Empereur, tandis que son père, le comte Claude de Beauharnais, qui mourut en 1819 pair de France, restait confondu dans la foule des membres du Sénat.

Un mois plus tard, — le 8 avril 1806, — la fille adoptive de Napoléon épousait, dans la chapelle des Tuileries, Charles-Louis-Frédéric, prince héritier de Bade.

Rien plus qu'un tel mariage ne prouvait la fascination que le vainqueur d'Austerlitz exerçait alors sur l'Allemagne. Un prince appartenant à l'une des plus vieilles et des plus illustres familles du monde, un prince qui était le beau-frère de l'empereur de Russie, du roi de Suède, du roi de Bavière, et qui aurait pu s'allier aux plus vieilles maisons régnantes, en était venu à se féliciter d'épouser la fille d'un simple particulier, d'un sénateur français, une personne qui ne se rattachait à Napoléon que par l'adoption, c'est-à-dire par la fantaisie !

Le prince monta sur le trône de Bade en 1811. A la chute de Napoléon, d'instantes démarches furent faites pour décider le grand-duc à se séparer d'une femme dont l'origine était devenue un titre de suspicion. Mais il refusa de répudier une compagne pour laquelle il avait autant d'estime que de tendresse. Lorsqu'il mourut, le 8 décembre 1818, sa veuve, qui n'avait pas encore trente ans, ne voulut pas quitter le grand-duché, et elle se fixa au château de Manheim, qu'elle quittait l'été soit pour Bade, soit pour Umkirch, propriété acquise par elle près de Fribourg. Elle avait perdu deux fils en bas âge, mais il lui restait trois filles qu'elle éleva avec le plus grand dévouement. Instruite et pleine d'esprit, elle eut près d'elle une petite cour d'artistes, de lettrés et de savants.

La grande-duchesse Stéphanie était restée Française par les souvenirs et par le cœur. Egalement attachée à ses deux patries, la France et l'Allemagne, elle travaillait de toutes ses forces à empêcher un choc entre deux grandes races qui, au lieu de se combattre sur les champs de bataille, n'auraient dû connaître d'autres luttes que celles du progrès et de la civilisation.

Napoléon III, qui aurait tant voulu vivre en paix avec l'Allemagne, où il avait passé une partie de sa jeunesse et dont il connaissait si bien la langue, la littérature, les coutumes, savait beaucoup de gré à la princesse de l'influence salutaire qu'elle exerçait à Bade et il lui gardait une profonde affection. Toujours reconnaissant, il se rappelait qu'elle n'avait pas attendu qu'il fût empereur pour lui témoigner de l'intérêt. Quand il était proscrit et malheureux, elle l'avait encouragé et consolé. La recevoir aux Tuileries était une des grandes joies de l'ancien exilé, devenu le puissant souverain.

Très souffrante à la fin de 1859, la grande-duchesse quitta les frimas de Bade, espérant trouver sous le beau ciel de Nice une amélioration à sa santé. C'est là que la mort l'attendait. Soutenue au milieu de ses souffrances par une force d'âme et une énergie indomptables, elle conserva jusqu'à la fin cette activité intellectuelle, cette merveilleuse mémoire, ce charme et cette exquise gaieté qui la faisaient chérir de tout son entourage.

Ce fut le 29 janvier 1860 que la grande-duchesse Stéphanie rendit le dernier soupir, âgée de soixante-dix ans. Transportée de Nice à Carlsruhe, ses restes mortels furent reçus à la gare de cette dernière ville, le 4 février, par le général Roguet, aide-de-camp de Napoléon III, le baron de Schweizer, le jeune prince de Hohenzollern, les ministres, les grands officiers, les chambellans de la cour de Bade. Le 6, à dix heures du soir, on plaça le cercueil sur un char funèbre, et, avec une escorte de quatre escadrons de dragons et de porteurs de torches, on le dirigea vers Plorzheim, où il arriva à une heure du matin. Les villages situés sur la route avaient été spontanément illuminés. Malgré l'heure avancée et malgré la tourmente de neige qui sévit toute la nuit, les populations s'empressaient à la rencontre du cortège pour donner un dernier témoignage de respect à celle qui avait été la souveraine et la bienfaitrice du pays. Les funérailles furent célébrées, le 7 février, en présence du grand-duc de Bade, du prince royal de Saxe, du prince de Hohenzollern et de ses quatre fils, du prince Joachim Murat, représentant l'Empereur Napoléon III, du duc de Hamilton et de ses deux enfants.

La grande-duchesse Stéphanie avait eu trois filles.

L'aînée, la princesse Louise, précéda sa mère dans la tombe, laissant de son mariage avec le prince Gustave Wasa, une fille qu'il fut un instant question de marier à Napoléon III, et qui, ayant épousé le prince royal de Saxe, en 1853, règne actuellement à Dresde.

La seconde, la princesse Joséphine, épousa, en

1854, le prince Antoine de Hohenzolllern, et en eut plusieurs fils, dont l'un est actuellement roi de Roumanie, et dont l'autre, le prince Léopold, candidat au trône d'Espagne en 1870, fut la cause indirecte de la guerre franco-allemande.

La troisième, la princesse Marie, épousa, en 1848, un grand seigneur écossais, le duc de Hamilton.

La mort de la grande-duchesse Stéphanie avait mis la cour des Tuileries en deuil pour quelques jours, et, peut-être par suite d'autres raisons, le mouvement mondain fut un peu enrayé.

Le courriériste parisien de l'*Illustration*, M. Busoni, écrivait, le 4 février : « Indépendamment de la politique et des bourrasques qui auront désorganisé bien des quadrilles, l'élan de la bonne compagnie se trouve arrêté par les plus honorables scrupules. La ville a ses deuils comme la cour, et toutes sortes de bals ont été ajournés comme ceux des Tuileries et de la Préfecture. Résignez-vous, madame, à attendre le carême, pour vous *décarémer* un peu. Vous êtes délivrée jusqu'à nouvel ordre de tous ces petits bonheurs de l'hiver qui en sont parfois le supplice, tant de concerts où l'on baille, et encore plus de bals où l'on étouffe. »

Le chroniqueur se trompait. Les Parisiens n'attendirent pas le carême pour s'amuser. Tous les plaisirs mondains recommencèrent pendant le carnaval qu'on célébrait encore à cette époque.

VIII

LE CARNAVAL

La fête romaine donnée le 14 février par le prince Napoléon dans sa maison pompéïenne fut le signal de la reprise du mouvement mondain. Cet édifice, qui était situé avenue Montaigne, a disparu pour faire place à l'hôtel de M. Jules Porgès. Nous en avons vu la destruction avec regret, car c'était une des curiosités de Paris. Il reproduisait avec une exactitude absolue l'une des maisons retrouvées à Pompéi sous les laves du Vésuve. Erudit, artiste, archéologue, le prince Napoléon avait présidé à cette évocation de l'antiquité.

L'*atrium*, avec ses dalles en marbre blanc, et ses fresques aux couleurs éclatantes, présentait un aspect grandiose. Au milieu des bustes des ancêtres se dressait une magnifique statue de Napoléon Ier, œuvre du sculpteur Guillaume.

Au centre était creusé un bassin de marbre, avec une fontaine jaillissante, entourée de quatre colonnes qui soutenaient une tribune où étaient cachés les musiciens. De l'atrium, on apercevait la grande pièce, décorée et meublée dans le style antique, qui servait de principal salon, ainsi que plusieurs autres pièces qui conduisaient à la salle de spectacle.

La fête du 14 février eut un caractère plutôt privé qu'officiel. Les proportions de la maison pompéienne n'avaient pas permis un grand nombre d'invitations. Beaucoup des grands dignitaires de l'État n'avaient pas été conviés. En revanche, on remarquait plusieurs hommes de l'opposition, amis personnels du prince.

La princesse Clotilde se tenait à la porte du grand salon, recevant les invités. Elle portait une robe blanche. Son front était orné d'une coiffure à l'antique, un cercle d'or parsemé de diamants. Comme le deuil de cour pour la mort de la grande-duchesse Stéphanie de Bade n'était pas encore terminé, il n'y avait aucune femme en robe de couleur. Toutes étaient en noir ou en blanc, et leurs toilettes s'harmonisaient avec le ton éclatant des fresques.

A dix heures, la musique annonça l'arrivée de l'Empereur et de l'Impératrice qui, après avoir traversé l'atrium, se rendirent directement à la salle de spectacle.

Le programme se composait d'un prologue

en vers, *la Femme de Diomède*, par Théophile Gautier, et d'une pièce également en vers, d'Emile Augier, récemment interdite par la censure, je ne sais pour quel motif, *le Joueur de Flûte*, sans flûte. Sur l'affiche on lisait : *Théâtre de Pompéi*. Réouverture après un relâche de dix-huit cents ans pour cause de réparation... *Napoleone III, Imperatore Augusto. Consulibus non designatis Censore invito*. Ces derniers mots : *malgré le censeur*, étaient une allusion à la mesure prise contre la pièce.

Le prologue, écrit en beaux vers, et contenant un éloge lyrique des augustes personnages présents, fut très bien dit par Mlle Favart. La pièce d'Emile Augier, quoique bien jouée par Geffroy, Samson, Got, Madeleine Brohan et Malvina Parent, eut moins de succès. Cependant l'Empereur et l'Impératrice donnèrent à plusieurs reprises le signal des applaudissements. Mais une certaine contrainte se faisait sentir dans cette fête pourtant si originale et si pittoresque. La princesse Mathilde possède un joli tableau de Boulanger, qui en perpétue le souvenir. Il représente une des répétitions. Les artistes sont en costume. Les deux poètes, Emile Augier et Théophile Gautier, portent la toge.

Le 14 février, au moment même où avait lieu la soirée du prince Napoléon, M. Rouher, ministre des Travaux publics, et M. Rouland ministre de l'Instruction publique et des Cultes, donnaient, chacun dans l'hôtel de leur ministère, un grand bal officiel. Les ministres et les grands dignitaires de l'Etat avaient, sous le second Empire, des traitements très considérables, mais tous étaient obligés de dépenser leurs frais de représentation. Le luxe était pour eux un devoir professionnel.

Le plaisir faisait partie du programme gouvernemental. Napoléon III voulait que Paris fût toujours brillant, toujours gai, toujours de belle humeur. Toutes les classes de la société se divertissaient. Les salons royalistes ne boudaient pas. On s'y amusait comme dans le monde officiel. La bourgeoisie donnait des fêtes innombrables. Ce n'était pas seulement la jeunesse qui avait de l'entrain, les personnes d'un âge mûr et les vieillards eux-mêmes se mêlaient au tourbillon mondain. La politique disparaissait. Comment se plaindre dans une ville où le commerce marchait si bien, et où se succédaient sans interruption des spectacles si curieux, des fêtes si éblouissantes ?

Ecoutons M. Busoni, le chroniqueur de l'*Illustration* : « Mon Dieu ! que de plaisirs pour une seule semaine ! écrit-il le 23 février. Bals officiels, bals financiers, bals de la petite et de la grande propriété. On a dansé à outrance dans les quatre parties du monde parisien. Il ne faut plus lui reprocher son indifférence en matière de distraction ; ce bon vivant faisait le mort, il reculait pour mieux sauter. C'est avec un ensemble parfait que, pendant cette semaine carnavalesque, les violons déchaînés auront couvert tous les bruits de la politique, la question ultramontaine, celle du libre-échange, la Bourse même et ses soubresauts. A demain les affaires, disaient les personnes qui pratiquent avec le plus d'activité ces divers exercices. Le plaisir aura envahi jusqu'au quatrième étage. C'est là que finit l'escalier, et non le bal. »

Le 17 février, il y avait trois grands bals, l'un au ministère de l'Algérie et des Colonies, dans l'hôtel de la place Beauvau, l'autre chez la baronne Schickler, le troisième chez le riche financier Mirès. Le 18, bal costumé au ministère d'Etat. L'Empereur et l'Impératrice y assistaient en domino. Les deux hommes dont on remarqua le plus le costume furent le comte de Nieuwerkerque en Henri IV et un jeune Anglais en Hamlet, on eût cru voir vivant le tableau d'Eugène Delacroix. Le 19, bal aux Tuileries. L'Impératrice était superbe avec une toilette blanche tout unie et un simple cercle d'or dans les cheveux. L'Empereur portait l'uniforme de général de division, avec culotte courte en casimir blanc, et souliers à boucles de diamants. Il dansa plusieurs quadrilles, notamment avec la princesse Clotilde, qui dansa aussi avec le

4.

prince de Metternich, ambassadeur d'Autriche. Le souverain ayant aperçu un tout jeune officier qui était privé d'un bras, s'approcha de lui et lui demanda où il avait été blessé : — « A Solférino, Sire, répondit celui-ci. — Et quelle récompense avez-vous reçue ? — Aucune, Sire. — Eh ! bien, faites-moi parvenir votre nom, et si vos notes sont bonnes, vous aurez la croix. »

Le 20, la duchesse Tascher de la Pagerie, femme du premier chambellan de l'Impératrice, donna, dans ses appartements des Tuileries, un bal costumé, pour lequel les invitations étaient peu nombreuses, mais qui fut d'une extrême élégance. Le souverain et la souveraine, venus en dominos, soupèrent à une table de dix couverts, où ils admirent le prince et la princesse de Metternich, ainsi que le comte Walewski et la comtesse Walewska. Le carnaval parisien ne pouvait pas finir d'une manière plus brillante.

Un autre carnaval qui n'eut pas moins d'éclat, et où les jeunes officiers français se distinguèrent, fut celui de Milan. Depuis les beaux jours de la vice-royauté du prince Eugène de Beauharnais la capitale lombarde n'avait jamais vu pareille animation. Elle jouissait avec délices, avec ivresse de sa liberté reconquise, et les troupes du corps d'occupation français s'associaient de grand cœur à cette joie. Jamais carnaval ne fut plus magnifique. Le roi Victor-Emmanuel avait quitté Turin, avec la cour, les ministres et le corps diplomatique, pour assister aux fêtes milanaises. Pendant cinq jours des cavalcades masquées, des chars allégoriques escortés par de bruyantes fanfares, parcoururent les rues et le Corso, tandis que des fenêtres drapées aux couleurs italiennes tombait une pluie de fleurs, d'oranges et de confetti. Le soir, la ville était illuminée. Le théâtre de la Scala avait retrouvé son ancienne splendeur. Les bals costumés *veglioni* y étaient féeriques. Les femmes de la plus haute aristocratie ne manquaient pas d'y assister et donnaient à souper dans le salon précédant leur loge. Il y eut des bals superbes chez la duchesse Visconti, chez M. Beretta, podestat de la ville, et surtout au Palais-Royal, dont la salle des fêtes est une des plus vastes d'Europe.

Le comte d'Ideville, alors secrétaire de la légation de France, cite, parmi les dames milanaises les plus admirées, les comtesses Castelbarco, Allemaviva, Litta, Mesdames Jacini, Cagnola, les marquises Visconti, d'Adda, Lumiarès; parmi les officiers français du corps d'occupation les plus élégants et les plus à la mode, les lieutenants de hussards Arthur de Louvencourt et Robert de Vogué, le commandant d'état-major Delahaye, le capitaine Alcée Gibert, le commandant de hussards de Biré, le sous-lieutenant de chasseurs à cheval Gaston Duhesme et son chef, le général de la Peyrouse. Les officiers français étaient aussi brillants dans les salons que sur les champs de bataille. Jamais la carrière des armes, cette noble carrière à l'ombre de laquelle, suivant une expression de Bossuet, s'exercent toutes les autres, n'avait eu plus de prestige et d'attrait. On ne pouvait pas alors taxer d'ingratitude la capitale lombarde. Elle traitait les vainqueurs de Magenta et de Solférino comme des amis et des libérateurs.

Le baron de Talleyrand, ministre de France en Sardaigne, écrivait de Milan à M. Thouvenel, le 24 février : « Le roi, bien que menant à Turin une vie simple, se soumet à Milan aux exigences de la représentation, malgré l'ennui qu'il en éprouve et qu'il cherche peu à déguiser. Il y a bals et dîners à la cour, spectacles de gala, réceptions nombreuses que Sa Majesté honore de sa présence pendant quelques instants. Les chasses de Monza sont, je crois, la seule partie du programme qui répond aux goûts du roi. La ville de Milan, qui suit le rit ambroisien, jouit presque exclusivement du privilège de prolonger pendant cinq jours les joies de son carnaval. Avec ses maisons pavoisées aux couleurs de France et de Sardaigne, et ses rues parcourues par une foule immense qui se livre avec l'entrain méridional aux divertissements caractéristiques des jours gras en Italie, la capitale de la Lombardie offre réellement aujourd'hui le plus curieux et le plus splendide aspect. Pareille fête ne s'était pas produite depuis quarante ans, et elle a naturellement attiré un concours énorme d'étrangers. La haute noblesse s'est associée avec ardeur aux démonstrations de la joie publique, et l'on voit les Trivulzio, les Visconti, les Litta, les Borromée se presser autour du roi et ouvrir à leurs compatriotes et aux hôtes de Sa Majesté les magnifiques palais rigoureusement fermés depuis l'occupation autrichienne. »

Milan rivalisait avec Paris d'animation et de gaieté.

IX

LE DISCOURS DU TRONE

Sous le second Empire, on passait constamment du plaisant au sévère. Après les fêtes éblouissantes du carnaval, l'ouverture de la session des Chambres. Elle eut lieu, le 1er mars, au Louvre, dans la salle des Etats, communiquant avec la grande galerie de tableaux, et voisine du salon carré.

Les discours du trône étaient toujours un évènement, Napoléon III les rédigeait lui-même et en corrigeait les épreuves avec le plus grand soin. Mettant dans leur composition son amour-propre de souverain et d'écrivain, il les prononçait d'une voix sonore. Ces manifestations solennelles de la pensée impériale contrastaient avec la banalité des discours d'autres souverains. Elles exprimaient presque toujours de grandes idées sous une forme imposante et vraiment magistrale. Napoléon III était un publiciste couronné, dont le langage pouvait être compris également par les lettrés et par les masses. Affichés immédiatement après avoir été prononcés, les discours du trône étaient aussitôt transmis par le télégraphe à tous les pays du globe. Jamais peut-être documents n'eurent un retentissement pareil. Leur auteur ne constatait pas sans une satisfaction secrète la grande place que la France et lui tenaient dans le monde.

En 1860, le discours du trône fut encore plus lu, plus commenté que de coutume. C'était comme un oracle dont chacun cherchait à deviner le sens.

« En Europe, dit l'Empereur, les difficultés touchent, je l'espère, à leur terme, et l'Italie est à la veille de se constituer librement. La pensée dominante du traité de Villafranca était d'obtenir l'indépendance presque complète de la Vénétie au prix de la restauration des archiducs. Cette transaction ayant échoué, malgré mes plus vives instances, j'en ai exprimé mes regrets à Vienne comme à Turin... Garantissant par mon armée l'Italie contre l'intervention étrangère, j'avais le droit de marquer les limites de cette garantie. Aussi n'ai-je pas hésité à déclarer au roi de Sardaigne que tout en lui laissant l'entière liberté de ses actions, je ne pourrais pas le suivre dans une politique qui avait le tort de paraître, aux yeux de l'Europe, vouloir absorber tous les Etats de l'Italie, et menaçait de nouvelles complications. Je lui ai conseillé de répondre favorablement aux vœux des provinces qui s'offraient à lui, mais de maintenir l'autonomie de la Toscane, et de respecter en principe les droits du Saint-Siège. Si cet arrangement ne satisfait pas tout le monde, il a l'avantage de réserver les principes, de calmer les appréhensions, et il fait du Piémont un royaume de plus de neuf millions d'âmes. »

Le souverain faisait ensuite pressentir la prochaine annexion de Nice et de la Savoie : « En présence de cette transformation de l'Italie du Nord, disait-il, qui donne à un Etat puissant tous les passages des Alpes, il était de mon devoir, pour la sûreté de nos frontières, de réclamer les versants français des montagnes. Cette revendication d'un territoire de peu d'étendue n'a rien qui doive alarmer l'Europe et donner un démenti à la politique de désintéressement que j'ai proclamée plus d'une fois, car la France ne veut procéder à cet agrandissement, quelque faible qu'il soit, ni par une occupation militaire, ni par une insurrection provoquée, ni par de sourdes manœuvres, mais en exposant franchement la question aux grandes puissances. »

Napoléon III s'exprimait ainsi au sujet de l'agitation religieuse : « Je ne puis passer sous silence l'émotion d'une partie du monde catholique; elle a cédé subitement à des impressions si irréfléchies; elle s'est jetée dans des alarmes si passionnées; le passé, qui devait être une garantie de l'avenir, a été tellement méconnu, les services rendus tellement oubliés, qu'il m'a fallu une conviction bien profonde, une confiance bien absolue dans la raison publique pour conserver, au milieu des agitations qu'on cherchait à exciter, le calme qui seul nous maintient dans le vrai. Les faits cependant parlaient hautement d'eux-mêmes. Depuis onze ans, je soutiens seul à Rome le pouvoir du Saint-Père, sans avoir un seul jour cessé de révérer en lui le caractère sacré du chef de notre religion.

« D'un autre côté, les populations de la Romagne, abandonnées tout à coup à elles-mêmes, ont subi un entraînement naturel et cherché à faire dans la guerre cause commune avec nous. Devais-je les oublier à la paix, et les livrer de nouveau, pour un temps illimité, aux chances de l'occupation étrangère? Mes premiers efforts ont été de les réconcilier avec leur souverain, et n'ayant pas réussi, j'ai tâché du moins de sauvegarder, dans les provinces soulevées, le principe du pouvoir temporel du Pape. »

L'Empereur déclarait le moment venu de « mettre un terme à de trop longues préoccupations et de rechercher les moyens d'inaugurer hardiment en France une nouvelle ère de paix.»

Il constatait que l'armée avait été réduite de 150,000 hommes, et que cette réduction eût été plus considérable sans la guerre de Chine, l'occupation de Rome et de la Lombardie. Il assumait résolument sur lui la responsabilité du traité de commerce avec l'Angleterre, et il terminait son discours par cette conclusion vraiment éloquente : « La protection de la Providence, si visible pour nous pendant la guerre, ne manquera pas à une entreprise pacifique, qui a pour but l'amélioration du sort du plus grand nombre. Continuons donc fermement notre marche dans le progrès, sans nous laisser arrêter ni par les murmures de l'égoïsme, ni par les clameurs des partis, ni par d'injustes défiances.

« La France ne menace personne ; elle désire développer en paix, dans la plénitude de son indépendance, les ressources immenses que le Ciel lui a données, et elle ne saurait éveiller d'ombrageuses susceptibilités, puisque, de l'état de civilisation où nous sommes, ressort, de jour en jour plus éclatante, cette vérité qui console et rassure l'humanité, c'est que, plus un pays est prospère, plus il contribue à la richesse et à la prospérité des autres. »

Des applaudissements chaleureux accueillirent cette péroraison humanitaire et civilisatrice. Napoléon III s'était adressé non seulement à la France, mais au monde entier.

La session s'annonçait comme devant être particulièrement intéressante. Le parlementarisme, si longtemps démodé, semblait renaître de ses cendres. On commençait à se demander si le souverain, effrayé par l'étendue même de sa responsabilité, ne voudrait pas en faire retomber une partie sur le Sénat et sur le Corps législatif. Les questions en jeu étaient si graves ; elles soulevaient au point de vue religieux et au point de vue politique des problèmes si redoutables ; elles se rattachaient à des intérêts moraux et matériels si considérables, qu'elles ne pouvaient plus être abordées dans les Chambres sans avoir leur contre-coup dans le public.

Le comte de Morny, qui présidait le Corps législatif, était un ancien député royaliste, un disciple de M. Guizot, et il ne demandait pas mieux que de revenir aux usages libéraux de l'époque où il avait fait son éducation politique et obtenu ses premiers succès.

Beaucoup de sénateurs et de membres du Corps législatif avaient fait partie de la Chambre des pairs et de la Chambre des députés sous Louis-Philippe, et l'on retrouvait dans leur langage, dans leurs tendances, les souvenirs de la monarchie de Juillet. Jusqu'au coup d'État du 2 décembre, ils avaient vécu sous un régime libéral. On les revoyait revenir peu à peu à leurs vieilles traditions.

Au Corps législatif, il y avait de véritables

orateurs, dont la parole, malgré les entraves créées par la Constitution de 1852, avait un grand retentissement non-seulement au sein de l'assemblée, mais au dehors. La tribune était supprimée ; les orateurs parlaient de leur place ; les discours, au lieu d'être reproduits *in-extenso*, étaient mentionnés dans de simples résumés ; les ministres ne paraissant pas dans les Chambres, les délibérations ne pouvaient donner lieu à aucune crise ministérielle, et cependant les frais d'éloquence n'étaient pas perdus. Le gouvernement avait toujours la certitude d'une énorme majorité ; mais les discussions relatives aux deux questions brûlantes, les affaires de Rome et le traité de commerce avec l'Angleterre, allaient être ardentes et passionnées. Bien que défigurés sous la forme impersonnelle d'un résumé, les comptes-rendus des séances devaient prendre un développement imprévu. Le champ des discussions, jadis si étroitement et si sévèrement circonscrit, tendait à s'élargir. A certains jours, le Corps législatif devenait à la mode, il faisait parler de lui. Déjà les esprits perspicaces pouvaient prédire qu'il y aurait tôt ou tard un réveil du parlementarisme, et que la Constitution de 1852, d'abord si exaltée, ne serait pas éternelle.

X

MONSIEUR THOUVENEL

En 1860, la politique extérieure occupait beaucoup plus les esprits que la politique intérieure. Au moment où s'ouvrait la session des Chambres, l'attention générale se portait sur les négociations relatives à l'annexion de Nice et de la Savoie. Elles étaient conduites avec un rare talent par le nouveau ministre des Affaires étrangères, M. Thouvenel, qui tient une grande place dans l'histoire du second Empire.

M. Thouvenel naquit à Verdun, le 11 novembre 1818. Il appartenait à une ancienne et honorable famille de Lorraine. Son père, vaillant officier d'artillerie, avait attiré l'attention de Napoléon Ier par la manière dont il commanda une batterie à la bataille de Friedland et avait reçu de l'Empereur une dotation; il défendit contre les alliés Luxembourg en 1814, et Verdun en 1815. Resté bonapartiste sous la Restauration, il vécut dans la retraite jusqu'à la révolution de 1830. Il reprit alors du service dans l'armée, devint maréchal de camp, et allait être nommé lieutenant-général quand il mourut en 1843.

Le fils du général Thouvenel fit ses études en Lorraine. Dès son enfance il montra une véritable vocation pour les questions historiques et diplomatiques. A peine sorti du collège, il fit en Orient un voyage d'où il rapporta les éléments d'un livre qui, avant d'être publié en volume sous le titre *Hongrie et Valachie*, parut en articles dans la *Revue des Deux-Mondes*. Le général baron Athalin, aide-de-camp du roi Louis-Philippe, était l'ami de la famille Touvenel. Il appela l'attention de M. Guizot sur le jeune écrivain et obtint son admission à la direction politique du ministère des Affaires étrangères.

M. Thouvenel avait pour le style diplomatique une aptitude exceptionnelle. C'était un rédacteur de premier ordre. Le directeur des affaires politiques, M. Desages, reconnut tout de suite son mérite, et le chargea de deux missions, l'une auprès du comte de Bresson, ambassadeur à Madrid, l'autre auprès du comte de Sainte-Aulaire, ambassadeur à Londres. Les deux ambassadeurs l'apprécièrent et devinrent ses protecteurs. Attaché à l'ambassade de France à Bruxelles, sous les ordres du marquis de

Rumigny, il y fut remarqué par le roi Léopold Ier qui, depuis, l'honora d'une amitié particulière.

Envoyé à Athènes, vers la fin de 1845, comme attaché de légation, M. Thouvenel y conquit tous ses grades jusqu'à celui de ministre plénipotentiaire inclusivement. Il y fut nommé secrétaire de légation en 1846, et son chef, M. Piscatory, ayant été appelé à l'ambassade d'Espagne, il se trouvait chargé d'affaires, quand éclata la révolution de 1848. Tout d'abord révoqué, il finit par être maintenu à son poste par M. de Lamartine, et y obtint, entre autres succès, la consolidation de l'école française. Le prince Louis-Napoléon le nomma ministre à Athènes, le 5 mars 1849.

Le poste de Grèce était alors un poste de combat. La France, l'Angleterre et la Russie, qui avaient chacune un parti dans le royaume, s'y livraient à une lutte acharnée. En 1850, le gouvernement britannique, sous prétexte de soutenir la réclamation d'un israélite portugais, protégé anglais, don Pacifico, envoya quatorze vaisseaux de guerre au Pirée, et menaça le trône du roi Othon. Ce prince ne cessa de dire que M. Thouvenel avait été son sauveur, et lui témoigna, ainsi que la reine Amélie, une gratitude profonde.

Le 16 novembre 1850, M. Thouvenel échangeait le poste d'Athènes contre celui de Munich, où le roi Maximilien Ier, frère du roi Othon, lui fit le meilleur accueil. Au mois de février 1852, il était nommé chef de la direction politique au ministère des Affaires étrangères.

Jamais directeur ne déploya plus grande activité. M. Thouvenel ne se contentait pas de rédiger lui-même les dépêches, les actes, les circulaires, il trouvait encore le temps d'écrire de sa main aux chefs de mission des lettres particulières qui, malgré la précipitation fiévreuse de leur auteur, sont peut-être encore plus remarquables et plus intéressantes que la correspondance officielle. Son fils a eu l'heureuse inspiration de publier ces lettres, qui resteront comme des documents historiques d'une haute valeur.

La réputation grandissante de M. Thouvenel porta peut-être quelque ombrage à son chef, M. Drouyn de Lhuys. En 1855, le ministre, qui avait cinquante ans, s'étonnait de voir le directeur des affaires politiques, qui n'en avait que trente-sept, jouir déjà d'une influence réelle auprès du souverain. Quand M. Drouyn de Lhuys fut envoyé à la conférence de Vienne, l'Empereur exigea que l'intérim du ministère des Affaires étrangères fût confié à M. Thouvenel. Ne recevant de Vienne que des informations incomplètes, celui-ci en fut très froissé, et, le 23 avril 1855, il adressa la lettre suivante à l'Empereur : « Sire, je demande pardon à Votre Majesté, dans des circonstances aussi graves, de faire, pour un intérêt qui me concerne, appel à sa bonté. Tant que les procédés de M. Drouyn de Lhuys n'ont atteint que mon amour-propre, j'y ai opposé du courage, et, j'ose le dire, un peu de fierté. Je ne puis prendre, au même degré, mon parti de ceux qui compromettent le service de l'Empereur. M. Drouyn de Lhuys, en me laissant à dessein, et avec une affectation de défiance blessante pour mon caractère, dans une ignorance complète de ce qui se passe à Vienne, m'a placé dans une situation que mes devoirs envers Votre Majesté et le sentiment de ma propre dignité ne me permettent pas d'accepter. Je viens donc demander, comme une grâce, à Votre Majesté, de daigner signer le décret qui m'admet à l'inactivité de mon grade. Je garde l'espoir de pouvoir, un jour, encore servir l'Empereur avec un dévouement sans réserve, comme je l'ai fait jusqu'à présent. » (Cette lettre a été trouvée, après la révolution du 4 Septembre, dans le bureau de Napoléon III, aux Tuileries, et c'est le comte de Kératry, alors préfet de police, qui l'a remise au fils de l'illustre diplomate).

L'Empereur répondit à la lettre de démission du directeur des affaires politiques en le nommant ambassadeur à Constantinople. Jamais ambassade ne fut plus brillante ni mieux remplie que la sienne. Ce fut l'apogée de l'influence française en Orient. Après la prise de Sébastopol, l'ascendant de Napoléon III en Turquie était incomparable. Jamais sultan n'avait accepté une décoration étrangère. Dérogeant pour la première fois à cette règle, Abdul-Medjid recevait avec reconnaissance le grand-cordon de la Légion d'honneur. Chose encore plus surprenante, qui ne s'était jamais vue jusqu'alors, et qui ne s'est pas revue depuis, le sultan assistait à un bal, à l'ambassade de France. Ce bal mémorable — M. Georges Cain vient d'être chargé par l'État d'en perpétuer le souvenir en un tableau qui doit figurer au grand salon de l'ambassade, — ce bal eut lieu le 4 février 1856. Revêtu d'un costume étincelant de pierreries, avec le grand-cordon de la Légion d'honneur, le sultan gravit les degrés de la résidence de M. Thouvenel entre une double haie de soldats de la cavalerie française.

Pendant près de cinq ans, l'ambassadeur alla de succès en succès. Son influence était absolument prépondérante. En vain, le plus fougueux des diplomates anglais, lord Stratford de Redcliffe, essaya de le contrecarrer; il perdit la partie, et quitta son poste en 1858. M. Thouvenel menait à bonne fin chacune des négociations qu'il entreprenait. Toutes les questions soulevées par le traité de Paris, notamment l'organisation des Principautés danubiennes, recevaient une solution conforme aux intérêts français. Le sultan faisait don à la France, en 1856, de l'église de

Sainte-Anne, fondée à Jérusalem par un Lusignan, sur l'emplacement de la maison où naquit la Sainte Vierge. Les négociations relatives au percement de l'isthme de Suez réussissaient. Les chrétiens d'Orient étaient partout protégés de la manière la plus efficace, et constataient avec reconnaissance que la France était vraiment la grande nation. Napoléon III, pour témoigner sa satisfaction à son heureux ambassadeur, le fit sénateur en 1859.

La nomination de M. Thouvenel comme ministre des Affaires étrangères, au commencement de 1860, fut très favorablement accueillie par l'opinion publique. Le nouveau ministre était fort apprécié non seulement par les impérialistes, mais par les orléanistes eux-mêmes, qui se rappelaient ses brillants débuts dans les dernières années de la monarchie de Juillet. Il avait une sœur qui épousa en 1841 M. Cuvillier-Fleury, ancien précepteur du duc d'Aumale, ancien secrétaire de ses commandements, ami intime de ce prince, et membre de l'Académie française. M. Thouvenel aimait beaucoup son beau-frère et entretenait avec lui une correspondance très active. Il avait aussi des relations avec les sommités du monde littéraire et de la presse parisienne. Convaincu de l'importance des journaux au point de vue de la politique extérieure, il savait les mettre dans la bonne voie et leur fournir des renseignements utiles. Plus d'une fois, la *Revue des Deux-Mondes* fut inspirée par lui.

J'étais attaché à la direction politique pendant les trois années que dura le ministère de M. Thouvenel. Il encouragea mes débuts et me conféra mon premier grade. Je ne prononce jamais son nom qu'avec gratitude. Il m'a laissé le souvenir d'un grand ministre et d'un grand citoyen, écrivain consommé, passionné pour la gloire et pour la grandeur de la France, mettant dans l'exercice de ses devoirs professionnels un zèle, une intelligence, une activité, une ardeur sans bornes, réfléchissant, écrivant, travaillant jour et nuit jusqu'à épuiser ses forces et perdre sa santé, espèce de diplomate bénédictin, ne prenant aucune distraction, et trouvant un âpre plaisir à accomplir les tâches les plus ardues, à aborder les problèmes politiques les plus difficiles, à la fois homme d'étude et homme d'action, aimant la lutte, allant au-devant des responsabilités, et combattant ses adversaires avec une courtoisie loyale, mais avec un acharnement inflexible. L'homme privé était en lui aussi digne de respect que l'homme public. Il avait épousé en 1849 une femme très distinguée, Mlle Marie Saget (sœur du général de ce nom). L'idée d'accroître sa modeste fortune ne lui vint jamais à l'esprit. Son désintéressement égalait son mérite. Il y avait dans ses manières et son langage autant de simplicité que de courtoisie et d'affabilité. C'était un ambitieux, mais dans la noble acception de ce mot, car s'il eut de l'ambition, ce fut pour sa patrie bien plus que pour lui-même. M. Thouvenel est un des hommes qui ont le plus honoré le règne de Napoléon III.

XI

LA QUESTION D'ITALIE

Quand M. Thouvenel prit possession du portefeuille des Affaires étrangères, la question d'Italie venait d'entrer dans une phase nouvelle. On ne parlait plus de congrès et de confédération. Napoléon III songeait surtout à se dégager honorablement, et sans froisser l'Autriche, des liens de Villafranca et de Zurich. Il trouvait à cet égard des facilités dans l'attitude de l'Angleterre. Cette puissance venait de formuler les quatre propositions suivantes :

1º La France et l'Autriche renonceraient à intervenir désormais dans les affaires intérieures de l'Italie, à moins d'y être appelées par l'assentiment unanime des grandes puissances.

2º Le gouvernement français s'entendrait avec le Saint-Père pour évacuer les Etats-Romains, lorsque l'organisation de l'armée pontificale le permettrait, et que les troupes françaises pourraient être retirées de Rome sans danger pour le maintien de l'ordre. L'armée française quitterait également le nord de l'Italie dans un délai convenable.

3° L'organisation intérieure de la Vénétie serait laissée en dehors des négociations entre les puissances.

4° Le roi de Sardaigne serait invité par l'Angleterre et la France, agissant de concert, à ne point envoyer de troupes dans l'Italie centrale jusqu'à ce que ses divers États et ses provinces eussent, par un nouveau vote de leurs assemblées, après une nouvelle élection, solennellement déclaré leurs vœux ; si ces assemblées se prononçaient en faveur de l'annexion, la France et la Grande-Bretagne ne s'opposeraient plus à l'entrée des troupes sardes.

Après un échange de communications avec les différentes cours, la France, modifiant dans un esprit de conciliation les propositions britanniques, y substitua, vers la fin de février, ces trois propositions :

1° Annexion complète des duchés de Parme et de Modène à la Sardaigne.

2° Administration temporelle des Romagnes sous la forme d'un vicariat exercé par le roi de Sardaigne au nom du Saint-Siège.

3° Rétablissement du grand-duché de Toscane

dans son autonomie politique et territoriale.

M. Thouvenel n'était pas alors partisan de l'unité italienne. Il voulait, dans la question romaine, faire ce qu'il appelait la part du feu, c'est-à-dire abandonner au Piémont les Romagnes, mais conserver au pape le reste de ses États. Il voulait, pour pouvoir revendiquer le comté de Nice et la Savoie, laisser les annexions de l'Italie centrale s'accomplir, mais il espérait que l'Empereur empêcherait les Piémontais de s'emparer des Deux-Siciles.

Dans une lettre particulière adressée, le 18 mars, au duc de Gramont, ambassadeur de France à Rome, le ministre écrivait à propos du Pape et du roi de Naples : « L'unité de l'Italie nous déplaît autant qu'à eux-mêmes, et la part du feu faite, Dieu sait pour combien de temps, au nord de la Péninsule, nous voudrions très sincèrement empêcher l'incendie de gagner le sud. Il n'y a que nous qui en ayons le désir et le pouvoir, à la condition que l'on nous aide et que l'on n'oublie pas que la politique des hommes ne consiste que dans l'art des transactions. Y introduire l'inflexibilité des dogmes, c'est marcher aux abîmes Sans doute l'Église ne périra pas, mais la méthode que l'on suit à Rome perdra le pouvoir temporel. »

La politique de transaction échoua d'une manière absolue. Pie IX considéra comme une combinaison dérisoire l'idée d'un vicariat du roi de Sardaigne dans les Romagnes, et la repoussa avec indignation. Le cabinet de Turin déclarait en même temps qu'il n'accepterait en Toscane aucune autre solution que l'annexion pure et simple.

Quant à l'Autriche, elle continuait à soutenir les droits des princes dépossédés en Italie, mais elle ne songeait pas à employer la force pour leur rétablissement. Au fond, elle ne se souciait pas d'entrer dans une confédération, où le roi de Sardaigne aurait joué le premier rôle, et l'important pour elle était de conserver, avec le quadrilatère, son entière souveraineté dans la Vénétie. Son langage à l'égard de Napoléon III continuait à être amical. Son ministre des Affaires étrangères, le comte de Rechberg, écrivait, le 17 février, au prince de Metternich, ambassadeur de l'empereur François-Joseph à Paris : « Nous nous associons à l'espoir dont M. Thouvenel s'est rendu l'éloquent interprète en établissant que, si la différence des principes peut, et quelquefois doit conduire à des appréciations différentes, il n'est pas nécessaire qu'il en résulte, lorsque l'honneur est sauf des deux parts, des conflits désastreux et si éloignés des intentions de la France et de l'Autriche. »

Du moment où il n'avait plus à craindre aucune intervention, le gouvernement piémontais devait naturellement aller droit à son but. Le comte de Cavour, qui avait repris le pouvoir en janvier, se sentait maître de la situation. Il venait d'envoyer à Paris, comme chargé d'affaires, un jeune homme encore inconnu, mais plein de tact et d'habileté, son disciple, son *alter ego*, M. Nigra. Il avait confié en même temps une mission confidentielle auprès de l'Empereur au vieil ami du souverain, le comte Arese, ce grand seigneur milanais qui rendit à la cause italienne plus de services que les diplomates de profession, et qui avait sur Napoléon III une influence extraordinaire.

Les annexions de l'Italie centrale allaient évidemment s'accomplir. Leur succès avait été préparé par la présence de l'armée française, qui campait encore en Lombardie et rendait impossible un retour offensif de l'Autriche. Ces annexions allaient modifier complètement la situation respective du Piémont et de la France.

Après la paix de Villafranca, qui, contrairement à son programme, l'*Italie libre des Alpes à l'Adriatique*, avait laissé aux Autrichiens la Vénétie, Napoléon III avait dit à Victor-Emmanuel : « Il ne sera plus question de Nice et de la Savoie. » Les choses avaient changé. L'Empereur n'aurait pu désormais tenir un tel langage sans trahir les intérêts de la France.

D'après les statistiques de 1860, l'ancien royaume de Piémont comprenait 5,194,807 habitants, auxquels il avait ajouté 3,009,505 Lombards. Cet accroissement n'avait pas semblé assez considérable à Napoléon III pour lui permettre de revendiquer la Savoie et le comté de Nice. Mais il n'en était plus de même du moment où, à une population de 8,204,312 âmes, composée de Piémontais et de Lombards, allaient se joindre 604,512 Modenais, 499,835 Parmesans, 375,631 Romagnols et 1,793,967 Toscans. Dès lors, la formation d'un État considérable, possédant à la fois les deux versants des Alpes, devenait un événement d'une haute gravité pour la sécurité des frontières françaises. Ce n'était pas au nom des idées de nationalité, ce n'était point comme frontières naturelles que la France devait poursuivre l'adjonction de la Savoie et du comté de Nice à son territoire, c'était uniquement à titre de garantie.

Dans un livre intitulé : *L'Unité italienne*, M. Giacometti pose cette question à ses lecteurs : « Je le demande à tous les esprits de bonne bonne foi, en Italie comme partout ailleurs, un gouvernement français, quel qu'il fût, empire, royauté ou république, se trouvant, comme celui de Napoléon III, en situation d'obtenir une telle rectification de frontières en échange d'immenses services rendus et à rendre encore, pouvait-il, sans devenir coupable de haute trahison envers la France, ne point l'exiger de l'Italie ? »

M. Giacometti ajoute cette réflexion frappante : « Déplaçons pour un moment, dit-il, les termes de la proposition ; envisageons-les, non plus au point de vue de la France, mais au point de vue de l'Italie, venant à se trouver dans une situation analogue ; admettons pour un instant une hypothèse qui, d'ailleurs, ne présente rien d'impossible dans le développement intérieur de l'histoire des États européens : supposons la monarchie austro-hongroise menacée d'être écrasée, asservie par l'un de ses deux puissants voisins, — la Prusse ou la Russie, peu importe, — et sauvée de cet imminent asservissement par l'aide providentielle d'une armée italienne. Quel est le citoyen italien capable de ne pas maudire comme traîtres les hommes d'État de son pays qui, pour prix d'un tel service, n'auraient pas exigé le retour à la patrie italienne du territoire de Trieste, le retour tout au moins du territoire de Trente, par lequel l'Autriche a son accès libre sur Milan, comme l'Italie, par la Savoie et Nice, avait le libre accès sur Lyon et sur Marseille ? »

L'avenir devait justifier complètement la précaution prise par le gouvernement de l'Empereur. N'a-t-on pas vu, en effet, l'Italie, alors qu'elle possédait Rome comme capitale, et qu'elle n'avait absolument rien à craindre de la France républicaine, entrer dans une combinaison essentiellement anti-française, la Triple-Alliance ?

XII

NICE ET LA SAVOIE

Le principal titre de M. Thouvenel à la gratitude de la France fut l'annexion de Nice et de la Savoie. Le mérite en revient à l'Empereur et à lui. L'Angleterre essaya de tous les moyens pour s'y opposer et travailla avec acharnement à former une coalition contre Napoléon III. La moindre hésitation, la moindre défaillance de la part du gouvernement français eût fait échouer les négociations. Il fallut un ministre des Affaires étrangères résolu, énergique, habitué à la lutte comme M. Thouvenel, pour mener à bonne fin une entreprise qui soulevait les plus grands obstacles.

L'Angleterre s'était flattée que la France se contenterait partout et toujours, comme en Crimée, de soi-disant avantages moraux, et s'estimerait heureuse de mettre ses armées et ses flottes au service des intérêts britanniques, sans jamais rien demander pour elle-même. Cette politique de dupes ne pouvait pas durer perpétuellement. L'Empereur comprit que s'il la continuait il blesserait le sentiment national et s'exposerait aux plus justes critiques. Il sut enfin ce qu'il voulait, et, secondé par un ministre avec lequel il était alors en pleine communauté de vues, il brava toutes les résistances, et il alla droit à son but, avec le sentiment de sa puissance, avec la conscience de sa force et de son droit.

Sous le ministère du comte Walewski, toute idée d'annexion en faveur de la France avait paru abandonnée, et l'on peut affirmer que si le roi Victor-Emmanuel avait renoncé à incorporer la Toscane, l'Empereur n'eût réclamé aucune acquisition territoriale. Les ambitions piémontaises, favorisées par les Anglais, le forcèrent à demander des garanties qui, en vertu des arrangements de Plombières, devaient rétablir l'équilibre et assurer la sécurité de la France sur la frontière des Alpes.

Cependant, le gouvernement sarde aurait voulu tout prendre et ne rien donner. En juillet 1859, une certaine agitation s'était produite à Annecy et à Chambéry en faveur de la France, il l'avait étouffée. Il n'admettait alors qu'à son profit le vœu des populations. Napoléon III voulut remettre les choses au point. Le 25 et le 27 janvier, la *Patrie*, journal officieux, publia deux articles où il était dit que la Savoie et le comté de Nice désiraient être réunis à la France.

Chose curieuse à remarquer, les hommes qui, l'annexion une fois accomplie, l'approuvèrent le plus chaleureusement, furent ceux qui, au début, y firent les critiques les plus vives. Citons entre autres M. Eugène Forcade, le chroniqueur de la quinzaine, dans la *Revue des Deux-Mondes*. Il y écrivait le 1er février : « A notre avis, la perspective de l'annexion de la Savoie à la France a été intempestivement soulevée par les journaux... Nous craignons que la question, trop tôt agitée, ne soit mûre d'aucun côté... Nous ne serions point surpris que l'annexion, si elle était officiellement posée, et elle ne l'est pas, ne rencontrât de la part de l'Europe, du Piémont et de la Savoie, des objections qu'il serait imprudent de dédaigner. Les objections européennes porteraient évidemment en général sur les conséquences que pourrait entraîner l'application à la rectification des frontières françaises, soit du principe des frontières naturelles, soit du principe des nationalités, et en particulier sur les intérêts de la neutralité de la Suisse. »

M. Forcade n'hésitait pas à approuver la résistance du Piémont : « La Savoie, disait-il, est le berceau de la dynastie sarde, et tout le monde comprendra combien il en coûterait au roi Victor-Emmanuel de se séparer du brave pays dont les destinées ont été associées pendant huit siècles à la fortune et à la gloire de sa race. L'agrandissement du Piémont du côté de l'Italie centrale serait un affaiblissement pour lui au point de vue militaire s'il fallait le payer du sacrifice de la Savoie. Sans la forte position de la Savoie, qui lui assure pour dernière ligne la défense des Alpes côtiennes, le Piémont ne pourrait tenir tête à l'Autriche, encore moins résister à la France, si nous devenions ses ennemis. »

Le gouvernement sarde avait organisé à Chambéry, le 29 janvier, une manifestation dans laquelle il avait fait signer une adresse de fidélité au roi. L'écrivain de la *Revue des Deux-Mondes* trouvait très opportunes les manifestations de ce genre. « Les imprudentes exhortations annexionnistes de notre presse officieuse, disait-il, ont ému le patriotisme savoisien, et ont provoqué des démonstrations dont la signification n'est plus contestable. Les Savoisiens veulent conserver leur histoire et leurs institutions libérales. Ce n'est pas au moment où ils peuvent revendiquer une si large part de gloire dans la fortune de la maison de Savoie qu'ils veulent se plonger et disparaître, suivant le mot d'une proclamation populaire, dans le gouffre d'une grande nation centralisée. »

L'écrivain concluait ainsi : « Il n'y a, en Savoie, malgré les assertions de la presse française de second ordre, qu'une intrigue séparatiste, jamais un parti de l'annexion. »

M. Forcade revenait à la charge, dans le numéro du 15 février. Faisant le jeu de l'Angleterre, il écrivait : « Nous sommes trop bons Français, nous avons une trop haute idée de la puissance actuelle et effective de notre pays pour croire que cette puissance ait besoin d'être accrue ou protégée par une acquisition quelconque de territoire. Nous craindrions, au contraire, de voir s'affaiblir le prestige moral de la France si elle se montrait capable de sacrifier des intérêts importants et de soulever en Europe des difficultés graves pour la mince satisfaction de gagner un lopin de montagnes... L'acquisition d'un petit pays qui a une histoire glorieuse, et qui possède des institutions libérales très avancées, nous paraîtrait une chose peu édifiante au siècle où nous sommes ; la France ne réaliserait pas une grande idée et ne s'attirerait pas un grand honneur en y coopérant. »

Il faut le reconnaître, pendant toute la durée du second Empire, la plupart des écrivains du parti libéral se montrèrent plus Italiens et plus Prussiens que Français.

M. Thouvenel ne se laissa pas émouvoir par les objections qui étaient faites, non seulement à l'étranger, mais en France même, à la réalisation d'un projet essentiellement patriotique et national. Il posa nettement au Piémont cet ultimatum : ou renoncer à l'Italie centrale, ou donner à la France Nice et la Savoie. L'Empereur consentirait à ce que Victor-Emmanuel régnât à Parme, à Modène, à Florence et dans les Romagnes, mais à une *condition sine quâ non*, c'est que la France obtiendrait la frontière des Alpes.

Le gouvernement piémontais, qui n'avait d'autre garantie contre un retour offensif de l'Autriche que le bon vouloir de Napoléon III, n'osait pas lui opposer une fin de non recevoir, mais il avait peut-être encore l'arrière-pensée que ce qu'il ne pouvait faire, les grandes puissances le feraient, et que, par jalousie, elles empêcheraient le succès du plan de l'Empereur.

Le moment était décisif. Les annexions de l'Italie centrale allaient s'accomplir définitivement. Si la France perdait une minute, elle était jouée et mystifiée. Napoléon III et M. Thouvenel le comprirent. Ils prirent hardiment position, irrévocablement résolus à ne point reculer d'un seul pas.

Victor-Emmanuel venait de se rendre à Milan pour y assister aux fêtes du carnaval. Le baron de Talleyrand, ministre de France, l'y avait suivi, avec la légation. Un bal était donné au roi par les notables et le commerce de la ville. Au moment même où il sortait de ce bal, le diplomate français trouva une dépêche télégraphique chiffrée de M. Thouvenel. Il la déchiffra à l'instant même. Elle lui donnait l'ordre d'annoncer au comte de Cavour immédiatement que les troupes françaises allaient évacuer la Lombardie et de reprendre d'urgence les négociations relatives à Nice et à la Savoie.

Il était deux heures du matin, M. de Talleyrand partit aussitôt pour le Palais-Royal, où M. de Cavour logeait avec le souverain. Le roi et son ministre, rentrant du bal, descendaient de voiture, quand M. de Talleyrand arriva dans la cour du palais. Reçu sans le moindre retard par le ministre, il lui donna lecture de la dépêche télégraphique.

M. de Cavour parut un peu surpris de l'ordre d'évacuation, prématuré, selon lui. « Si les Anglais, dit-il en souriant, avaient occupé Gênes dans les mêmes conditions que vous occupez Milan et la Lombardie, croyez-vous qu'ils se fussent hâtés comme vous d'abandonner l'Italie ? Enfin, c'était prévu ; tout est pour le mieux, et nous accepterons cette décision de l'Empereur avec plus de plaisir que la seconde partie de la dépêche. Il tient donc beaucoup à la Savoie et à cette malheureuse ville de Nice ! » Le baron de Talleyrand répondit que la France et l'Empereur considéraient la chose comme faite, et que, pour sa part, il ne pensait pas avoir avec le cabinet de Turin d'autre discussion que sur le mode le plus avantageux pour les deux gouvernements de terminer la négociation.

Rien cependant n'était encore conclu. Il s'agissait de savoir ce qu'allaient faire les grandes puissances.

XIII

LES GRANDES PUISSANCES

La question de Nice et de la Savoie réveilla toutes les jalousies héréditaires, tous les préjugés de l'Angleterre contre la France. La reine, le prince Albert, les ministres, le parlement, les journaux, toutes les classes de la société anglaise témoignèrent subitement à Napoléon III une hostilité déclarée.

En 1854, Sa Majesté britannique avait écrit, dans son journal intime, à propos de l'Empereur : « Je suis heureuse de connaître cet homme extraordinaire qu'il est impossible de ne pas aimer et même admirer considérablement, après avoir vécu, ne fût-ce que peu de temps, avec lui. Je le crois capable de bonté, d'affection et de reconnaissance. J'ai confiance en lui pour l'avenir. Je le crois franc dans son amitié pour nous, et j'espère que nous avons gagné sa sincérité et sa bonne foi pour le reste de nos jours. »

Quelle différence entre ce langage et celui que la reine tenait en 1860! « Nous avons été complètement dupés, écrivait-elle à lord John Russell, le 5 février. Le retour à l'alliance anglaise, à la paix universelle, au respect des traités, à la fraternité commerciale etc., etc., n'était qu'autant de masques pour cacher à l'Europe une politique de spéculation... La Sardaigne s'agrandit aux dépens de l'Autriche et de la maison de Lorraine, et c'est la France qui doit être dédommagée! Les passages des Alpes sont dangereux pour des voisins, et c'est le plus faible qui doit les rendre au plus fort!... La France accepte le principe de non-intervention en Italie, et cependant elle nous donne à entendre qu'elle ne retirera pas son armée de Lombardie avant que la question italienne soit résolue d'une manière permanente et satisfaisante. Cette solution doit donc reposer sur le principe de non-intervention à l'ombre de ses baïonnettes. »

Le même jour, à la Chambre des lords, on fulminait contre le projet attribué à la France. « L'annexion, disait lord Grey, serait tellement préjudiciable à la paix européenne, que le gouvernement doit tout faire pour prévenir une pareille catastrophe... S'il est réellement vrai qu'un traité secret a été conclu entre la France et la Sardaigne pour leur agrandissement mutuel, il serait difficile de trouver des paroles assez sévères pour dénoncer l'injustice et l'immoralité d'un tel contrat que l'on pourrait appeler un grand crime contre le monde civilisé. » Lord Shaftesbury, gendre de lord Palmerston, allait encore plus loin. Il s'écriait avec une véhémence voisine du ridicule : « Le trafic des droits de l'homme que l'on s'occupe de mettre en pratique en Savoie mérite d'être aussi sévèrement réprimé que le trafic de la chair humaine. » La Chambre des lords était unanime pour demander que des observations fussent présentées au gouvernement français.

Le premier ministre, lord Palmerston, qui avait toujours eu de la sympathie pour Napoléon III, gardait encore certains ménagements. Mais le chef du *Foreign Office*, lord John Russell, était littéralement exaspéré. Comme l'écrivit plus tard son biographe, le projet de l'annexion de la Savoie fut pour lui « *le décompte de tous ses succès* ».

Désespérant de réussir seul à faire échouer le projet de l'Empereur, le cabinet de Londres frappait à toutes les portes pour organiser une résistance européenne. Il agissait non seulement en Savoie et en Suisse, mais à Berlin, à Vienne et à Saint-Pétersbourg. Resté Allemand dans l'âme, le prince Albert cherchait surtout à éveiller les défiances de l'Allemagne, et à lui persuader que l'annexion de Nice et de la Savoie constituait une menace pour les bords du Rhin. « Personne, écrivait-il dans son journal intime, ne se soucie de faire la guerre pour la Savoie, mais un concert européen serait une digue puissante contre des tours de passe-passe pareils. ».

Personnellement, le prince régent de Prusse aurait été assez disposé à suivre les suggestions du prince Albert, auquel il écrivait le 4 mars : « Comme la Vénétie doit maintenant rester intacte, le programme jusqu'à l'Adriatique n'est heureusement pas accompli ; par suite l'annexion de la Savoie et de Nice n'est nullement justifiée... Personne n'est plus intéressé à la question que la Prusse et l'Allemagne, à cause de la rive gauche du Rhin, qui correspond exactement à ce que les versants des Alpes seraient comme ligne de protection en cas d'une invasion par les défilés des Alpes. » Mais, d'autre part, le prince régent, dont les arrières-pensées de conquêtes commençaient à se faire jour, se disait peut-être déjà que Napoléon III l'aiderait à les réaliser. Puissance de proie, la Prusse avait parfois l'intuition qu'elle ferait en Allemagne ce que le Piémont fait en Italie. Cependant, malgré cette considération, la Prusse aurait été probablement entraînée à la remorque de l'Angleterre, si elle n'avait craint de mécontenter la Russie, qui se prononçait formellement en faveur de la France.

A Vienne, les doléances anglaises ne trouvèrent

pas d'écho. Le cabinet de Londres y avait perdu tout crédit, en se faisant le champion des convoitises piémontaises, et sa déconvenue divertissait le gouvernement autrichien. Lord Loftus, ambassadeur d'Angleterre à Vienne, ayant demandé au ministre des Affaires étrangères de l'empereur François-Joseph, M. de Rechberg, de quel œil il verrait les annexions françaises en Savoie et à Nice, celui-ci répondit avec une froideur ironique : « Du même œil que les annexions piémontaises dans l'Italie centrale. » M. de Rechberg fit plus. Dans une dépêche officielle, il déclara qu'entre les annexions il y aurait, en faveur de la France, cette différence que pour Nice et la Savoie il y aurait le consentement du souverain dépossédé, ce qui n'était le cas ni pour Parme, ni pour Modène, ni pour les Romagnes, ni pour la Toscane.

A Saint-Pétersbourg, l'échec de l'Angleterre fut complet. Le duc de Montebello, ambassadeur de France en Russie, adressa, le 11 mars, cette dépêche télégraphique à M. Thouvenel : « Le prince Gortchakoff m'a dit : — L'Angleterre cherche à organiser une croisade contre la France sur le continent à l'occasion de la Savoie et du comté de Nice. L'Autriche verrait sans beaucoup de peine se former une entente contre vous ; je n'ai pas besoin de vous dire les préoccupations de la Prusse ; sur ce terrain elle est peu favorable. J'ai pris les ordres de l'Empereur et lui ai demandé quelles sont les dispositions de la Russie et quelle sera sa conduite. Je vous prie d'écouter mes paroles comme si elles sortaient de la bouche de l'Empereur lui-même. La Russie n'a à examiner la question de la cession qui serait faite à la France par le roi de Sardaigne que sous le point de vue de l'équilibre général. Cette cession troublerait-elle l'équilibre européen ? Non. Telle est la réponse que nous nous sommes faite. Dès lors, dussions-nous rester en Europe seuls de notre avis, nous n'y ferons aucune objection. — Le prince Gortchakoff m'a dit, en me prenant la main : — Vous pouvez compter sur la Russie. — Nous pouvons compter sur elle. »

Si habile que fût M. Thouvenel, on peut affirmer que sans le bon vouloir du gouvernement russe, toutes ses négociations eussent échoué. En se rangeant du côté de l'Angleterre le cabinet de Saint-Pétersbourg aurait entraîné les autres puissances, et l'Europe se déclarant contraire à l'annexion, Napoléon III aurait été dans l'impossibilité de l'accomplir.

Les événements de 1860, comme ceux de 1859, prouvèrent combien l'amitié de la Russie était nécessaire à la France impériale. Sans la Russie, l'Empereur n'aurait jamais pu faire la guerre d'Italie. Sans la Russie, il aurait vu, pendant la lutte, la Prusse et toute la Confédération Germanique se déclarer contre lui. Sans la Russie, une coalition des puissances aurait empêché l'annexion de Nice et de la Savoie.

La question prouva d'une manière évidente qu'entre les deux empires il y avait les éléments d'une véritable alliance, également utile à chacun. A la différence des autres grandes puissances européennes, la Russie n'a nul intérêt à s'opposer au développement territorial de la France. Quel danger, quel inconvénient pouvait-il résulter, pour un empire aussi immense que celui des tsars, de voir la France s'augmenter de trois départements ?

Un des mérites de M. Thouvenel fut d'apprécier exactement les avantages de l'alliance russe. Tout le temps qu'il resta aux affaires, la bonne harmonie exista entre Paris et Saint-Pétersbourg. Du jour où son successeur s'écarta de cette voie salutaire, la fortune diplomatique de la France périclita, et déjà on pouvait pressentir les catastrophes finales.

Tant que Napoléon III resta fidèle au pacte de Stuttgart, tout lui réussit. Du jour où il s'en éloigna, tout se tourna contre lui.

La France actuelle ne sera point ingrate. Elle n'oubliera jamais que sans la Russie elle ne posséderait point le comté de Nice et la Savoie, ces deux admirables joyaux de son écrin de grande nation. Elle se souviendra qu'en 1860 l'Anglerre fut envieuse, la Russie secourable.

XIV

LE TRAITÉ DE TURIN

Les annexions de l'Italie centrale étaient accomplies. En Toscane, sur 386,445 votants, 366,571 se prononcèrent pour l'union avec le Piémont, 14,925 pour un royaume séparé. Le résultat fut proclamé à Florence, le 15 mars. Des hérauts d'armes, revêtus de costumes du moyen âge, et montés sur des chars, annonçaient à la lueur des torches les chiffres du scrutin.

Le gouvernement français ne pouvait plus hésiter. A l'annexion de la Toscane au Piémont, il était en droit de répondre immédiatement par l'annexion de la Savoie et de Nice à la France. Avant que le traité fut signé, la chose était irrévocablement résolue.

Le 21 mars, l'Empereur reçut aux Tuileries

une députation de conseillers provinciaux et de conseillers municipaux de la Savoie, qui lui présentèrent les adresses de leurs concitoyens. Le comte Greyfié de Bellecombe, président de la députation, s'exprima ainsi : « Sire, des bords du lac Léman aux vallées du Mont-Cenis, ceux qu'ont honorés de leurs suffrages leurs concitoyens sont accourus auprès de Votre Majesté pour lui exprimer la joie que la Savoie éprouvera lorsqu'elle sera tout entière réunie à la France, et qu'elle pourra toujours, avec cette noble et grande nation, n'avoir qu'un cri, celui de : Vive l'Empereur ! »

S'adressant à l'Impératrice, il ajouta : « Madame, Votre Majesté permettra-t-elle à ceux qui seront bientôt ses nouveaux sujets de lui exprimer, dans ce jour si grand pour eux, tous les sentiments dont ils sont animés ? La Savoie est aimante, Madame ; elle aime ses Princes. Comment ne vous aimerait-elle pas avec entraînement, vous qui êtes couronnée de tant de grâces et de vertus ? La Savoie espère que vous l'aimerez aussi, et que vous lui en donnerez un précieux témoignage, en venant bientôt vous montrer à elle. »

Puis, se tournant du côté de l'héritier du trône : « Et vous, Monseigneur, vous qui êtes destiné à continuer tant de grandeur, nos enfants vous seront dévoués, comme nous le sommes à votre glorieux père. A peine de retour dans nos montagnes, nous répéterons avec eux ce cri qui remplit déjà nos cœurs : « Vive l'Impératrice! Vive le Prince Impérial! »

Napoléon III répondit : « Ce n'est ni par la conquête, ni par l'insurrection que la Savoie et Nice seront réunis à la France, mais par le libre consentement du souverain légitime, appuyé par l'adhésion populaire... Mon amitié pour la Suisse m'avait fait envisager comme possible de détacher en faveur de la Confédération quelques portions du territoire de la Savoie; mais devant la répulsion qui s'est manifestée parmi vous à l'idée de voir démembrer un pays qui a su se créer à travers des siècles une individualité glorieuse et se donner ainsi une histoire nationale, il est naturel de déclarer que je ne contraindrai pas au profit d'autrui le vœu de la population. »

L'Empereur termina ainsi son discours : « En retournant au milieu de vos concitoyens, dites-leur combien j'ai été touché de la manifestation dont vous avez été les honorables organes. Il y a parmi vous tant de descendants de ces familles qui ont contribué à l'illustration de la France, dans la carrière des sciences comme dans celle des armes, que tout concourt à expliquer et à justifier l'œuvre qui se prépare. »

La veille même du jour où il prononçait ce discours, l'Empereur avait fait partir pour Turin M. Benedetti, directeur des affaires politiques du ministère des Affaires étrangères. M. Benedetti, qui devait assister, comme second plénipotentiaire, le baron de Talleyrand, avait pour instruction de repousser toute discussion, tout ajournement et de ne revenir à Paris qu'après avoir signé le traité.

M. de Cavour se faisait encore quelques illusions. Trompé par l'Angleterre, il espérait que Victor-Emmanuel pourrait conserver, sinon la Savoie, au moins Nice. D'autre part, la Confédération helvétique émettait la prétention d'un accroissement de territoire. Elle revendiquait deux pays qui font partie de la Savoie, le Chablais, dont le chef-lieu est Thonon, et le Faucigny, dont le chef-lieu est Bonneville. Sous prétexte que ces deux pays avaient été neutralisés en 1815, elle prétendait se les faire adjuger, et alléguait que leur occupation par la France serait pour la Suisse un danger. L'Angleterre soutenait cette thèse avec acharnement, et faisait des efforts désespérés pour en amener la réussite. Elle suppliait les puissances de lui prêter à cette occasion leur concours, et croyait avoir décidé la cour de Turin à se prononcer dans ce sens.

M. Benedetti était chargé de déclarer au comte de Cavour que l'Angleterre s'agitait inutilement et que rien ne serait changé aux projets de la France. J'étais alors un humble subordonné du directeur des affaires politiques, et je me rappelle que, parmi les documents qu'il emporta à Turin, figurait un très long mémoire dans lequel j'avais résumé les précédents historiques de la question de Savoie. C'est là un des plus agréables souvenirs de ma modeste carrière.

M. de Cavour comprit que toute résistance serait inutile. C'était à prendre ou à laisser. Il n'y avait plus que le choix entre ces deux éventualités : ou signer le traité, en comprenant dans les territoires cédés Nice, le Chablais et le Faucigny, ou se brouiller avec la France. On connaissait trop bien l'Angleterre pour ne pas être persuadé que, dans cette dernière hypothèse, le Piémont ne pourrait en recevoir nul secours sérieux. Aucune hésitation donc n'était possible.

Le 24 mars, à trois heures de l'après-midi, à Turin, dans le cabinet du ministre des Affaires étrangères, sur la place du Château, fut signé le traité par lequel Victor-Emmanuel cédait à Napoléon III la Savoie et le comté de Nice. Les plénipotentiaires étaient pour la France le baron de Talleyrand, ministre de l'Empereur à Turin, et M. Benedetti ; pour la Sardaigne, le comte de Cavour, et M. Farini, ministre de l'Intérieur.

Laissons la parole à un témoin oculaire de cette grande scène diplomatique, le comte d'Ideville : « M. de Talleyrand, dit-il, m'avait amené avec lui pour lire le memorandum secret et la minute du traité destiné au gouvernement sarde, tandis que M. Arton, alors secrétaire du comte de Cavour, suivait des yeux sur l'instrument destiné à la France. MM. de Talleyrand, Benedetti et Farini étaient assis dans le petit cabinet vert situé à l'angle du palais où se tenait habituellement M. de Cavour. Celui-ci se promenait de long en large, les mains dans ses poches et la tête baissée. Jamais je ne l'ai vu aussi préoccupé, aussi silencieux; sa gaieté inaltérable, son air de bonhomie proverbiale l'avaient abandonné. Dans ce moment solennel, où un trait de plume allait enlever au roi son maître deux provinces, dont l'une était le berceau de la maison de Savoie, on comprenait aisément le recueillement et la tristesse même du grand ministre.

« Après la lecture du traité et du memorandum, le comte de Cavour prit la plume et signa les deux instruments d'une main assurée. Aussitôt après sa physionomie se rasséréna, et son sourire habituel revint sur ses lèvres. Il s'approcha de M. de Talleyrand, en se frottant les mains, par un geste qui lui était familier : « — Maintenant nous sommes complices, n'est-il pas vrai, baron ? — lui glissa-t-il à l'oreille. »

Le traité stipulait que les populations seraient consultées, que la neutralisation du Chablais et du Faucigny seraient maintenue, et que les habitants des provinces cédées auraient un an pour opter entre la nationalité sarde et la nationalité française.

Le 25 mars, lendemain de la signature du traité, M. Thouvenel écrivait au duc de Gramont : « Mon cher duc, je ne sais comment se porte M. de Cavour à la suite de son accouchement, mais les forceps que j'ai tenus pendant quarante-huit heures m'ont fatigué la main. Le *Moniteur* de ce matin porte le signalement de l'enfant. J'ai tout lieu d'espérer que l'article relatif aux territoires neutralisés de la Savoie calmera l'agitation anglaise et permettra à lord John Russell et à lord Palmerston de se tirer du mauvais pas où ils se sont mis. D'après M. de Persigny, il leur aurait été promis de Turin qu'aucun traité de cession ne serait signé avant l'épreuve d'un vote qui aurait émis une préférence entre la France et la Sardaigne. Forts de cette assurance, les ministres de la reine allaient de l'avant, et vous concevez sans peine quel doit être aujourd'hui leur désappointement. La publication de la dépêche de lord John Russell en réponse à notre exposé augmentera encore la confusion du cabinet. On sera fondé à demander au secrétaire d'État pour les affaires étrangères à quoi rimait sa grossièreté, sinon à lui rendre plus désagréable le camouflet qu'il reçoit. Je suis résolu à m'abstenir d'une réplique qui me serait facile, mais qui envenimerait inutilement les amours-propres. »

Le 24 mars, dès que le télégraphe lui eut appris la signature du traité, Napoléon III adressa le billet suivant à son ministre : « Mon cher Monsieur Thouvenel, je suis bien aise de pouvoir vous remercier du résultat obtenu et d'en reporter tout le mérite à votre habileté. Croyez à ma sincère amitié. NAPOLÉON. »

Fidèles interprètes des instructions qu'ils avaient reçues, les deux plénipotentiaires français s'étaient acquittés de leur tâche avec autant d'énergie que de célérité. Appréciant le concours que lui avait prêté son collègue, le baron de Talleyrand écrivait à M. Thouvenel, le 30 mars : « M. Benedetti part ce soir pour Paris. Les résultats obtenus parlent assez haut pour qu'il soit superflu de faire ressortir l'autorité qu'a eue sa parole, l'habileté, la prudence, le tact vraiment diplomatique qu'il a déployés dans cette solennelle occasion. M. le comte de Cavour et M. Farini conserveront, je n'en doute pas, la plus juste estime et la plus haute opinion du caractère de M. le plénipotentiaire de l'Empereur. »

La nouvelle du traité causa dans toute la France un profond sentiment de joie. Les détracteurs de la guerre d'Italie cessèrent leurs critiques. Nous avons vu combien le chroniqueur de la quinzaine, dans la *Revue des Deux-Mondes*, M. Eugène Forcade, avait blâmé le gouvernement de désirer l'annexion de Nice et de la Savoie. Le succès une fois obtenu, ce même publiciste devint l'apologiste enthousiaste de l'entreprise. Il écrivit dans le numéro du 1er avril : « Un acte du drame italien est en train de se terminer. Il s'achève par une scène où notre amour-propre national a droit de se complaire... Le Piémont, si entreprenant, si fin, qui, depuis un an menait avec une pétulance narquoise le coche de la politique, a été tout à coup obligé, à sa grande stupéfaction, de nous repasser les rênes... Nous avons eu l'initiative, l'adresse et la célérité des mouvements. Nous avons la puissance manifeste, reconnue, enviée et redouté. Au milieu d'une Europe confuse, divisée, déconcertée, hésitante, la France exubérante de force, agissante et agrandie, la toile pouvait-elle tomber sur un plus beau tableau ? »

En résumé, le traité de Turin fut un grand triomphe national. Puissions-nous revoir un temps où la France signera des traités aussi glorieux !

XV

LE VOTE DES POPULATIONS

L'annexion de Nice et de la Savoie causait à l'Empereur une joie d'autant plus grande que c'était non point une conquête mais la mise en vigueur de ses deux doctrines favorites : le principe des nationalités et le droit des populations de disposer de leur sort.

L'article 1ᵉʳ du traité de Turin stipulait que la réunion serait effectuée sans nulle contrainte de la volonté des habitants, et que les deux gouvernements se concerteraient le plus tôt possible sur les meilleurs moyens d'apprécier et de constater les manifestations de cette volonté.

En conséquence, il fut décidé qu'un plébiscite aurait lieu dans le comté de Nice le 15 avril, et en Savoie, où l'on voulait attendre la fonte complète des neiges, le 22 du même mois.

Le gouvernement sarde observa dans ces circonstances une attitude absolument loyale. Avant le vote, Victor-Emmanuel adressa aux habitants des deux provinces une touchante et noble proclamation : « Malgré la douleur de me séparer de vous, disait le souverain, j'ai dû considérer que les changements territoriaux occasionnés en Italie par la guerre justifiaient la demande que mon auguste allié l'empereur Napoléon m'a faite de votre réunion à la France. J'ai dû aussi tenir compte des services immenses que la France a rendus à l'Italie. Je devais d'autre part reconnaître que la rapidité et la facilité des communications augmentait chaque jour le nombre et l'importance des relations de la Savoie et de Nice avec la France. Je n'ai pas pu oublier enfin que de grandes affinités de race, de langage et de coutumes rendent ces relations encore plus intimes et plus naturelles. Toutefois, un tel changement dans les destinées de ces provinces ne saurait vous être imposé, il doit être le résultat de votre libre consentement. »

Le roi terminait sa proclamation par ces paroles que les deux nations latines ne devraient jamais oublier : « Si vous devez suivre d'autres destinées, faites en sorte que les Français vous accueillent en frères que l'on a appris depuis longtemps à aimer et à estimer. Faites que votre union à la France soit un lien de plus entre deux nations dont la mission est de poursuivre d'accord le développement de la civilisation. »

Garibaldi, natif de Nice, était exaspéré à l'idée que cette ville cesserait d'être italienne. Il voulut s'y rendre pour y fomenter une agitation anti-française. Ce fut sur les instances pressantes du roi qu'il renonça à ce projet.

La France n'avait pas à intervenir dans les opérations mêmes du vote, mais elle devait s'assurer des conditions de liberté et de sincérité dans lesquelles il serait émis. A cet effet, elle envoya officieusement deux commissaires, sénateurs de l'Empire et hommes de confiance de l'Empereur, M. Laity et M. Piétri, l'un à Chambéry, l'autre à Nice. Ils s'abstinrent de toute pression, en se contentant de séduire les populations par leur bonne grâce et de leur faire des promesses d'améliorations qui, d'ailleurs, furent toutes réalisées.

15 avril. — C'est le jour du plébiscite de Nice. Le scrutin est ouvert à huit heures du matin. L'indépendance la plus complète préside à cette manifestation de la volonté nationale. La police de la ville a été confiée aux carabiniers sardes. La formation des listes électorales et les opérations du vote ont été réglées par les syndics nommés par le roi. La ville a pris un air de fête. Les habitants se dirigent en masse vers le lieu du scrutin, réunis en paroisses, les curés, les chefs de quartier, les notables en tête. Voici les habitants de la banlieue qui arrivent, drapeau

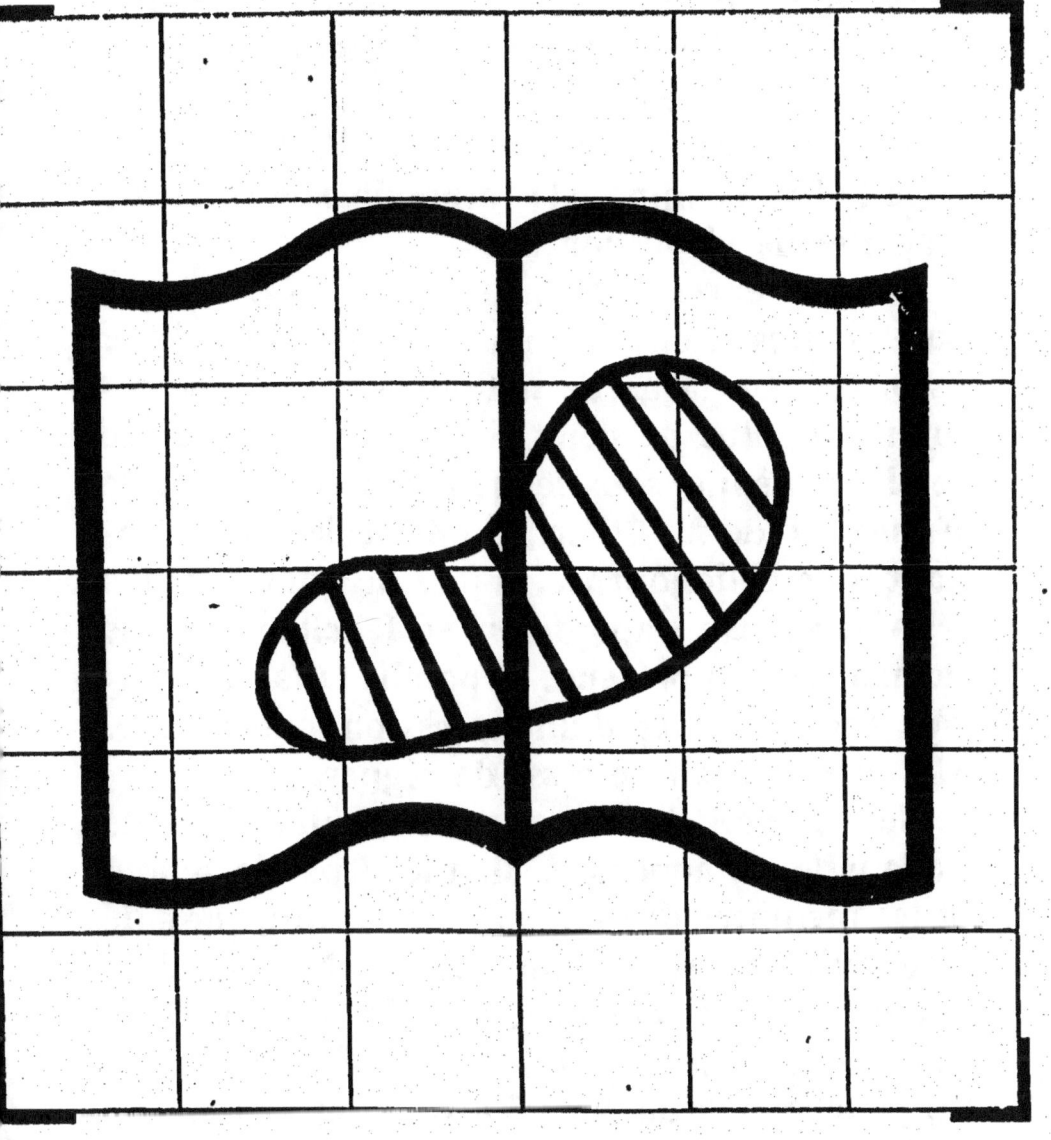

et musique en tête, conduits par les curés et les grands propriétaires. Tous portent sur leur chapeau, avec la cocarde française, le bulletin blanc, orné d'un aigle, et sur lequel est écrit en gros caractère, le mot: *Oui*; partout retentissent les cris de Vive l'Empereur! Vive l'Impératrice! Vive le Prince Impérial! Impossible de voir plus d'élan et de résolution.

Quatre heures et demie du soir. — Les urnes sont portées triomphalement à l'Hôtel de Ville, escortées par la garde nationale et par une colonne de plus de deux mille électeurs, qui se rendent ensuite sous les fenêtres du consul de France et de M. Piétri, qu'ils acclament. Pendant cette belle journée, la joie rayonne sur tous les visages. On s'aborde en se félicitant. On se demande si, en présence de pareils faits, on pourrait encore parler d'une pression quelconque. Un ordre parfait ne cesse de régner.

Neuf heures du soir. — Le résultat du vote de la ville est apporté à M. Piétri par le syndic et les membres des bureaux de scrutin, que suit une foule joyeuse portant des torches, des drapeaux, et faisant entendre l'air de la *Reine Hortense* et le chant niçois de Léopold Amat. Il y a eu pour la ville de Nice 6,810 *oui* et 11 *non*.

Dans l'ensemble du comté de Nice, sur 30,712 électeurs inscrits, 25,933 se présentèrent au scrutin ; 25,743 votèrent pour l'annexion à la France, 160 seulement votèrent contre. Le recensement ne comprenait pas le vote de 2,500 militaires niçois, qui se trouvaient sous les drapeaux. Le résultat fut pour eux 1,200 *oui* contre 186 *non*.

22 *avril*. — C'est le jour du plébiscite de la Savoie. Dès le matin, Chambéry est en fête. La ville entière, qui n'est gardée que par la milice, s'est pavoisée de drapeaux. Les habitants se réunissent par quartier, et les corporations se forment pour aller voter à la *Grenette*, magnifiquement décorée. Les ordres religieux, les magistrats se rendent en corps au scrutin. Après la grand'messe, l'archevêque en camail, suivi de tout son chapitre, vient déposer solennellement son vote. La musique de la garde nationale parcourt la ville en jouant l'air de la *Reine Hortense*. Les vieux soldats de Napoléon Ier défilent drapeaux en tête. L'enthousiasme est universel.

A Annecy, mêmes manifestations. Dans les campagnes, les cloches sonnent à toute volée. Le clergé des paroisses bénit les drapeaux.

Les résultats définitifs du vote de la Savoie furent proclamés par la Cour d'appel de Chambéry, au milieu des acclamations de la foule : *Inscrits* : 135,449. *Votants* : 130,839. *Oui* : 130,533. *Non* : 235. *Nuls* : 71. N'ont pas voté : 4,610. Le recensement ne comprenait pas le vote des militaires savoisiens présents sous les drapeaux. Le résultat pour eux, y comprise la fameuse brigade de Savoie, présenta les chiffres suivants :

Oui : 5,847. *Non :* 290. *Bulletins nuls :* 26.

Jamais, dans aucun plébiscite, on n'avait rencontré une pareille majorité. C'était là pour la France un éclatant triomphe.

La ratification du traité par le parlement sarde n'eut lieu qu'un mois plus tard. A la Chambre des députés, M. de Cavour prononça un de ses discours les plus remarquables. Il rendit à Napoléon III un solennel hommage. « Si nous changions d'alliance, dit-il, si nous nous rendions coupables de cette noire ingratitude envers la France, nous ferions non seulement l'acte le plus honteux, mais le plus imprudent que nous pourrions faire. » Après un débat qui dura six jours et se termina le 29 mai, le vote donna les résultats suivants :

Présents.	285
Votants.	262
Pour le traité.	229
Contre.	33

23 députés, et parmi eux M. Rattazzi, s'abstinrent.

Le vote du Sénat eut lieu le 10 juin. Sur 102 votants, 92 se prononcèrent pour le traité, et 10 contre.

Quelques jours après, Victor-Emmanuel passa, pour la dernière fois, la revue de la brigade de Savoie, si justement célèbre par sa vaillance. Il y avait là des vétérans qui avaient été, en 1849, ses compagnons d'armes dans les journées de

Milan et de Novare. Plusieurs d'entre eux pleuraient.

Les options pour la nationalité sarde furent très rares. Le général de Sonnaz et le comte de Barral restèrent fidèles à la Sardaigne. Mais la plupart des personnalités marquantes de la Savoie se prononcèrent pour la nationalité française. Tels furent entres autres le général Mollard, le comte de Sales, la marquise d'Arvillars, grande-maîtresse de la maison de la défunte reine, le comte de Maugny, les comtes de Foras et le marquis Costa de Beauregard, dont le fils, un des membres éminents de l'Académie française, ne siégerait pas sous la coupole sans l'annexion.

Tout était consommé. Les intrigues anglaises avaient échoué définitivement. On était arrivé à l'apogée du second Empire.

Napoléon III eut alors l'idée de conférer à M. Thouvenel le titre de duc et de lui faire présent d'un hôtel. Le grand ministre, qui est mort sans fortune, refusa. Il n'accepta d'autre récompense que le grand cordon de la Légion d'honneur. Mais par dérogation à la règle qui veut qu'aucun décret de nomination ou de promotion das l'ordre ne soit motivé, celui qui élevait M. Thouvenel à la dignité de grand-croix porta que l'Empereur l'avait rendu à l'occasion de l'annexion de Nice et de la Savoie.

La France aime mener de front la gloire et le

plaisir. Le triomphe national donna au printemps de 1860 une animation singulière. Un souffle de joie et d'optimisme était dans l'air; les Français se sentaient fiers d'eux-mêmes. A Paris, il y eut un regain de fêtes. De toutes, la plus brillante fut celle de l'hôtel d'Albe.

XVI

LE BAL DE L'HÔTEL D'ALBE

La duchesse d'Albe possédait aux Champs-Elysées un bel hôtel qu'elle habitait toutes les fois qu'elle venait voir sa sœur l'Impératrice. Elle ne se trouvait point à Paris quand la souveraine eut l'idée de choisir cet hôtel pour un bal qui fut un événement mondain. Les invitations étaient faites au nom de son premier chambellan, le duc de Tascher de la Pagerie et de la duchesse. Mais, en réalité, c'était l'Impératrice qui donnait la fête et l'Empereur qui en payait les frais. Toutefois, Leurs Majestés se cachèrent, pour y assister, sous les plis d'un long domino, et retirèrent leur masque seulement pour souper. Jamais fête ne fut plus éblouissante, jamais costumes ne furent plus variés et plus pittoresques, jamais bal n'eut plus d'entrain,

Ce fut, le 14 avril, comme le bouquet du feu d'artifice de la saison.

Le duc et la duchesse Tascher de la Pagerie, qui faisaient les honneurs de la fête, recevaient à l'entrée du premier salon. Le bal commença à onze heures par le quadrille des Contes de Perrault. Je crois voir encore Mme Wey, délicieuse dans son costume de Chat Botté, un des succès de la soirée.

Puis, ce fut le quadrille des Éléments : la Terre, l'Air, l'Eau et le Feu. Parmi les femmes représentant *La Terre* : la comtesse de Persigny, ambassadrice de France à Londres, et la comtesse Sweikoska (une Polonaise mariée depuis au marquis de Noailles, ambassadeur sous la troisième République); *L'Air* : la princesse de Metternich, ambassadrice d'Autriche, la comtesse de Morny, femme du président du Corps législatif; *L'Eau* : la comtesse Walewska, Mme de Grétry, la comtesse de Labédoyère, dame du palais de l'Impératrice, Mme Czetvertynska; *Le Feu* : la comtesse de Pourtalès, Mme del Villar, et une charmante Mexicaine, Mlle Manuela de Errazu. Les femmes représentant *La Terre* portaient des robes couvertes de fleurs, de diamants et de pierres précieuses, toutes les richesses de la création. *L'Eau* se distinguait par les tuniques lamées d'argent et bordées de coraux, de coquillages et de plantes marines. *L'Air* avait des costumes légers : de la gaze, des plumes et des ailes. On reconnaissait le *Feu* à ses jupes de satin rouge, ses corsages d'or relevés d'escarboucles, ses aigrettes simulant la flamme. Toutes les femmes qui figuraient dans ce divertissement étaient des beautés remarquables. Elles avaient des costumes merveilleux, chefs-d'œuvre d'élégance et d'originalité. Le quadrille eut tant de succès qu'on cria *bis* et qu'il recommença.

A minuit, ce fut le tour du grand quadrille vénitien : arlequins, colombines, pierrots, cassandres, gérontes, tous les personnages classiques de la comédie italienne. Mme Fleury, femme du général, était en arlequine, Mlle Eugénie Tascher de La Pagerie, fille du duc, en colombine, et son frère Robert en pierrot. La bande joyeuse, évocation du célèbre carnaval de Venise, était menée par une magicienne masquée, tenant une baguette à la main. C'était la comtesse Stéphanie Tascher de La Pagerie, sœur du duc, l'aimable chanoinesse, qui a récemment écrit les si intéressants volumes intitulés : *Mon Séjour aux Tuileries*.

En dehors des quadrilles, nous citerons la princesse Clotilde, gracieuse en bouquetière, robe de soie blanche, semée de roses ; et la princesse Mathilde, superbe en son pittoresque costume de Nubienne. La moitié de son visage disparaissait sous une écharpe de dentelle noire ; elle portait une robe brune et un burnous blanc ;

sa tête, ses épaules et ses bras teintés de bistre. Le duc de Dino était en *Chêne*, distribuant des madrigaux en vers et en prose, signés l'*Arbre;* le comte de Nieuwerkerque en duc de Guise; la princesse Anna Murat, en bergère Watteau; Mme J. Hartmann, en Junon; Mme d'Almeida, Française mariée à un diplomate portugais, en marquise poudrée; les deux filles de lord Cowley, ambassadeur d'Angleterre à Paris, l'une en aurore, l'autre en nuit de mai; Mme Poujade, en Rébecca; Mlle Juliette de Bourqueney, en étoile; la comtesse de La Poëze, dame du palais, en abeille; Mme Oustinoff, en riche costume russe; la comtesse Léopold Lehon, en Italienne; Mlle Montané, en neige; Mme Juriewiez en reine de Saba; M. Randouin, sous-préfet de Bernay, tour-à-tour en ours et en pacha; le comte de Prado, en Abd el Kader; la prince de la Moskowa, en capitaine des chasses du moyen âge! M. de Béhague en Henri IV; M. Alphonse Baroche, fils du président du Conseil d'État, en seigneur italien. J'avais complètement oublié mon costume. Le journal l'*Illustration* de 1860 me rafraîchit la mémoire; il me cite en page de la cour de Louis XVI.

Les personnages graves, maréchaux, généraux, amiraux, ministres, ambassadeurs, etc., n'étaient pas costumés, mais ils portaient par-dessus leur habit le domino vénitien, c'est-à-dire le petit manteau en soie, avec un masque sur l'épaule, tel qu'il apparaît dans les tableaux de Canaletto. C'est en domino vénitien qu'était le prince Napoléon. Quant au domino complet, c'est-à-dire celui qui cache le visage sous un masque, et qui déguise la taille, il n'était revêtu que par un petit nombre de personnes, au nombre desquelles se trouvaient l'Empereur et l'Impératrice. Les dominos s'amusaient à intriguer de leur mieux les invités sans masque. L'animation était extrême, et la gaîté de bon aloi.

Deux heures du matin sonnent. Une surprise est réservée. Tout à coup, des cloisons s'entr'ouvrent. La marche triomphale du *Prophète* retentit. On aperçoit une salle à la décoration féerique, des torrents de lumière, un spectacle aussi grandiose que pittoresque. C'est la cour de l'hôtel transformée en une immense salle de banquet. On y pénètre, extasié par tant de magnificence et l'on se trouve transporté sur le perron d'un magnifique palais vénitien, dans le genre de celui de la *Cène*, de Paul Véronèse. Tout n'est que marbre, jaspe et porphyre. On voit se déployer entre les pleins cintres et tomber à flots le long des galeries à portiques les tentures chatoyantes de soie et de velours. Au fond de la salle apparaît un poétique décor qui représente, au milieu de grands arbres, un château éclairé par la lune. Devant le château est une fontaine, dont le jet d'eau scintille sous la lumière. Une vingtaine de petites tables de dix couverts chacune, où les convives se succéderont d'heure en heure, reçoivent les invités groupés à leur guise. Tandis que des fanfares de chasse éclatent, on s'assied gaîment et l'on soupe, servi par des grooms déguisés en pages, qui portent sur leur poitrine l'écusson aux armes des ducs d'Albe.

Ce fut à ce bal que l'Impératrice parla pour la première fois à une femme dont le charme et la beauté devinrent l'un des ornements de la cour, la comtesse de Pourtalès. La comtesse avait récemment exprimé le désir d'être présentée à la souveraine. Mais comme les présentations n'avaient lieu que lors des grands bals des Tuileries, qui finissaient quelques jours avant le carême, l'Impératrice n'avait pu accéder à ce désir. Quelques jours après, Sa Majesté, accompagnée du duc Tascher de La Pagerie, se promenait à pied aux Champs-Élysées, quand elle vit passer une dame très élégante, dont la grande beauté la frappa. « Quelle jolie femme ! s'écria-t-elle. — Eh ! bien, dit alors le premier chambellan, c'est justement celle dont Votre Majesté a ajourné la présentation. — Quel dommage ! » reprit l'Impératrice. Au bal de l'hôtel d'Albe, la comtesse, qui s'était distinguée en dansant le quadrille des Éléments, sous son costume de Feu, fut admise à l'honneur de souper à la table impériale, et c'est ainsi que la présentation fut faite.

Après avoir soupé, on se remit à danser avec

une animation nouvelle. Le cotillon commença à cinq heures du matin. La plupart des invités restèrent jusqu'à l'aurore. A huit heures du matin, il y avait dans la salle du banquet des retardataires qui soupaient encore.

J'ai vu dans ma vie bien des fêtes. Aucune ne m'a laissé un souvenir plus radieux que le bal de l'hôtel d'Albe. Ce fut une vision féérique, une apothéose du plaisir.

Revenons maintenant aux affaires sérieuses, et jetons un rapide coup d'œil sur les principaux personnages du drame politique dont le théâtre était l'Italie, qui occupait alors à un si haut degré l'attention de la France.

XVII

VICTOR-EMMANUEL

Victor-Emmanuel était entré, le 14 mars 1860, dans sa quarante-et-unième année. Il venait d'avoir dix-neuf ans, quand, le 23 mars 1849, après le désastre de Novare, il était monté sur le trône, par suite de l'abdication de son père, le roi Charles-Albert, qui tomba, les armes à la main, et mourut, dans un exil volontaire, à Oporto en Portugal.

Victor-Emmanuel n'était pas beau. On peut même dire qu'il était laid. Mais sa laideur avait quelque chose d'étrange et d'imposant. Ses yeux bleus à fleur de tête, son nez retroussé, ses très longues moustaches relevées en pointe donnaient à sa physionomie un caractère particulier d'audace et de résolution. Sa taille était au-dessus de la moyenne. Fièrement, il portait la tête droite.

Toute sa personne respirait l'énergie et le courage.

Le grand sculpteur Marochetti disait, après avoir achevé la statue de Charles-Albert : « Combien j'eusse préféré exécuter la statue du roi Victor-Emmanuel ! Certes, il n'est pas beau, notre souverain ; mais, d'après lui, on pourrait faire une œuvre saisissante, originale ; il a je ne sais quoi de sauvage, de pittoresque, qui ne manque pas de grandeur, et rappelle un roi hun, un chef barbare. Il est bien à cheval, et je suis certain qu'en tirant parti de cet ensemble, on arriverait à une statue intéressante. »

Au moral, Victor-Emmanuel était étrange, comme au physique. Son caractère essentiellement complexe, plein de contradiction et de contrastes, serait pour les psychologues un très curieux sujet d'étude. Mélange de paysan et de gentilhomme, de libertin et de dévot, de soldat et de roi, il avait des instincts tour à tour démocratiques et aristocratiques. Il apparaissait tantôt comme un campagnard ou un soudard, tantôt comme un homme d'État de premier ordre, comme le glorieux chef d'une des plus anciennes et des plus illustres dynasties du monde. Sous des dehors anti-diplomatiques il cachait une extrême finesse. Il avait pour les choses politiques une perspicacité vraiment extraordinaire. Personne ne savait mieux tourner un obstacle ou profiter d'une situation difficile. Ce type accompli du militaire était un diplomate consommé, un vrai fils de Machiavel.

Intrépide et infatigable, Victor-Emmanuel, aux moments mêmes où on le croyait le plus étranger aux préoccupations politiques, poursuivait constamment son but. Une idée fixe le possédait : l'unité de l'Italie. Vaincu de Novare, il avait voulu, à tout prix, prendre la revanche de ce Waterloo des Piémontais. Il s'était juré de venger son père, le martyr de l'idée italienne. « Je suis monté sur le trône après de grands désastres, dit-il dans un de ses manifestes. Mon père m'a donné un bel exemple en renonçant à la couronne pour sauver sa dignité et la liberté de ses peuples. Sa mort a lié de plus en plus les destinées de ma famille à celles du peuple italien, qui, depuis tant de siècles, a laissé sur toutes les terres étrangères les cendres de ses exilés comme un titre à la revendication de l'héritage de chacune des nations que Dieu a placées sur ses frontières, et qui parlent la même langue. J'ai suivi cet exemple, et le souvenir de mon père a été mon étoile tutélaire. » En arborant le drapeau tricolore italien, le fils de Charles-Albert croyait remplir un devoir de piété filiale. Comme tous les hommes qui accomplissent une tâche laborieuse et extraordinaire, il avait la passion de son œuvre, et il s'y dévouait corps et âme, sans une minute de défaillance et de découragement, avec une fougue et une ardeur qui ne connaissaient pas d'obstacles. Pour le triomphe de la cause dont il s'était fait le champion, il aurait sans hésitation donné jusqu'à la dernière goutte de son sang.

A Palestro, il fit l'admiration des zouaves, bons juges en matière de courage, et fiers d'un tel compagnon d'armes. Il aimait la guerre, comme la chasse, avec passion, se plaisant beaucoup plus sous la tente que sous les lambris dorés, et préférait à tous les parfums l'odeur de la poudre. Pour se consoler de ne point batailler, il allait, sans autre escorte que deux aides de camp, chasser le chamois dans les montagnes pendant plusieurs jours, parfois pendant plusieurs semaines. Vêtu d'une blouse, la carabine en main, se nourrissant, comme les paysans, de pain bis et d'oignons crus, il parcourait les roches et les précipices, défiant les marcheurs les plus intrépides, les plus habiles tireurs, et revenait à Turin dispos et alerte, tandis que ses malheureux aides de camp, qui avaient eu grand'peine à le suivre, arrivaient malades ou exténués de fatigue.

Pour ce Nemrod, la guerre était la chasse suprême. Il y vivait comme dans son élément. Il n'avait pas, le lendemain d'une bataille, le sentiment de tristesse et de mélancolie qui envahissait une âme tendre comme celle de

Napoléon III. Guerroyer était son passe-temps favori. En 1859, il s'était promis des hostilités longues et acharnées. Le traité de Villafranca avait été pour lui une déception cruelle, surtout parce qu'il s'était vu obligé de remettre l'épée au fourreau. Mais avec son grand sens politique, il avait reconnu que la paix était alors nécessaire, et plus avisé que M. de Cavour, contre lequel il eut, d'ailleurs, souvent raison, il se garda bien de récriminer contre Napoléon III, dont l'appui lui était encore indispensable. Il croyait, au surplus, — et c'est ce qui le consolait, — que l'ère des combats ne tarderait pas à se rouvrir. Le 12 avril, il disait au baron de Talleyrand, ministre de France à Turin : « Je prévois que dans un an nous nous trouverons enveloppés dans une guerre générale, et j'espère qu'alors l'Empereur n'oubliera pas son allié. »

Victor-Emmanuel était ambitieux, mais ce qu'il aimait dans le pouvoir, ce n'était ni le faste, ni la richesse ; il avait horreur de la représentation et ne se soumettait aux devoirs de l'étiquette qu'à son corps défendant, avec un ennui qu'il n'essayait pas de dissimuler. Au dire du comte d'Ideville, quand il était contraint d'assister à un grand dîner à la cour, il ne dépliait même pas sa serviette et ne touchait à aucun plat. Les mains appuyées sur le pommeau de son épée, il examinait ses convives, sans se donner la peine de cacher son impatience. Il habitait rarement son palais de Turin, préférant résider à la Mandria, rendez-vous de chasse situé au milieu des bois, à trois quarts de lieue de la capitale. C'est là que, loin des indiscrets et des importuns, sans aucune fête, sans aucun luxe, il menait la vie d'un simple particulier. Il n'avait pour lui-même aucun besoin d'argent. Sobre, ne mangeant qu'une fois par jour, mais abondamment, il préférait à la cuisine savante les mets grossiers et populaires. A part sa passion pour les femmes, ses habitudes, ses goûts étaient ceux d'un anachorète.

S'il n'avait consulté que ses convenances personnelles, Victor-Emmanuel n'aurait pas eu l'idée de changer son royaume de Piémont contre le royaume d'Italie. Piémontais dans l'âme, il préférait de beaucoup son pays natal à tous les autres. Ni le Palais Royal de Naples, ni le Quirinal de Rome n'avaient d'attrait pour lui. Toutes ces splendeurs ne le tentaient nullement. Lorsqu'il quittait le Piémont, il se sentait comme exilé.

L'audacieux souverain triomphait, mais, à certains moments, regrettait ses triomphes. Sa conscience lui faisait parfois des reproches, et une lutte sourde se produisait au fond de son âme. D'une part, il était heureux d'avoir favorisé les aspirations nationales de l'Italie, vengé Novare, affranchi Milan, anéanti l'influence autrichienne en Toscane, à Parme, à Modène, dans les Légations. D'autre part, il souffrait, lui, monarque de droit divin, d'avoir pactisé avec la révolution, lui, chef d'une famille illustre entre toutes, d'avoir dépouillé une veuve et un orphelin, comme la duchesse de Parme et son jeune fils, d'avoir enlevé leurs États à de proches parents comme le grand-duc de Toscane et le duc de Modène. Mais il souffrait bien plus encore d'être entré en lutte avec le Pape. Lui qui comptait dans ses aïeux non-seulement des héros, mais des saints et des saintes, lui qui, tout en donnant de mauvais exemples au point de vue de sa conduite privée, conservait les convictions d'un catholique, lui qui n'avait jamais tremblé devant les balles et les bombes, mais que l'idée d'une excommunication faisait pâlir, il se sentait profondément ému par les doléances du Saint-Père. Tous ses efforts pour apaiser le courrou de Pie IX étaient stériles.

Le 6 février, le roi avait écrit au Souverain Pontife : « Fils dévoué de l'Église, descendant d'une race très pieuse, comme Votre Sainteté le sait bien, j'ai toujours nourri des sentiments de sincère attachement, de vénération et de respect envers l'Église et son auguste chef. Jamais il ne fut et il n'est pas dans mes intentions de manquer à mes devoirs de prince catholique, et d'amoindrir, par ce qui dépend de moi, les droits et l'autorité que le Saint-Siège exerce sur la terre en vertu du divin mandat du Ciel. »

Mais après ces protestations de dévouement, le roi avait conclu ainsi, et le Pape en avait été profondément indigné : « Si, prenant en considération les nécessités du temps, la force croissante du principe des nationalités, l'irrésistible élan qui pousse les peuples à s'unir et à s'organiser conformément aux règles adoptées par tous les pays civilisés, Votre Sainteté croyait avoir à réclamer mon franc et loyal concours, il y aurait moyen d'établir, non-seulement dans les Romagnes, mais dans les Marches et l'Ombrie, un état de choses qui, tout en conservant à l'Église son pouvoir suprême et en assurant au Souverain Pontife un rôle glorieux à la tête de la nation italienne, ferait participer les populations de ces provinces aux bienfaits qu'un royaume fort et vraiment national assure à la plus grande partie de l'Italie centrale. J'espère que Votre Sainteté daignera prendre en considération ces réflexions dictées par un cœur sincère et tout dévoué à sa personne, et qu'avec sa bonté habituelle, elle voudra m'accorder sa sainte bénédiction. »

La lettre du roi exaspéra le Pape. Il y fit, le 14 février, cette réponse foudroyante : « Sire, l'idée que Votre Majesté a songé à m'exposer est une idée imprudente et indigne assurément d'un roi catholique et d'un roi de la maison de Savoie... Je suis très affligé, non pour moi, mais pour la malheureuse situation de l'âme de Votre

Majesté, car elle est déjà sous le coup des censures, et de celles qui suivent encore, lorsque sera consommé l'acte sacrilège que vous et les vôtres avez l'intention d'accomplir. Je prie le Seigneur du fond du cœur afin qu'il vous éclaire et vous donne la grâce de connaître et de pleurer les scandales qui ont eu lieu et les maux affreux qui ont frappé la pauvre Italie avec votre coopération. »

Un incrédule aurait reçu cette lettre avec indifférence; mais elle troubla profondément Victor-Emmanuel, qui était un croyant. Cet homme intrépide n'avait peur que d'une seule chose, l'enfer. Les personnes qui le connaissaient le mieux s'accordaient à penser qu'il terminerait ses jours, comme son père, dans une haute dévotion. Il avait le pressentiment que Rome lui serait fatale, et que si jamais il y mettait le pied, il ne tarderait pas à y mourir. De tous les souverains, c'est lui qui fit le plus de tort à la Papauté, et pourtant de tous les souverains c'était lui pour qui la Papauté avait le plus de prestige.

XVIII

LE COMTE DE CAVOUR

Quand le comte de Cavour avait donné sa démission, le lendemain de la paix de Villafranca, les Turinois disaient : « Il sort, mais avec une contremarque dans sa poche. »

Le 20 janvier 1860, le puissant ministre reprit le pouvoir. Il devait avoir cinquante ans révolus, le 10 août suivant, et il était à l'apogée de son talent et de sa force. Comme s'il avait le pressentiment que sa vie serait courte (elle devait se terminer en 1860), il poursuivit son œuvre avec une précipitation fiévreuse. Dédaignant la patience et la longueur de temps, fougueux et sanguin, actif et agité, il marcha vers son but avec une incroyable audace. Le diplomate fit place à l'homme d'action, au conspirateur décidé à employer les moyens violents et à considérer comme de vaines entraves les stipulations internationales et les convenances diplomatiques. Substituer au vieux droit des gens le nouveau droit révolutionnaire et le couvrir sous le manteau monarchique, tel fut, désormais, son programme.

Joseph de Maistre a dit : « La Révolution mène les hommes plus que les hommes ne la mènent. » C'est par la Révolution que Napoléon III, Victor-Emmanuel et le comte de Cavour furent menés. Aucun de ces trois personnages ne se doutait, au commencement de 1860, qu'avant la fin de l'année le Piémont serait maître des Marches, de l'Ombrie et du royaume des Deux-Siciles. M. Thouvenel écrivait au duc de Gramont, le 3 mars : « Si le Pape et le roi de Naples avaient l'intelligence de leurs intérêts, ils comprendraient bien vite que ces intérêts, sur un point capital, sont communs avec les nôtres. L'unité de l'Italie nous déplaît autant qu'à eux-mêmes. »

L'Empereur ne désirait pas plus l'unité que son ministre des Affaires étrangères. Quant à M. de Cavour et à son souverain, ils ne la croyaient pas encore possible. Ils profitèrent des circonstances sans les avoir créées.

M. de Cavour n'eut d'abord qu'un seul objectif : l'incorporation de l'Italie centrale dans la monarchie piémontaise. En reprenant le pouvoir, il fit écrire dans l'*Opinione*, journal officieux : « Le premier ministère Cavour signi-

liait indépendance, le second signifie annexion. »
Mais dans la pensée du ministre, l'annexion ne
devait s'appliquer qu'à la Toscane, à Parme, à
Modène et aux Romagnes. Il ne pouvait encore
se figurer que l'Europe le laisserait aller plus
loin, et il fut le premier surpris de l'inertie des
grandes puissances. Mais quand il vit qu'elles
étaient prêtes à tolérer toutes les audaces, il jeta
le masque et se débarrassa de tout scrupule.
L'apathie, l'impuissance, la faiblesse de la diplomatie, la désorganisation du soi-disant concert européen furent dans ses mains des cartes
dont il se servit avec une extrême habileté. Il
excellait dans l'art de modifier ses plans avec les
circonstances et de tirer le meilleur parti possible
de toutes les situations.

« Les Italiens, a dit M. de La Gorce, étaient
arrivés à se créer pour les affaires de leur pays
une conscience à part. Comme on avait fait
autrefois beaucoup de traités sans les consulter,
ils jugeaient qu'aucun traité ne les obligeait.
Tout ce qui, en Italie, n'appartenait pas à l'agrégation piémontaise leur paraissait injustement
distrait du patrimoine national. » En ouvrant
le parlement, le 2 avril, Victor-Emmanuel s'exprimait ainsi : « L'Italie n'est plus l'Italie des
Romains ou l'Italie du moyen âge ; elle ne doit
plus être dans l'avenir un champ ouvert aux
convoitises étrangères, mais elle doit être l'Italie
des Italiens. »

Telle était la hardie politique dont le comte de Cavour fut l'interprète ardent et passionné. Son activité était dévorante, sa puissance de travail prodigieuse. Écrivant, lisant, méditant pendant presque toute la nuit, il était, en hiver comme en été, toujours levé à cinq heures du matin. Comptant trop sur son tempérament de fer, il se surmenait. Quand il était congestionné, une saignée et vingt-quatre heures passées dans sa ferme de Leri suffisaient pour le rétablir complètement, et il se remettait à l'ouvrage avec une fougue extraordinaire. Jouant les parties les plus aventureuses, il éprouvait des émotions violentes qui finirent par miner sa robuste santé et abrégèrent ses jours. Il lui arrivait parfois d'être épouvanté par sa propre audace. « Si je me tire d'affaire cette fois-ci, écrivait-il à la comtesse de Circourt en 1860, je tâcherai de m'arranger de manière à ce qu'on ne m'y reprenne plus. Je suis comme le matelot qui, au milieu des vagues soulevées par la tempête, jure et fait vœu de ne plus s'exposer à la mer. »

On s'est demandé si Victor Emmanuel avait une réelle affection pour son puissant ministre. Le comte d'Ideville a écrit : « Le roi est paresseux et peu instruit ; s'occuper des affaires publiques, présider le conseil, prendre des décisions sont pour lui autant de supplices. Aussi le comte de Cavour lui épargne-t-il le plus souvent qu'il peut ce genre d'occupations. Le roi sent la supériorité de son premier ministre; mais il ne la lui a jamais pardonnée; il la subit en le haïssant du fond du cœur. » Nous inclinons à croire que cette appréciation est très exagérée. Victor-Emmanuel ne haïssait pas un homme d'État auquel il devait tant. Mais, sans le haïr, il n'avait pour lui qu'une sympathie limitée. Il lui préférait M. Ratazzi, parce que M. Ratazzi avait pour Rosine, la favorite royale, des égards que M. de Cavour n'avait pas.

Rosine était la fille d'un des gardes du palais, sorte de compagnie ayant de l'analogie avec les *trabans* d'Autriche et les cent-gardes de France. Belle et sage, elle n'avait que seize ans, quand le roi la remarqua. Il en eut deux enfants qu'après la mort de la reine il reconnut et légitima. La mère reçut, avec une dotation, le titre de comtesse de Mirafiore, nom d'une ferme royale située près de Turin. La favorite ne s'occupait pas de politique, et menait une vie très retirée. Elle se montrait rarement en public, et on ne la voyait guère que dans les avant-scènes des petits théâtres de Turin. Cependant M. de Cavour, qui ne voulut jamais avoir le moindre rapport avec elle, blâmait la liaison du roi, et, quand le souverain, par scrupules religieux, manifesta le projet d'épouser morganatiquement la favorite, M. de Cavour fit à ce projet une telle opposition que Victor-Emmanuel y renonça, momentanément. Mais plus tard il le réalisa, et, dans les dernières années de sa vie, il figurait à l'almanach de Gotha comme « marié morganatiquement à la comtesse de Mirafiore », sans que la date de leur union fut mentionnée.

M. de Cavour avait au plus haut degré le respect de la famille. Cet homme qui, en politique, devint un révolutionnaire, était, dans sa vie privée, le type du conservateur accompli. Considérant le droit d'aînesse comme chose sacrée, il vivait, au point de vue familial, dans une sorte de sujétion vis-à-vis de son frère aîné, le marquis de Cavour. Les deux frères habitaient à Turin le même hôtel. Le marquis avait toujours la première place, et imposait à son frère la perpétuelle présence à table d'un intendant dont le tout-puissant ministre ne parvint jamais à se débarrasser.

Probe, désintéressé, généreux, charitable, le comte de Cavour n'eut ni morgue, ni hauteur. Il consacrait à l'agriculture les rares moments de loisir que lui accordait la politique. Jamais il n'était si heureux que lorsque, en costume de campagnard, et portant des sabots, il se promenait dans ses propriétés avec les paysans. A Turin, il menait la vie la plus simple. On ne le voyait en voiture que les jours de solennité, comme l'ouverture du parlement. Chaque matin, il passait à pied sous les portiques de la rue du Pô, comme un bon bourgeois, affable, familier, accessible à tous, plus apprécié encore par les humbles que par les grands, populaire dans la meilleure acception de ce mot. Les Turinois avaient en lui une confiance absolue. Ils l'appelaient *papa Camille*.

De son côté, M. de Cavour, Piémontais dans l'âme, avait la passion de Turin, sa ville natale, où tout le monde le connaissait, où tout le monde l'aimait. De même que le roi, s'il n'avait consulté que ses goûts, ses convenances personnelles, il n'aurait point songé à modifier le caractère de la maison de Savoie et à substituer au royaume de Piémont le royaume d'Italie. Sa ferme de Leri lui semblait préférable aux palais les plus fastueux de la péninsule, et s'il avait été encore vivant, au moment où Turin cessa d'être capitale, il aurait certainement souffert de voir sa ville de prédilection subir cette décadence. Personne ne comprenait mieux que lui la difficulté de résoudre les problèmes posés par la question romaine. Personne ne se rendait un compte plus exact de ce qu'il y a d'amertume au fond des ambitions réalisées. Il lui arriva peut-être plus d'une fois, au milieu de triomphes inespérés, d'envier le sort obscur et tranquille d'un simple gentilhomme campagnard. Comme son maître, il restait catholique, en dépit de ses luttes contre l'Église, et ce qu'il regrettait le plus, c'était de ne pouvoir conclure un arrangement avec le Pape.

XIX

PIE IX

La mémoire de Pie IX vivra de siècle en siècle. La Providence lui réserva, suivant l'expression de Bossuet « ce je ne sais quoi d'achevé que le malheur ajoute à la vertu. » Il fut victime de sa bonté, de ses illusions généreuses, et, comme Jésus-Christ, dont il était le digne vicaire, il recueillit l'ingratitude pour ses bienfaits.

On peut considérer Charles-Albert et Pie IX comme les martyrs du patriotisme italien. Tous deux furent punis de leur dévouement aux aspirations nationales par un exil qui, pour l'un dura autant que sa vie, pour l'autre ne fut que temporaire, mais laissa dans l'âme du Saint-Père, menacé sans cesse d'être obligé de quitter encore Rome, le souvenir le plus douloureux. Promoteur principal d'un grand mouvement d'indépendance, le souverain pontife avait vu succéder aux *hosannah* les anathèmes.

Les officiers et les soldats de l'armée française en garnison dans la ville éternelle aimaient et vénéraient Pie IX. Fiers d'être ses défenseurs, ils voyaient avec joie la France continuer les traditions de Charlemagne et remplir son devoir de *fille aînée de l'Église*. « J'avais le bonheur, a dit le général de Bailliencourt, de me trouver souvent sur le passage du souverain pontife, qui dirigeait volontiers ses promenades du côté du Ponte Molle et de la Farnesina sur le Champ-de-Mars, où je fis souvent manœuvrer mon régiment. Alors, je lui faisais rendre des honneurs spéciaux ; les troupes rangées en ligne s'agenouillaient : la voiture pontificale passait lentement au pas des chevaux noirs, s'arrêtant parfois, et lorsque la main du saint pontife s'élevait pour bénir, les tambours battaient aux champs, l'attitude du plus grand respect s'imposait d'elle-même à tous les soldats. Sa Sainteté m'avait su beaucoup de gré de ces hommages spontanés ; je n'y avais nul mérite, car le caractère de Pie IX était la séduction même, portant l'empreinte d'une mansuétude attachante reflétée par ses paroles. »

Dans la pompe des cérémonies religieuses, la taille de Pie IX se haussait, sa figure prenait le caractère d'une majesté suprême, ses traits étaient éclairés par une inspiration divine. S'il accueillait en audience des pèlerins, s'il s'adressait à des soldats, sa bonhomie, sa franche gaité, son air affable, lui gagnaient tous les cœurs. La diplomatie, avec ses subterfuges, ses réticences, ses équivoques, lui semblait une science misérable. Il avait l'horreur de l'intrigue et la passion de la vérité.

La parfaite bonté du Saint-Père n'excluait point parfois un peu de causticité. Écoutons encore le général de Bailliencourt: « Lorsque surgissait un prétexte quelconque motivant une observation de sa part, alors ses yeux scintillaient d'une douce ironie; le pli naturel de sa lèvre creusait encore dans un sourire malin, et le trait toujours vif de sa répartie portait, en chatouillant légèrement l'épiderme, mais sans pénétrer profondément; puis l'ineffable bonté revenait vite sur ce visage mobile; une parole, un geste enlevait jusqu'à l'apparence d'une blessure, et cependant le mot restait. »

On comprend facilement combien il fut pénible pour Napoléon III de mécontenter et d'affliger le Saint-Père. Leurs relations remontaient à une date ancienne. M. Louis Thouvenel a raconté à cet égard une anecdote qu'il tient d'une personne mêlée de très près au mouvement politique italien, et qui mérite d'être rappelée. C'était en 1831. Louis-Napoléon venait d'échouer dans l'insurrection des Romagnes, où son frère avait trouvé la mort. Traqué par les troupes autrichiennes et menacé, s'il venait à tomber entre leurs mains, d'être passé par les armes, il errait éperdu, cherchant en vain un gîte où reposer sa tête. Arrivé devant Spolète, dont Mgr Mastaï-Ferretti — le futur Pie IX — était l'archevêque, le proscrit se rappela que lui et son frère, à l'époque où le prélat était simple chanoine à Rome, avaient souvent servi sa messe, et avaient été l'objet de ses bienveillantes attentions. Il eut l'idée de lui demander asile. La figure et le costume plus que négligé du fugitif, ajoute M. Louis Thouvenel, éveillèrent tous les soupçons de la domesticité, et ce ne fut qu'à grand'peine que le prince put pénétrer chez le prélat. Mgr Mastaï-Ferretti accueillit avec bonté le fils de la reine Hortense, et le prince lui ayant confié son complet dénuement, l'archevêque contracta chez un riche industriel de la ville un emprunt de cinq mille francs, qu'il remit à son ancien enfant de chœur métamorphosé en révolutionnaire italien. Puis, l'ayant fait monter dans sa propre voiture, il le conduisit lui-même en lieu sûr, à l'abri des baïonnettes autrichiennes et des autorités pontificales. Le pape Grégoire XVI, instruit de l'incident, appela Mgr Mastaï-Ferreti à Rome, où il resta quelque temps en disgrâce. Il ne reçut, en effet, le chapeau de cardinal qu'en 1840. » Un cœur reconnaissant comme Napoléon III pouvait-il oublier de pareils services ?

Quand l'insurgé de 1831 fut devenu Président de la République Française, il entretenait de bons rapports avec l'ancien archevêque de Spolète, devenu Pape. Toutefois, en 1849, lors de l'expédition de Rome, les tendances de sa jeunesse reparurent, et la célèbre lettre à Edgard Ney ne laissa pas que d'inquiéter Pie IX. Mais cette défiance ne tarda point à se dissiper, et, pendant les premières années du règne de Napoléon III, l'accord entre les Tuileries et le Vatican était complet. Le Pape fut le parrain du Prince Impérial et accorda la rose d'or à l'Impératrice. Il se flattait qu'une souveraine, très catholique de sentiment, défendrait toujours avec efficacité la cause de l'Église, et que l'Empereur n'oublierait jamais les services que le clergé lui avait rendus. L'accord du trône et de l'autel profitait, d'ailleurs, à l'Empire tout autant qu'à la Papauté, et les conservateurs de tous les pays savaient gré au souverain français d'être le champion du Saint-Père.

Dès le début de la guerre d'Italie, Pie IX, malgré toutes les protestations que lui adressait le gouvernement impérial, pour rassurer les catholiques, eut le pressentiment que l'entente ne serait pas de longue durée. Le 7 mai 1859, quand le duc de Gramont, ambassadeur de France à Rome, lui porta une lettre de l'Empereur l'assurant de son dévouement, le Saint-Père remercia brièvement l'ambassadeur, puis ajouta, en montrant le crucifix. « Voilà celui en qui je me confie. »

L'Autriche, en évacuant les Romagnes pendant la guerre, avait laissé les révolutionnaires s'y installer en maîtres, et, depuis lors, n'avait pris aucune initiative en faveur de la cause pontificale. Les cours de Madrid, de Lisbonne, de Munich, de Bruxelles, de Rio Janeiro étaient impuissantes. Pie IX n'avait rien à attendre de la diplomatie.

Cependant Victor-Emmanuel lui-même, avant d'être entraîné par la révolution plus loin peut-être qu'il ne l'aurait voulu, avait rendu justice au Pape. Répondant aux délégués de Bologne, qui venaient lui demander l'annexion des Romagnes à la Sardaigne, « il ne faut pas que l'Europe, avait dit le roi, puisse m'accuser de n'agir que par ambition personnelle et de substituer l'absorption piémontaise à l'oppression autrichienne. Le Saint-Père, le chef vénéré des fidèles, est resté à la tête de ses peuples. Il ne s'est pas, comme les souverains de Parme, de Modène et de Toscane, démis de son autorité temporelle que nous devons non-seulement respecter, mais consolider. Je désapprouverai donc tout acte subversif, contraire à l'équité et nuisible à la noble cause que nous servons. N'oublions pas que Pie IX est un prince italien. »

On a reproché au Pape de n'avoir pas accepté avec empressement la présidence d'une Confédération italienne. Mais il faut se rappeler que cette présidence n'était qu'honoraire et que Napoléon III aurait voulu la faire coïncider avec un système de laïcisation qui aurait eu pour conséquence en fait, sinon en droit, la suppression du pouvoir temporel, non point dans la ville même de Rome, mais dans tout le reste des Etats de l'Eglise. Aux yeux de Pie IX, cette présidence était un leurre, un piège. Il ne l'eût acceptée qu'avec la restitution préalable des Romagnes ; c'est à cette condition seulement qu'il aurait consenti à se faire représenter à un congrès.

Dans sa dépêche adressée au nonce du Pape à Paris, le 29 février, le cardinal Antonelli, secrétaire d'État, s'exprimait ainsi : « Le Saint-Père ne peut consentir à une abdication d'aucun genre, il ne le pourra jamais. Il ne le peut, parce que ses États ne sont pas sa propriété personnelle, mais qu'ils appartiennent à l'Église ; il ne le peut, parce que, par des serments solennels, il a promis à Dieu de les transmettre instacts à ses successeurs ; il ne le peut, à cause du scandale qui s'ensuivrait au détriment des princes italiens dépossédés de fait et même au détriment de tous les princes chrétiens. » Pie IX considéra son intransigeance comme un devoir sacré. Une concession quelconque lui aurait paru un sacrilège. Rien au monde ne l'aurait décidé à faire volontairement la cession d'un seul village du patrimoine pontifical. Il aurait préféré la mort à la violation de son serment.

On demandait des réformes ; mais les partisans de l'union italienne n'étaient-ils pas tous d'accord pour déclarer qu'aucune réformes, si étendues qu'elles fussent, ne les feraient renoncer à leur plan : l'Italie une et Rome pour capitale ? Le gouvernement pontifical eût-il été non-seulement le plus paternel, mais le plus libéral, le plus éclairé, le plus sage de tous les gouvernements du monde, jamais la révolution ne lui eût fait grâce. L'opposition que rencontrait Pie IX était absolument irréductible. Toute concession accordée par le souverain pontife aurait été une arme retournée contre lui. Le cardinal Antonelli écrivait dans la dépêche que nous avons déjà citée : « S'il était encore possible il y a quelques mois de se faire illusion sur la possibilité de pacifier au moyen de réformes et de concessions divers États de l'Italie, une telle illusion ne saurait se produire depuis que les partis ont declaré hautement, comme ils l'ont fait dans le mémoire du prétendu gouvernement de Bologne, qu'aucune réforme ne peut les contenter si ce n'est la pleine et entière destruction du pouvoir temporel de l'Église. » Nulle conciliation n'était possible. De part et d'autre l'intransigeance était absolue.

XX

LE DUC DE GRAMONT

Rarement diplomate eut une situation aussi difficile que le duc de Gramont, ambassadeur de France à Rome. Les lettres particulières qu'il échangea avec M. Thouvenel, ministre des Affaires étrangères, et que le fils du ministre a publiées, montrent ce que le duc eut à souffrir dans un poste en apparence très enviable, mais, en réalité, plein d'embarras et de déboires.

J'ai servi sous les ordres du duc de Gramont. J'ai conservé le meilleur souvenir de ses qualités, de la courtoisie de ses manières, du charme de sa conversation. C'était un homme du monde accompli, un type de grand seigneur. Sa naissance, ses antécédents le rattachaient au parti légitimiste; mais rallié à l'Empire, il témoignait à Napoléon III un attachement et un dévouement absolus.

Né à Paris le 14 août 1819, mort le 10 janvier 1880, le duc de Gramont appartenait à la plus haute aristocratie française. Son grand-père avait épousé une fille du duc de Polignac et de la duchesse favorite de Marie-Antoinette. Son père qui porta, jusqu'en 1836, le titre de duc de Guiche, avait été l'un des hommes les plus brillants de la cour de Louis XVIII et de Charles X. Sa mère, sœur du comte d'Orsay, l'homme à la mode par excellence, fut l'une des femmes les plus admirées de son époque. On disait qu'il n'y avait pas dans toute l'Europe un couple aussi beau que le duc et la duchesse de Guiche. Né en 1789, le duc avait, dans sa première jeunesse, servi sous les drapeaux de la Russie, puis de l'Angleterre. Devenu lieutenant général pendant la Restauration, il fit la campagne d'Espagne avec le duc d'Angoulême. Après la révolution de 1830, lui et sa femme suivirent Charles X en exil. A Holyrood et à Prague, ils furent les courtisans du malheur. Suivant une expression de Chateaubriand, ils représentaient la beauté enchaînée à l'adversité. Leurs trois fils, qui marquèrent sous le second empire, le duc de Gramont comme diplomate, le duc de Lesparre comme général de cavalerie, et le comte de Gramont comme général d'infanterie, avaient été les compagnons d'enfance du comte de Chambord.

Le futur ambassadeur de Napoléon III était

entré à l'École Polytechnique en 1837. Deux ans après, appelé, par son rang de sortie, à servir dans l'artillerie, il donna sa démission. Il eut beaucoup de succès dans les salons, sous le règne de Louis-Philippe, et, tout en restant légitimiste, se lia d'amitié avec le duc d'Orléans. Il avait très grand air. Ses traits rappelaient ceux d'Henri IV. Il porta le titre de duc de Guiche jusqu'à la mort de son père, en 1854, et devint alors duc de Gramont. Sa carrière politique commença le lendemain du coup d'État. Le prince-président le nomma d'emblée ministre plénipotentiaire et lui confia, en décembre 1851, la légation de Cassel, en mars 1852 la légation de Stuttgart. Ministre de France à Turin, en janvier 1853, il conserva ce poste jusqu'en août 1857, et il acquit une connaissance particulière des hommes et des choses d'Italie. Le 16 août 1857, il était appelé à l'ambassade de Rome.

Les débuts de sa mission furent aussi faciles qu'agréables. Jusqu'à la guerre de 1859, les rapports des Tuileries et du Vatican n'avaient rien laissé à désirer. Quand la guerre avait éclaté, les assurances les plus positives étaient données au souverain pontife. M. Baroche, président du Conseil d'État, avait déclaré au Corps législatif que le gouvernement prendrait toutes les mesures nécessaires pour que la sécurité et l'indépendance du Saint-Père fussent assurées au milieu des agitations dont l'Italie serait le théâtre. L'Empereur lui-même, dans sa proclamation adressée le 3 mai 1859 au peuple français, avait dit : « Nous n'allons pas en Italie fomenter le désordre, ni ébranler le pouvoir du Saint-Père, que nous avons replacé sur son trône. » Le duc de Gramont avait saisi toutes les occasions de tenir à Pie IX un langage analogue.

L'attitude du gouvernement impérial dans la question des Romagnes créa tout à coup pour l'ambassadeur une situation fausse et pénible. Vers la fin du mois de janvier 1860, lord John Russel avait écrit à son neveu, qui était à Rome en qualité d'agent officieux, que l'annexion des Romagnes allait s'accomplir par l'admission des députés romagnols au parlement sarde; que l'Angleterre reconnaîtrait immédiatement le nouvel état de choses, et que l'Empereur le reconnaîtrait aussitôt après l'Angleterre. Très ému par cette information, le duc de Gramont écrivit à M. Thouvenel, le 31 janvier : « Le moment est venu, mon cher ministre, où je dois envisager avec regret, je dirai presque avec douleur, une éventualité qui me serait doublement pénible aujourd'hui que vous êtes au ministère. La reconnaissance annoncée par lord John Russel serait le premier fait par lequel l'Empereur prendrait une part active à la spoliation du Saint-Siège. Jusqu'ici, son gouvernement a évité avec un soin tout particulier ce qui pouvait engager sous ce rapport sa responsabilité. Il a pu rendre justice à la légitimité de certains griefs que les populations ont fait valoir contre le gouvernement pontifical ; il a pu déclarer qu'il n'emploierait pas la force pour les ramener au Saint-Siège ; il a pu émettre l'avis que le sacrifice des provinces révoltées offrait au Pape et à l'Italie une solution dont les avantages compenseraient les pertes ; mais il n'a pas sanctionné officiellement la prise de possession des provinces romaines par la maison de Savoie. »

L'ambassadeur abordait ensuite la question personnelle : « Jusqu'ici, disait-il, je me suis associé fidèlement et entièrement à la politique de l'Empereur ; je l'ai servie avec tout le zèle dont je suis capable, et, je dirai plus, avec les sentiments que l'Empereur me connaît bien, et que je lui ai voués de cœur, il y a bien des années. » Le duc rappelait que, par les ordres du souverain, et d'après les instructions constantes du ministre des Affaires étrangères, il avait répété que Napoléon III ne serait jamais l'agresseur et le spoliateur du pape. Il l'avait dit à Pie IX et à ses ministres ; il l'avait dit aux peuples de Bologne et de Rome ; il l'avait dit à tout le corps diplomatique. « Je vous le demande, mon cher ami, ajoutait-il, comment pourrais-je, après un tel démenti donné à toutes mes paroles, comment pourrais-je continuer à représenter Sa Majesté auprès du Saint-Siège? Dieu me garde de vouloir me donner ici une importance exagérée; mais enfin l'Empereur lui-même est intéressé à ce que son ambassadeur conserve sa dignité personnelle et l'estime de tous ceux qui l'approchent. En écrivant ces lignes, je ne consulte que ma conscience, et je sacrifie tous mes goûts et mes convenances personnelles; je sacrifie jusqu'à mes sentiments, car je crains de blesser l'Empereur auquel je suis profondément attaché; mais j'écoute une voix intérieure qui me dicte ces paroles et qui ne m'a jamais fait faillir. »

Le duc de Gramont se calma et patienta. Il espérait toujours qu'un rapprochement finirait par s'opérer entre le Pape et l'Empereur, et il y travaillait. Cependant les rapports du Vatican et des Tuileries devenaient de plus en plus tendus. Pie IX disait en février : « Eh! bien, monsieur l'ambassadeur, la situation s'est éclaircie; je sais que je n'ai plus rien à attendre de l'Empereur; il me laissera prendre les Légations, et je ne puis, moi, l'empêcher. On me prendra tout ce qu'il permettra de prendre, et on me laissera ce qu'il me fera laisser. Il a la force, il est le maître. »

L'irritation du Saint-Père allait toujours en grandissant. Le duc de Gramont écrivait à M. Thouvenel le 6 mars : « Le Pape paraît très excité depuis quelques jours; il parle beaucoup, beaucoup trop, et à tout le monde. Son indignation a écrasé avant-hier le ministre de Portugal, qui avait osé prononcer quelques mots pour recommander la conciliation. Il disait dans la soirée : — En vérité, un conseil de ce petit homme, représentant ce petit pays, c'est le coup de pied de l'âne. — Avec d'autres, avec des Français, il s'est écrié : — C'est une politique infernale qui change à chaque instant. »

Au mois de mars, le duc de Gramont eut un instant l'espérance de voir adopter une combinaison qui, à ses yeux, aurait pu résoudre toutes les difficultés. L'occupation française eût cessé. Le Pape aurait défendu Rome avec les troupes pontificales, et une armée napolitaine aurait été chargée de la défense du reste des États de l'Église. L'ambassadeur écrivait à M. Thouvenel le 10 mars : « Si l'Empereur ne voit pas d'objection à engager la négociation sur ces bases, un seul mot par le télégraphe suffirait pour me prévenir, et je peux le faire ici avec plus de facilité qu'ailleurs, ayant les moyens de faire agir directement sur le roi de Naples. Quant à moi, j'avoue que je verrais avec une grande satisfaction réussir une combinaison de ce genre, qui présente incontestablement de grands avantages politiques pour nous et pour l'Italie. Elle nous dégage enfin de cette solidarité pénible qui entraîne nécessairement notre occupation prolongée. Elle complète la pensée de l'Empereur, ses promesses à l'Italie et ses engagements vis-à-vis de l'Angleterre, en laissant la péninsule aux mains de ses nationaux. Elle met indirectement un frein à l'ardeur agressive du Piémont par l'engagement qu'elle réclame du roi de Sardaigne à l'égard des troupes napolitaines, ou même, ce qui serait plus catégorique, à l'égard du territoire pontifical. C'est donc, à tous les points de vue, un excellent complément de nos derniers efforts pour le bien de l'Italie. »

Cette dernière illusion de l'ambassadeur ne tarda point à se dissiper. Le roi de Naples, François II, avait le caractère trop indécis pour tenter une pareille aventure. Il refusa de prêter ses troupes au Pape, dans la crainte, disait-il, que le roi de Sardaigne ne vînt à les corrompre.

Au commencement d'avril, l'arrivée du général de Lamoricière à Rome augmenta encore les embarras de l'ambassadeur.

XXI

LE GÉNÉRAL DE LAMORICIÈRE

Pie IX ne se contentait pas de prier Dieu. Il voulait agir et se servir des moyens humains dont il disposait pour défendre, au besoin par les armes, le patrimoine de Saint-Pierre. On avait vu se former au Vatican un parti de l'action qui voulait recruter une armée et s'appuyer en France, non plus sur le gouvernement impérial, qui avait cessé d'inspirer de la confiance au Pape, mais sur les adversaires de Napoléon III. En tête de ce parti était un prélat fougueux et militant, qui appartenait à la plus haute aristocratie belge, Mgr de Mérode. Né le 15 mars 1802, il avait servi comme officier dans l'armée du roi Léopold et, en Algérie, sous les drapeaux français. Devenu prêtre, il conservait sous la soutane l'ardeur et les goûts belliqueux qu'il avait eus sous l'uniforme. Fixé à Rome, en qualité de camérier secret et de grand échanson du Pape, il y fut nommé ministre des Armes en 1860. Il aurait voulu faire de Pie IX un autre Jules II, ce pontife batailleur qui reprit les Romagnes sur César Borgia, soumit Pérouse et Bologne, ajouta à ses États Parme, Plaisance, Reggio et lutta, les armes à la main, contre Venise et la France.

Ce fut Mgr de Mérode qui eut l'idée de faire entrer le général de Lamoricière au service du Pape. Il apprit que le général, causant avec un ancien ambassadeur de France à Rome, M. de Courcelle, avait dit : « La cause pontificale est une cause pour laquelle il serait bon de mourir. » Ce mot fut pour Mgr de Mérode une révélation. Accompagné de son frère, le comte Werner de Mérode, il alla trouver le général de Lamoricière au château de Prouzel, en Picardie, et le décida sans peine à se faire le champion armé de Pie IX. Lamoricière écrivit alors au général Bedeau : « Je charge un de nos amis communs de vous dire le parti que j'ai pris... Je n'ai vraiment d'espoir qu'en Dieu ; car, d'après ce que je sais, la force d'un homme ne peut suffire à l'œuvre que je vais entreprendre... L'audace, je l'espère, ne me manquera pas au besoin ; mais j'attends la récompense là haut bien plus qu'ici-bas. »

De tous les hommes qui avaient refusé de se

rallier au second Empire, le plus illustre était peut-être le général de Lamoricière. Il plaisait à la fois aux légitimistes par ses attaches de famille et par sa piété, aux Orléanistes par la part glorieuse qu'il avait prise aux campagnes d'Afrique et par son amitié pour les princes fils du roi Louis-Philippe, aux républicains par le grand rôle qu'il avait joué sous la seconde République, par son dévouement au général Cavaignac et par son opposition acharnée au coup d'Etat. C'était une des principales victimes du 2 Décembre. Les différentes oppositions s'incarnaient en lui. Il représentait à lui seul tous les mécontents.

Le général de Lamoricière, né à Nantes le 5 février 1806, entré à l'Ecole Polytechnique à dix-huit ans, en était sorti dans le génie. Il fit en Algérie dix-huit campagnes, se distingua au siège de Constantine, à Mouzaïa, à Mascara, et ce fut lui qui, en 1847, força l'émir Abd el Kader à se rendre. Nommé député de la Sarthe, vers la fin de la monarchie de Juillet, il prit place sur les bancs de l'opposition dynastique. Dans la nuit du 23 au 24 février 1848, il fit partie du ministère que forma M. Thiers et qui ne dura que quelques heures. Le matin du 24, il parut sur le théâtre de l'émeute, en uniforme de colonel de la garde nationale, proclamant l'abdication du roi et la régence de la duchesse d'Orléans. Mais il fut blessé, eut son cheval tué sous lui, et ne dut son salut qu'à l'intervention de quelques ouvriers qui l'arrachèrent à la fureur de leurs camarades. Après avoir combattu l'insurrection de Juin, il s'associa à la fortune du général Cavaignac, dont il fut le ministre de la guerre. Pendant la présidence de Louis-Napoléon, il défendit énergiquement la République, fut arrêté, au coup d'Etat, enfermé dans la forteresse de Ham et conduit à Cologne par des agents de police. Quelques mois après, soumis comme officier encore inscrit dans les cadres de l'activité, au serment exigé par la nouvelle Constitution, il le refusa par une lettre que publièrent tous les journaux. Il resta en exil depuis 1851 jusqu'en 1857, époque à laquelle Napoléon III lui accorda spontanément l'autorisation de rentrer en France.

Le 1er avril 1860, le général de Lamoricière arrivait à Rome avec Mgr de Mérode. Le surlendemain, le duc de Gramont écrivait à M. Thouvenel : « Mon cher ministre, le général de Lamoricière est ici. Il a accepté d'être nommé généralissime de l'armée pontificale, avec la condition de ne jamais servir contre la France. Le cardinal Antonelli a été chargé de demander à S. M. l'Empereur l'autorisation nécessaire. Il paraît avoir répondu qu'il se mettrait en règle avec le ministre de la Guerre et avec le grand chancelier de la Légion d'honneur; que cela suffisait, et qu'il n'avait pas besoin d'écrire à l'Empereur. Il y a là une nuance qui ne vous échappera pas, et qui contrarie le Saint-Siège. Le Pape, en effet, sent très bien l'impossibilité de donner dans ses Etats une haute position à un officier qui se poserait en rebelle vis-à-vis de Sa Majesté. »

L'arrivée de Lamoricière gênait le duc de Gramont, qui à cette occasion crut avoir à se plaindre du général de Goyon, aide de camp de l'Empereur, et commandant du corps d'occupation français à Rome. Il mandait à M. Thouvenel, le 7 avril : « Le général de Goyon a commencé par prendre en main le parti du Vatican et de Lamoricière, et si je ne l'en avais empêché, il n'attendait qu'un mot du cardinal pour faire rendre les honneurs militaires au nouveau général pontifical, sans s'inquiéter si celui-ci était en règle ou non vis-à-vis de son gouvernement. Il en est résulté que, pour la camarilla, le général est un saint, et l'ambassadeur un diable, digne représentant de son souverain encore plus diable que lui. »

Il est curieux de voir comment le nouveau rôle de Lamoricière fut apprécié par un des plus ardents impérialistes, M. de Persigny. « Ambassadeur de France à Londres, a-t-il écrit, je me trouvais depuis quelques jours à Paris, lorsque j'appris cet incident qui m'étonna beaucoup. Je connaissais la haine de M. de Lamoricière pour l'Empereur, son caractère violent.

vindicatif, ses propos inconsidérés, son entourage hostile au gouvernement; je ne comprenais pas qu'on donnât à un pareil homme, dans des circonstances si graves, un rôle si important et si délicat. J'étais convaincu qu'il n'acceptait le commandement de l'armée du Pape que pour avoir l'occasion de nous créer des difficultés en Italie. Sans portée politique sérieuse, tour à tour révolutionnaire et conservateur, démagogue et clérical, mais brave et audacieux, M. de Lamoricière pouvait être un instrument dangereux entre les mains de nos ennemis. »

On le voit, M. de Persigny avait les plus grandes préventions contre le général. Et cependant il eut l'idée de lui faire rendre service aux intérêts français, et de le mêler à une combinaison qu'il proposa à l'Empereur, comme devant empêcher l'unité italienne, en sauvant le Pape et le roi de Naples. D'après ce plan, le général de Lamoricière aurait défendu Rome avec les troupes pontificales, et les troupes françaises auraient occupé les Marches et l'Ombrie.

M. de Persigny ajoute dans le même écrit (daté de Chamarande, 29 janvier 1868): « Si cette politique n'était pas dans l'intérêt de l'Italie, elle était au moins dans l'intérêt de la France, qui avait tout à redouter des complications de la question romaine. Quand on songe que pour éviter toutes ces difficultés il suffisait simplement de mettre le général de Lamoricière à Rome et de garder nous-mêmes notre frontière, on ne peut comprendre qu'une mesure si simple et si facile à exécuter n'ait point été adoptée par le gouvernement français. Tel a été pendant plusieurs années mon étonnement de cette faute que, malgré ce que je savais de ses habitudes d'inertie, je l'avais attribuée aux résistances de la cour de Rome et aux passions obstinées du parti ultramontain. La vérité, que j'ai apprise plus tard, c'est que le gouvernement de l'Empereur n'avait rien fait, rien proposé à Rome à ce sujet. Tous les avertissements étaient restés inutiles. La force d'inertie avait triomphé de la plus simple prudence. »

L'Empereur accorda au général l'autorisation qui lui était nécessaire pour conserver sa qualité de Français tout en servant sous les drapeaux du Pape. Mais une défiance réciproque continuait à exister entre Napoléon III et l'ancien proscrit du 2 Décembre. Le duc de Gramont voyait avec dépit arriver à Rome plusieurs Français, connus par leurs opinions accentuées, les uns légitimistes, les autres orléanistes, qui venaient prendre du service sous les ordres du nouveau général. Les légitimistes surtout faisaient de lui un éloge enthousiaste. L'ancien ministre du général Cavaignac était devenu l'idole des partisans du drapeau blanc.

L'attitude du général à l'égard de l'ambassade

de France fut cependant correcte. Il prescrivit
à ses officiers de ne tenir aucun langage imprudent et de ne point provoquer le mécontentement de l'Empereur. Il était, d'ailleurs, touché
des égards que lui témoignaient le général de
Goyon et tous les officiers français, admirateurs
des exploits du héros d'Afrique. Il espérait
encore que la France ne l'abandonnerait pas.
C'était le moment où M. de Persigny, malgré
ses sympathies bien connues pour le Piémont,
disait à Napoléon III : « Qu'assister, l'arme au
bras, à la destruction de l'armée pontificale, serait
dépasser les bornes de la prudence et donner à
notre politique une apparence de faiblesse et de
duplicité que rien ne pourrait justifier aux yeux
de l'Europe catholique. » Lamoricière avait
parfois le pressentiment d'un pareil abandon.
Dès son arrivée à Rome, il avait compris toutes
les difficultés de sa tâche. Ce vaillant homme de
guerre, dont la jeunesse fut si brillante, si gaie,
si pleine d'entrain, avait subi, dans son âge
mûr, toutes les tristesses, tous les désenchantements de la vie. Les huit années d'exil ou
d'inaction passées par lui, depuis que son épée
avait été brisée en 1851, lui laissaient au fond de
l'âme une grande mélancolie. Délaissé par les
hommes, il s'était retourné vers Dieu. Les sentiments religieux qui animaient les croisés lorsqu'ils abordaient la terre sainte n'étaient pas
plus vifs que ceux qu'il ressentit en pénétrant

dans la ville éternelle. Il allait, si cela était nécessaire, s'offrir en holocauste et mériter aux yeux de l'Église, sinon les couronnes du vainqueur, du moins les palmes du martyr.

XXII

L'ARMÉE PONTIFICALE

Au 1ᵉʳ mars, l'armée pontificale comptait seize mille hommes. C'était à compléter et à organiser cette armée que s'employait le général de Lamoricière. Des volontaires venus de France, de Belgique, d'Irlande, d'Autriche, de Bavière, allaient en élever l'effectif jusqu'à près de vingt-cinq mille hommes. Ce fut une véritable croisade.

Le 8 avril, jour de Pâques, Lamoricière écrivait dans un ordre du jour adressé à ses soldats : « Aux accents de la grande voix qui, naguère, du haut du Vatican faisait connaître au monde les dangers du patrimoine de Saint-Pierre, les catholiques se sont émus et leur émotion s'est bientôt répandue sur tous les points de la terre.

« C'est que le christianisme n'est pas seulement la religion du monde civilisé, il est le principe de la vie même de la civilisation ; c'est que la Papauté est la clef de voûte du christianisme, et toutes les nations chrétiennes semblent avoir aujourd'hui la conscience de ces grandes vérités, qui sont notre foi.

« La révolution, comme autrefois l'islamisme, menace aujourd'hui l'Europe, et, aujourd'hui comme autrefois, la cause du Pape est celle de la civilisation et de la liberté dans le monde.

« Soldats, ayez confiance, et croyez que Dieu soutiendra notre courage à la hauteur de la cause dont il a confié la défense à nos armes. »

Lamoricière choisit pour chef d'état-major un homme appartenant à la plus haute aristocratie française, le marquis de Pimodan. Né à Paris, le 29 janvier 1822, il avait été reçu à Saint-Cyr ; mais comme on exigeait alors des officiers le serment au roi Louis-Philippe, il ne crut pas pouvoir servir en France, et avec l'approbation du comte de Chambord, il entra dans l'armé autrichienne où se trouvaient déjà beaucoup d'officiers des vieilles familles françaises. Il se distingua en 1848 et 1849 dans les campagnes d'Italie et de Hongrie. Il portait alors le titre de comte. Sa bravoure et sa haute intelligence militaire lui avaient acquis une grande réputation parmi ses compagnons d'armes. Un jour, l'empereur François-Joseph dit à l'impératrice : « Voilà le major

Pimodan, qui s'est couvert de tant de gloire; je ne vous dis pas le comte de Pimodan, parce qu'il y a bien des comtes dans l'armée, mais il n'y a qu'un Pimodan. »

Agé de trente-trois ans seulement, le vaillant homme de guerre était déjà colonel. Pour obtenir un grade plus élevé, il aurait été obligé de se faire naturaliser autrichien. Comme il tenait avant tout à sa qualité de Français, il renonça à poursuivre plus loin sa carrière dans l'armée autrichienne, et retourna en France, où il épousa en 1855 Mlle de Couronnel, petite fille du duc de Montmorency-Laval, le célèbre ambassadeur de la Restauration. Dès lors, il habita tantôt Paris, tantôt le château d'Echenay, dans le département de la Haute-Marne. Les choses militaires l'intéressaient toujours. Il publia une brochure sur le rôle de la cavalerie, fit un voyage en Russie pour étudier les champs de bataille de la grande armée, et fournit à M. Thiers quelques renseignements pour l'*Histoire du Consulat et de l'Empire*.

Un soir, au château d'Echenay, Pimodan dit dans la conversation : « Si le Pape entreprend quelque chose pour reconquérir ses Etats ou pour défendre ce qui lui reste, je suis à ses ordres. » La pensée de former une solide petite armée pontificale semblait alors à plusieurs Français le meilleur moyen de servir à la fois la cause de la Papauté et celle de la France. Vers la fin de janvier 1860, Pimodan alla trouver Mgr Sacconi, nonce du Pape à Paris. Je suis entièrement dévoué à la cause pontificale, lui dit-il ; je demande instamment que l'on veuille bien compter sur moi. » Il arriva à Rome le 4 avril, et vit le lendemain Lamoricière. Le 16, il était nommé colonel dans l'armée pontificale et chef d'état-major. Son attitude fut des plus sages. Il écrivait en France : « Protestez de ma part contre toute idée d'hostilité au gouvernement. » Il entretient des relations amicales, presque des relations de famille, avec le général comte de Goyon qui commandait le corps d'occupation français. Le grand-oncle de M. de Pimodan avait épousé, après la Révolution, une demoiselle de Goyon, et la marquise de Pimodan était parente de la comtesse de Goyon, née Montesquiou-Fezensac.

Pimodan déploya la plus grande activité pour aider Lamoricière dans l'œuvre de réorganisation des troupes pontificales. La tâche était loin d'être facile. On peut dire que tout était à faire. Le général en chef avait à lutter contre l'inertie et la routine, à s'attaquer à des abus invétérés. On ne lui pardonnait pas de vouloir pénétrer les arcanes de l'administration romaine et mettre l'ordre dans le Laos.

Cependant, les volontaires accouraient, pleins d'ardeur. En France, dans les provinces catholiques de l'ouest, un généreux mouvement s'était manifesté. Des jeunes gens appartenant à la plus vieille noblesse française et portant les noms les plus illustres vinrent avec enthousiasme s'enrôler sous la bannière pontificale. Cet exemple fut suivi par les grandes familles belges. Les Français furent partagés entre un escadron de guides sous les ordres du comte de Bourbon-Chalus, et un demi-bataillon d'infanterie qui, réuni aux volontaires venus de Belgiques, forma, sous le nom de tirailleurs franco-belges, un corps dont le chef était M. de Becdelièvre, ancien capitaine dans l'armée française. Ce corps fut le noyau des zouaves pontificaux. Henri de Cathelineau, petit-fils du saint d'Anjou, avait levé une troupe de volontaires. N'ayant pas reçu du gouvernement pontifical l'autorisation de la commander lui-même, il la fit entrer dans le bataillon des tirailleurs franco-belges. Le duc de Bisaccia, fils du duc de La Rochefoucauld-Doudeauville, fit don au pape de douze canons rayés. Les Irlandais formèrent un bataillon dit de Saint-Patrick. Les troupes pontificales italiennes comprenaient deux régiments de ligne et deux bataillons de chasseurs, plus les gendarmes et un seul escadron de cavalerie en bon état. Les Suisses, commandés par le colonel Schmidt, au nombre de trois ou quatre mille, formaient un bataillon de carabiniers et deux régiments dits étrangers. On eut bientôt 5,000 Autrichiens, qui formèrent cinq bataillons de bersagliers, deux à trois mille Irlandais, quelques centaines de Français et de Belges. Avec les troupes recrutées parmi les sujets du Pape, cela formait le total de vingt à vingt-cinq mille hommes. Pimodan écrivait à propos de cette armée composée de tant d'éléments hétérogènes : « C'est comme un camp de Wallenstein de Schiller. On y parle toutes les langues. J'ai causé avec beaucoup d'Allemands, de Polonais, de Hongrois et même de Suédois, qui servent sous le nom de Suisses dans les régiments étrangers. »

On trouvait parmi les tirailleurs franco-belges un Rohan, un Ligne, un Chevigné, un Rainneville, un Charette, un Lorgeril, les deux fils de Joseph de Maistre, etc.

Après beaucoup d'efforts, la place d'Ancône fut mise en état de défense. Lamoricière donna le commandement de cette place à un de ses camarades du siège d'Alger, M. de Quatrebarbes, démissionnaire, après la Révolution de 1830, et ancien député français. Le général en chef se plaisait à voir dans Ancône le dernier refuge de la puissance pontificale indépendante. Il croyait que son armée pourrait, au besoin, y trouver un asile et y tenir assez longtemps derrière les remparts pour donner à l'Europe catholique le temps d'intervenir. En attendant, il se multipliait pour remédier au manque de cohésion de ses troupes. « Pour les règlements et l'administration de l'armée, écrivait Pimodan, le général de Lamoricière est vraiment passé maître. Je ne l'ai pas trouvé en défaut une seule fois. »

En résumé, il y avait parmi les volontaires accourus au secours du Saint-Siège beaucoup de dévouement, de bravoure et d'enthousiasme, mais l'armée n'était pas en mesure de résister au choc d'une grande puissance. Elle ne disposait que de quelques cavaleries. Son artillerie comptait seulement deux batteries à cheval mal organisées et cinq batteries à pied moins bonnes encore. Avec l'appui du corps d'occupation français, elle aurait rendu de grands services. Seule, elle aurait été en mesure de maintenir l'ordre à Rome et de tenir tête à des bandes révolutionnaires. Mais du moment où elle devait avoir en face d'elle l'armée piémontaise, le concours de la France lui aurait été indispensable. Napoléon III restait donc, en réalité, l'arbitre de la situation.

Nous venons de parler des défenseurs du pape. Jetons maintenant un coup d'œil sur le plus acharné de ses ennemis.

XXIII

GARIBALDI

La révolution italienne s'était incarnée dans Garibaldi. Type achevé du sectaire et du *condottiere*, courageux jusqu'à l'héroïsme, téméraire jusqu'à la folie, homme tout d'une pièce, dédaigneux des subterfuges de la diplomatie; allant toujours droit au but, sincère et désintéressé, n'ayant rien de commun avec ces démagogues qui, une fois arrivés au pouvoir, recherchent avidement ce que jadis ils appelaient les hochets de la vanité, et deviennent des chambellans après avoir été des tribuns; personnage romanesque, frappant les imaginations par ses allures théâtrales, par sa parole vibrante et enflammée, par son invincible confiance en lui-même, Garibaldi était un fanatique, un voyant, un illuminé. Ses partisans le considéraient comme un être exceptionnel et légendaire.

Sa vie fut un roman de cape et d'épée. Né à Nice le 4 juillet 1807, il entre d'abord dans la marine de guerre piémontaise. En 1834, il prend part à la conjuration de la jeune Italie. Pour se soustraire aux poursuites de la police, il cherche un refuge en France. De là, il se rend à Tunis, où le bey le nomme capitaine de frégate, puis en Amérique, où il se mêle aux insurgés de la province du Rio-Grande pour combattre le Brésil. Fait prisonnier, en 1842, il ne recouvre la liberté qu'au bout d'un an. En 1844, il s'engage au service de la république de l'Uruguay en lutte contre Rosas, le dictateur de Buenos-Ayres. Avec trois petits navires, il soutient un combat de trois jours consécutifs contre une flotte de dix grands vaisseaux de guerre. Plutôt que de se rendre, il brûle sa flottille, descend à terre avec ses compagnons, se fraye un passage à travers l'armée ennemie, et va prendre le commandement de la légion italienne. Il est vainqueur dans plusieurs engagements, notamment à Saint-Antoine. Après cette dernière journée, le gouvernement montévidéen décide que la date de la bataille de Saint-Antoine et le nom de Garibaldi seront inscrits en lettres d'or sur le drapeau de la légion italienne. Le nom du hardi condottiere est célèbre dans toute l'Amérique. Il le sera bientôt dans toute l'Europe.

Au premier bruit des événements de 1848, Garibaldi quitte Montevideo. Il débarque à Gênes où il reçoit un accueil enthousiaste. A la tête d'un corps franc de cinq mille hommes, il s'établit sur les rives du lac de Côme dans une forte position, mais, après quelques succès, il est obligé de se retirer en Suisse. En 1849, la fuite de Pie IX et la proclamation de la république romaine offrent un nouvel aliment à son activité révolutionnaire. Appelé à Rome par Mazzini, il siége dans l'Assemblée constituante, puis il organise la défense de la ville contre l'armée française. Après la victoire de celle-ci, il sort de Rome, le 2 juillet 1849, avec 2,000 fantassins et 400 cavaliers, et réussit à conduire sa petite troupe sur le territoire neutre de la république de Saint-Marin. Mais les puissances obligent ce petit État à repousser les fugitifs, qui se dispersent. Traqué par les Autrichiens, Garibaldi traverse les Apennins, et sa femme Anita meurt d'épuisement pendant ce rude voyage. Lui-même, après de grandes souffrances et de grands dangers, arrive à Gênes et repart pour l'Amérique.

De retour dans le nouveau monde, Garibaldi se consacre à l'industrie. A New-York, il dirige une fabrique de chandelles. Puis il passe en Californie, prend du service au Pérou, et fait, en 1852, le voyage de Chine sur un bâtiment péruvien. Il revient à Gênes en 1854, et remplit modestement les fonctions de capitaine dans la marine marchande piémontaise. Pendant la guerre de 1859, il prend l'offensive contre l'Autriché à la tête des chasseurs des Alpes. En 1860, il proteste contre l'annexion de Nice et de la Savoie à la France et donne sa démission de major-général et de député. Depuis que Nice, sa ville natale, est devenue française, il se pose en adversaire acharné du comte de Cavour, et se jure à lui-même de diriger à sa guise les destinées de l'Italie, sans se soucier ni des conseils ni des menaces. Tout en continuant de parler avec respect du roi Victor-Emmanuel, il prend la résolution de ne pas plus écouter le souverain que le premier ministre, et de tenir pour nulles et non avenues les remontrances de la diplomatie européenne.

La Sicile s'étant insurgée contre le roi de Naples, Garibaldi se décide à la secourir, et prépare à Gênes une expédition. Le 26 avril, la *Gazette* de Milan insère une note ainsi conçue : « Ceux des volontaires qui auront le désir de se rendre en Sicile doivent s'adresser pour les instructions au bureau du journal. » Telle est la première communication qui fait entrevoir au public les projets de Garibaldi. Le gouvernement piémontais ferme les yeux. Tous les préparatifs se font sans le moindre mystère.

Avant de partir, le chef de l'expédition adresse cette lettre au roi Victor-Emmanuel :

« Sire, le cri de détresse qui, de la Sicile, parvient à mes oreilles, a ému mon cœur et celui de quelques centaines de mes vieux compagnons d'armes. Je n'ai pas conseillé le mouvement insurrectionnel de mes frères de Sicile; mais du moment qu'ils se sont soulevés au nom de l'unité italienne, dont Votre Majesté est la personnification, contre la plus infâme tyrannie de notre époque, je n'ai pas dû hésiter à me mettre à la tête de l'expédition. Je sais que je m'embarque dans une entreprise dangereuse, mais je mets ma confiance en Dieu, ainsi que dans le courage et le dévouement de mes compagnons.

« Notre cri de guerre sera toujours : *Vive l'unité de l'Italie! Vive Victor-Emmanuel, son premier et son plus brave soldat!* Si nous échouons, j'espère que l'Italie et l'Europe libérale n'oublieront pas que cette entreprise a été décidée par des motifs purs de tout égoïsme et entièrement patriotiques. Si nous réussissons, je serai fier d'orner la couronne de Votre Majesté de ce nouveau et peut-être plus brillant joyau, à la condition toutefois que Votre Majesté s'opposera à ce que ses conseillers cèdent cette province à l'étranger, ainsi qu'on a fait pour ma ville natale.

« Je n'ai pas communiqué mon projet à Votre Majesté; je craignais en effet que, par suite de mon dévouement à sa personne, Votre Majesté ne réussît à me persuader d'y renoncer.

« De Votre Majesté, le plus dévoué sujet,

« GARIBALDI. »

Au fond, les sympathies du roi pour le célébre condottiere sont très limitées. « C'est à tort, a dit le comte d'Ideville, que l'on attribue à Victor-Emmanuel un vif penchant pour Garibaldi. Soldats tous deux, ils ont sans doute dans le caractère et les goûts quelques points de contact qui leur ont permis, à certains moments, de s'entendre et de se réunir ; mais la familiarité républicaine et souvent protectrice du héros déplaît fort au descendant de la maison de Savoie. A quel souverain, d'ailleurs, placé dans les mêmes conditions, le prestige fabuleux du nom de Garibaldi n'aurait-il pas porté ombrage ? »

Nous croyons que, loin d'avoir provoqué et organisé l'expédition, le roi et son premier ministre tentèrent, tout au moins dans le principe, de l'empêcher ; mais qu'ils ne se crurent point assez forts pour résister au sentiment populaire, et qu'ils laissèrent les choses suivre leur cours, décidés à désavouer l'entreprise si elle échouait, et à en profiter, si elle réussissait. Le comte d'Ideville raconte que le roi Victor-Emmanuel dit au ministre de France, le baron de Talleyrand : « Mon Dieu, ce serait sans doute un grand malheur, mais si les croisières napolitaines pendaient mon pauvre Garibaldi, il se serait attiré lui-même son triste sort. Les choses se seraient alors très simplifiées. Quel beau monument nous lui ferions élever ! »

Quand on apprit que, dans la nuit du 5 au 6 mai, Garibaldi et un millier de volontaires s'étaient embarqués à Gênes sur deux navires pris de vive force à la compagnie Rubattino et se dirigeaient vers la Sicile, l'émotion fut très grande en Europe. La diplomatie protesta contre la violation du droit des gens. A Paris, le monde officiel, les catholiques, les conservateurs blâmèrent très vivement l'aventure. Mais les feuilles libérales la jugèrent avec indulgence.

Le 15 mai, on lisait, dans la *Revue des Deux-Mondes*, ces lignes curieuses écrites par le chroniqueur de la *Quinzaine*, M. Eugène Forcade : « On a comparé Garibaldi au flibustier américain Walker. C'est une absurde injustice. On pourra contester le jugement du héros italien; mais on devra respecter sa bravoure et cette chevalerie qui le pousse à courir toutes les chances pour la défense de sa patrie et de sa cause. Il viole manifestement aujourd'hui la légalité internationale, puisqu'il va faire la guerre civile dans un Etat dont il n'est point le sujet; mais pour lui et pour ses amis, Naples n'est point un royaume distinct de l'Italie elle-même; ils sont unitaires. L'entreprise de Garibaldi ne doit donc ni exciter l'étonnement, ni encourir le blâme de ceux qui ont concouru et applaudi à la guerre de l'année dernière; il n'était pas plus permis aux moins clairvoyants d'ignorer, il y a un an, que le mouvement italien tendait à l'unité qu'il n'est aujourd'hui permis aux plus aveugles de le nier. »

En présence d'une telle situation, Napoléon III, sur qui les yeux de toute l'Europe étaient fixés, avait à choisir entre trois politiques :

1º Accepter franchement l'unité italienne, et se mettre à la tête du mouvement;

2º Combattre l'unité, en défendant avec énergie le Pape et le roi de Naples;

3º Observer une attitude d'expectative, en invoquant le principe de non intervention, et se laisser conduire par les événements, au lieu de les diriger.

Ce fut ce dernier parti que l'Empereur adopta.

XXIV

FRANÇOIS II

Le trône de Naples était occupé depuis le 2 mai 1855 par François II, né le 16 janvier 1836, du premier mariage de Ferdinand II et d'une fille du roi de Sardaigne Victor-Emmanuel Ier. Le 3 février 1859, le jeune prince avait épousé une fille du duc de Bavière Maximilien, la princesse Sophie, sœur de l'impératrice d'Autriche.

En montant sur le trône, François II parut décidé à ne rien changer au système de son père, cet adversaire inflexible du libéralisme, et, dans sa proclamation à son peuple, il rendit hommage « au grand et pieux monarque dont les héroïques vertus et les mérites sublimes ne seront jamais assez célébrés. » Le jeune souverain était alors conseillé par sa belle-mère, l'archiduchesse Thérèse, fille du célèbre archiduc Charles, l'émule de Napoléon Ier, et seconde femme de Ferdinand II. Aucun des fonctionnaires qui servaient le feu roi, ne fut remplacé, et le gouvernement napolitain resta neutre dans la guerre dont l'Italie du nord était le théâtre.

François II aurait-il conjuré les périls qui menaçaient sa dynastie s'il s'était constitué l'allié de son parent le roi Victor-Emmanuel, et si, dès son avènement, il avait octroyé des réformes et une Constitution? La chose est douteuse. Les partisans de l'unité italienne, les révolutionnaires tels que Mazzini et Garibaldi n'auraient désarmé devant aucune concession. La dynastie napolitaine était condamnée par eux, ils n'en voulaient à aucun prix le maintien. Si François II refusait les réformes, on l'accusait d'aveuglement et de tyrannie; s'il les accordait, elles devenaient des armes entre les mains de ses adversaires. La Russie, l'Autriche et la Prusse lui témoignaient une vive sympathie; mais depuis que le concert européen n'était plus qu'un vain mot, à quoi de pareilles sympathies servaient-elles? Au début de son règne, l'Angleterre, qui craignait qu'un Murat ne montât sur le trône de Naples, et la France, qui ne travaillait pas à une combinaison de ce genre, et, d'autre part, ne se souciait nullement de l'unité italienne, furent bienveillantes pour le jeune monarque; elles renouèrent avec le gouvernement napolitain les relations diplomatiques interrompues à la fin du règne de Ferdinand II. La Révolution n'avait pas encore terminé son travail souterrain, et la difficulté qu'il y avait de réunir sous un même sceptre des peuples aussi dissemblables que les Piémontais et les Lombards, d'une part, et les Napolitains, de l'autre, permettait de croire que la solution la plus naturelle de la question italienne serait le partage de la péninsule entre Victor-Emmanuel, roi de l'Italie du nord, Pie IX, souverain des États de l'Église, au centre, et François II, roi de l'Italie du sud.

Napoléon III ne paraissait pas éloigné d'un pareil système. Il prescrivait à son ministre à Naples, le baron Brénier, d'entretenir des relations amicales avec le gouvernement du roi ; mais, au fond, il n'avait pour ce prince que des sympathies limitées, et il n'était pas dans l'intention de lui prêter un concours actif. On peut croire que si la France avait eu pour souverain, au lieu de Napoléon III, un Bourbon de la branche aînée, ou même un Bourbon de la branche cadette, François II n'aurait pas été abandonné comme il le fut. Les souvenirs du pacte de famille auraient alors engagé le gouvernement à soutenir une dynastie d'origine française, dont le chef était un descendant de Louis XIV. Mais ces souvenirs-là n'avaient qu'une médiocre importance aux yeux de l'Empereur. D'autre part, tous les républicains, tous les libéraux avancés, tous les partisans de la politique piémontaise témoignaient une hostilité systématique à François II ; seul, le parti légitimiste lui montrait un bon vouloir réel. Et cependant le prince était aussi intéressant par sa jeunesse que digne de respect par ses vertus et sa piété. Si des abus existaient dans son royaume, il n'en était pas personnellement responsable. Il supportait le poids des fautes qu'il n'avait pas commises. *Delicta majorum immeritus lues.*

Malgré sa faiblesse, malgré les germes de trahison qu'il contenait dans son sein, malgré une incessante propagande révolutionnaire, le gouvernement napolitain aurait réprimé tous les troubles intérieurs et serait venu à bout des bandes garibaldiennes, s'il n'avait pas eu à lutter contre l'armée régulière piémontaise.

Quand, dans la nuit du 5 au 6 mai, Garibaldi et les mille s'embarquèrent à Gênes pour une destination inconnue, les consuls télégraphièrent, les chancelleries s'émurent. A Paris, la presse officieuse essaya de rassurer le public. La *Patrie*, après avoir annoncé l'entreprise, ajoutait : « Nous n'avons pas besoin de dire que le gouvernement piémontais réprouve cette conduite, qui n'est pas seulement un acte d'insubordination, mais une véritable trahison à son égard. Du reste, le bâtiment qui porte Garibaldi est signalé sur toute la côte. »

Pour lieu de débarquement, l'audacieux condottiere avait fait choix de Marsala, ville de vingt mille âmes, située à 156 kilomètres de Palerme. Le choix était habile. Marsala comptait parmi ses habitants beaucoup d'Anglais, par conséquent beaucoup d'amis, et entre la ville et Palerme, le pays, accidenté et sans routes, était avantageux pour un chef de partisans. Ne pouvant passer par le détroit que gardait la citadelle de Messine, Garibaldi dut mettre le cap sur la Tunisie, il prit terre à la pointe de la Régence, près du cap Bon, s'y approvisionna de vivres, et continua sa route vers Marsala, avec ses deux navires le *Piemonte* et le *Lombardo*.

Cependant, les deux bâtiments avaient été aperçus, et deux navires de guerre napolitains les poursuivaient et approchaient à toute vitesse. C'étaient les frégates *Capri* et *Stromboli*. Quand le *Piemonte* et le *Lombardo* arrivèrent en vue de Marsala, le 11 mai, les deux frégates n'étaient plus qu'à une demi-lieue. Garibaldi et Bixio se hâtèrent de se mettre à l'abri derrière deux navires de guerre anglais, l'*Argus* et l'*Indépendance*, qui se trouvaient dans le port, et ils commencèrent le débarquement. Les Napolitains envoyèrent alors prier les capitaines anglais de se retirer, avec leurs navires, afin de laisser l'attaque libre. Ceux-ci répondirent qu'ils ne pourraient obtempérer à cette demande que lorsque les officiers, pour la plupart à terre, auraient regagné leur bord. L'opération dura deux heures au moins, et il est permis de croire que les Anglais y mirent volontairement quelque lenteur. Quoi qu'il en soit, Garibaldi et ses compagnons, se trouvant ainsi protégés par les deux navires britanniques, débarquèrent sans être inquiétés. La seule consolation des Napolitains fut de s'emparer du *Piemonte* et du *Lombardo* restés vides.

L'insurrection de la Sicile semblait toucher à son déclin, et, en pénétrant dans Marsala, Garibaldi reçut d'abord un assez froid accueil. Il évita d'y séjourner, et se rendit à Salemi, où il bivouaqua trois jours, pour recevoir les recrues qu'il attendait de l'intérieur. L'effectif de sa petite troupe s'étant élevé à quatre mille hommes, il se mit en marche le 15 mai pour se rapprocher de Palerme, et battit à Calatafimi un corps napolitain. Le 17, il était à Alcamo, où il organisait, au nom du roi Victor-Emmanuel, un gouvernement dont le secrétaire d'État était M. Crispi, poursuivi plus tard à cause de ses sentiments républicains. Le 22, il arrivait au Parco, à dix kilomètres de Palerme. Le 27, à quatre heures du matin, il tentait un coup de main qui réussissait. Il s'emparait à la baïonnette de la porte San-Antonino, et arrivait à la place des Quatre-Cantons, c'est-à-dire au centre de la ville. Le général napolitain Lanza donna aussitôt l'ordre de bombarder, et la flotte napolitaine, s'embossant devant la promenade de la Marine, couvrit Palerme de bombes et de boulets rouges. Mais ce bombardement fut inutile, et Garibaldi resta maître de sa conquête. L'amiral Persano arriva alors en rade de Palerme, avec des navires de guerre piémontais, et mit à la disposition de Garibaldi des canons et des munitions, mais la nuit et en secret. Le cabinet de Turin n'osait pas encore jeter le masque.

A Naples, on apprit coup sur coup le débarquement de Garibaldi, l'occupation de Marsala, le combat de Calatafimi et la prise de Palerme. Ces terribles nouvelles frappèrent la cour et le gouvernement de stupeur; François II se sentait entouré de traîtres. Leur principal asile, le lien de leurs conciabules, était la légation du Piémont. L'infortuné souverain s'imaginait encore que l'Europe ne permettrait pas de telles violations du droit des gens. Mais le sort lui réservait une série de déceptions plus amères, plus cruelles les unes que les autres. Il n'était qu'au premier acte du drame fatal.

Revenons maintenant en France, le pays vers lequel François II tournait ses yeux désespérés, et voyons ce qui s'y passait, pendant que la révolution, incarnée dans la personne de Garibaldi, triomphait en Sicile.

XXV

L'ENTREVUE DE LYON

En fait de politique extérieure, Napoléon III n'eut de succès positifs que grâce à l'alliance russe. L'alliance anglaise et la guerre de Crimée lui procurèrent des avantages moraux, mais sans aucun avantage matériel. Il ne put s'appliquer le mot *Beati possidentes* que lorsqu'il fut l'ami de la Russie. Sans elle, il n'aurait jamais pu gagner les victoires de Magenta et de Solférino. Sans elle, il aurait rencontré devant lui une coalition formée par l'Angleterre. Sans elle, il n'aurait jamais annexé Nice et la Savoie. Depuis l'entrevue de Stuttgart, Alexandre II avait été pour la France le plus fidèle et le plus loyal des alliés. Napoléon III n'ignorait point ce qu'il devait au tsar, et il cherchait une occasion de lui témoigner sa gratitude. Cette occasion se présenta quand l'impératrice douairière de Russie, mère du tsar, passa par Lyon, venant de Villefranche, pour retourner à Saint-Pétersbourg. Napoléon III eut l'heureuse idée de se rendre à Lyon, avec l'impératrice Eugénie, pour y saluer au passage la souveraine russe.

Alexandra-Feodorovna (précédemment Frédérique-Louise-Charlotte-Wilhelmine), fille du roi de Prusse Frédéric-Guillaume III, sœur du roi Frédéric-Guillaume IV et du prince régent (le futur empereur Guillaume Ier), était née le 2 juillet 1798. Veuve du tsar Nicolas Ier, elle conservait un culte pour la mémoire de son époux. C'était une femme d'un grand charme et d'un esprit remarquable. Pour se montrer aussi gracieuse et aussi affable qu'elle le fut avec Napoléon III, elle dut se faire violence, car elle était persuadée que le chagrin causé à son mari par la guerre de Crimée avait contribué à la mort du tsar.

Le maréchal de Castellane, qui commandait alors l'armée de Lyon, a fait dans son Journal le récit de l'entrevue, avec l'exactitude, la fidélité d'un Dangeau. Complété par les articles des feuilles lyonnaises, ce récit permet de reconstituer l'entrevue, on peut dire, heure par heure.

31 mai 1860. — La grande-duchesse Hélène de Russie, fille du prince Paul de Wurtemberg, veuve du grand-duc Michel, belle-sœur de

Nicolas Ier, devance l'impératrice douairière. Elle descend à l'hôtel de Lyon. Belle, grande et majestueuse, elle a la réputation d'être une femme supérieure et d'avoir beaucoup d'influence à la cour de Russie. Le même jour, l'impératrice douairière s'embarque, par une mauvaise mer, à Villefranche, sur la frégate russe à vapeur l'*Oloff*.

1er *juin*. — A quatre heures du matin, la frégate jette l'ancre à Marseille. Le maréchal de Castellane reçoit la souveraine au moment où elle débarque. Sa Majesté souffre déjà beaucoup de la maladie dont elle mourra le 20 octobre suivant. On voit qu'elle a été très belle. Une jeune princesse, née en 1845, la fille de la grande-duchesse Marie de Leuchtenberg, l'accompagne. C'est la princesse Eugénie (actuellement duchesse Alexandre d'Oldenbourg). L'impératrice douairière a une suite de cinquante-sept personnes, dont une dame et plusieurs demoiselles d'honneur. Entre Valence et Vienne en Dauphiné, elle fait monter le maréchal de Castellane dans son wagon. Très souffrante, elle lutte difficilement contre le sommeil ; mais, tout à fait grande dame, elle fait tous ses efforts pour être aimable.

A Lyon, un bataillon est à la gare. Une division de dragons escorte la voiture de la tsarine. Une garde de cinquante hommes l'attend à l'hôtel de l'Univers, où elle arrive à 7 heures du soir.

Deux heures plus tard, Napoléon III et l'impératrice Eugénie doivent aussi arriver à Lyon. Depuis le matin, la ville présente une animation inaccoutumée. Les différentes voies du chemin de fer ont amené des villes et des villages voisins de nombreux voyageurs. Une foule compacte est réunie autour de la gare de Perrache et dans la rue Bourbon. A neuf heures du soir, Leurs Majestés font leur entrée. Les tambours se taisent, d'après les ordres donnés, mais les acclamations retentissent. Plusieurs escadrons de dragons et un bataillon de chasseurs à pied garnissent les abords de la gare, ainsi que le terre-plein qui longe la gare, dont la façade est brillamment illuminée, de même que le pourtour de la statue de Napoléon Ier, sur la place Louis-Napoléon. La pièce où Leurs Majestés doivent se rendre en descendant du train est richement décorée : tentures de velours vert, torsades d'or, trophées de drapeaux, écussons au chiffre impérial et aux armes de la ville, bustes du souverain et de la souveraine, superbes corbeilles de fleurs. L'Empereur arrive, donnant le bras à l'Impératrice, qui porte un simple costume de voyage. Précédé et suivi d'un escadron de dragons, le cortège traverse la place Napoléon, la rue Bourbon, la place Bellecour, la rue Impériale, la place de la Comédie. Les maisons sont pavoisées aux couleurs nationales. Plusieurs d'entre elles ont arboré l'étendard russe et les couleurs du Piémont parmi les drapeaux qui décorent leurs façades. Tous les candélabres situés sur le parcours de la rue Impériale ont subi une métamorphose dans leur mode d'éclairage. Les lanternes ont été remplacées par des appareils à gaz dessinant des N encadrées de feu. L'hôtel de la préfecture, où doivent loger Leurs Majestés, le grand théâtre, le palais du Commerce resplendissent de mille feux. A l'hôtel de ville, l'Empereur et l'Impératrice se montrent sur le balcon. Des applaudissements frénétiques les accueillent. A dix heures du soir, ils se rendent sans escorte à l'hôtel de l'Univers pour y faire une visite à l'impératrice douairière de Russie.

2 juin. — A neuf heures du matin, l'Empereur sort dans la calèche découverte du maréchal de Castellane, accompagné par le maréchal et le préfet, M. Vaïsse. La voiture avance difficilement, tant la foule est compacte. Le souverain commence par aller visiter le quartier de la rue Madame, ce quartier que lors des inondations de 1856 il avait vu dans un si lamentable état, en venant consoler et secourir la misère des pauvres habitants chassés par les eaux de leurs demeures. La prospérité a maintenant remplacé tant de misères. Prenant ensuite l'avenue de Saxe, l'Empereur se dirige vers le parc de la Tête-d'Or, qu'il parcourt dans toute sa longueur. Il va ensuite à l'hôtel de Lyon voir la grande-duchesse Hélène, chez laquelle il retrouve l'impératrice

Eugénie. De là, Leurs Majestés se rendent à l'hôtel de l'Univers pour faire une seconde visite à l'impératrice douairière de Russie et la conduire à la préfecture, où a lieu un déjeuner en petit comité. Point d'autres convives que les deux Impératrices, l'Empereur, la grande-duchesse Hélène et la jeune duchesse Marie de Leuchtenberg. Leurs Majestés témoignent les plus grands égards à la souveraine russe, en s'efforçant de cicatriser autant que possible les blessures faites à son cœur par les souvenirs amers de la guerre de Crimée.

Après le déjeuner, Napoléon III monte en voiture avec l'impératrice douairière et la conduit à la gare des Brotteaux, où il lui dit adieu. Le maréchal de Castellane la remercie de ses bontés pour lui et de la belle tabatière, avec son portrait orné de diamants, qu'elle lui a fait apporter par le comte Wielkowski, grand-maître de la cour.

Le même jour, Napoléon III et l'impératrice Eugénie repartaient pour Paris. La belle souveraine, malgré la simplicité de sa toilette, une robe grise sans aucun ornement et ce qu'on appelait alors un chapeau rond, excitait l'admiration de la foule. « La population, a dit le maréchal de Castellane, avait un très vif désir de voir l'impératrice Eugénie. On en a été enchanté. Sa Majesté, qui a trente-quatre ans, a l'air d'en avoir vingt-cinq; elle est vraiment charmante;

sa bonté est excessive. Lorsqu'on s'approchait trop de la voiture, elle craignait toujours qu'on ne fît mal à ceux qui s'approchaient pour donner des pétitions. » Leurs Majestés trouvèrent à la gare de Perrache les officiers généraux des divisions actives du 4e corps, tous en tenue journalière, chapeau galonné, tunique et ceinture. L'Empereur passa devant eux, ayant l'Impératrice au bras, et adressa quelques mots à chacun. Puis il annonça qu'il reviendrait avec l'Impératrice au mois d'août, et il dit au maréchal et au préfet : « Alors nous ferons un programme. » A trois heures, le train impérial partait pour Paris.

XXVI

FONTAINEBLEAU

Le 5 juin, à six heures et demie du soir, l'Empereur, l'Impératrice et le Prince Impérial arrivèrent à Fontainebleau pour y passer plusieurs semaines. Un arc de triomphe était dressé à l'entrée de la ville, et le cortège s'avançait au milieu des acclamations.

Napoléon III aimait beaucoup Fontainebleau, qui lui rappelait les plus lointains souvenirs de son enfance. Il avait été baptisé au château, dans la chapelle de la Sainte-Trinité, bâtie par François Ier sur l'emplacement de l'oratoire de Saint-Louis. Il se souvenait d'avoir vu se promener dans les allées des jardins le grand Empereur, dont nulle part on ne peut mieux évoquer la majestueuse figure que dans la cour légendaire qui s'appelle la Cour des Adieux. Il occupait les mêmes appartements, la même chambre que son oncle. Ces appartements ont vue sur le jardin de Diane. On y arrive par un escalier placé sous le vestibule de l'escalier du Fer à Cheval. Les différentes pièces se succèdent dans l'ordre suivant :

Antichambre des huissiers. — On y remarque deux tableaux, l'un de Drouet, qui représente les dames romaines offrant leurs bijoux à la patrie en danger, l'autre de Joseph Vien, qui a pour sujet un trait de la vie de Scipion. Dans la même pièce se trouvent une grande carte de la forêt de Fontainebleau et une horloge du temps de Louis XVI avec plusieurs cadrans et un calendrier.

Cabinet des secrétaires de l'Empereur. — Il contient, au milieu, un tableau de Crépin, représentant des baigneuses, et à droite et à gauche, des paysages du même artiste.

Salle des bains. — Petite pièce coquettement décorée, transportée de Trianon à Fontainebleau, sous le règne de Louis-Philippe. Sur des glaces de Venise, peintures représentant des Amours. Chaises et fauteuils de style Louis XVI.

Cabinet de l'Abdication. — C'est là, sur un petit guéridon en acajou, placé au milieu de la pièce, que Napoléon Ier a signé l'acte qui mettait un terme à l'Empire. Si l'on fait basculer la table de ce guéridon, l'on aperçoit une petite plaque de cuivre contenant l'inscription suivante, qui date de la Restauration : « Le cinq avril mil huit cent quatorze, Napoléon Bonaparte signa son abdication sur cette table, dans le cabinet de travail du roi, le deuxième après la chambre à coucher, à Fontainebleau. »

Cabinet de travail. — Le plafond est orné d'une peinture de J.-B. Regnault, représentant *la Force* et *la Justice*. Un escalier intérieur fait communiquer ce cabinet avec la bibliothèque de l'Empereur au rez-de-chaussée.

Chambre à coucher. — La cheminée, les encadrements dorés et sculptés des portes appartiennent à l'époque de Louis XVI. Les Amours peints en grisailles, au-dessus des portes, sont de Sauvage. On remarque une commode de Boule et une pendule ornée de camées antiques, présent du pape Pie VII. Le lit de Napoléon Ier a été restauré sous le règne de Louis-Philippe.

Salle du Conseil. — C'est une des pièces les plus élégantes du palais. La décoration est de Boucher et de Vanloo. Peintes sur toile, les compositions sont placées dans de riches encadrements. La principale représente Apollon, dieu du Soleil, sur un char précédé de l'Aurore. Quatre autres encadrements sont remplis d'Amours enguirlandés de fleurs. Seize panneaux, en camaïeu rouge et bleu, représentent des allégories mythologiques. Au milieu de cette salle qui, sous le règne de Henri IV, était le cabinet du roi, se trouve une table, de plus de deux mètres de diamètre, en bois de Sainte-Lucie, d'un seul morceau. C'est autour de cette table que les ministres, présidés par l'Empereur, se réunissaient les jours de conseil.

Salle du Trône. — Le trône y fut placé pour la première fois en 1642 par Louis XIV. Au-dessus de la cheminée monumentale apparaît un portrait de Louis XIII en pied, d'après Philippe de Champagne. Le plafond, d'une extrême richesse, se compose de deux corps distincts. Le premier est orné d'une mosaïque soutenue par huit Amours, avec une couronne en relief sur fond d'azur, les armes de France et de Navarre, et quatre autres couronnes portées par des aigles dorés. Le deuxième est en forme de coupole décorée de fleurs de lis avec les chiffres de Louis XIV.

Toutes les pièces que nous venons de mentionner avaient sous Napoléon III la même destination que sous Napoléon Ier. Le second Empereur y retrouvait partout les traces de son oncle. Il aimait à descendre de son cabinet de travail dans la bibliothèque, dont tous les livres étaient restés à la place qu'ils occupaient en 1814.

A la suite des appartements de l'Empereur se trouvaient ceux de l'impératrice Eugénie dans l'ordre suivant :

Boudoir de l'Impératrice, l'ancien boudoir de

Marie-Antoinette. — Le plafond, peint par Barthélemy, élève de Boucher, représente l'Aurore, avec les Muses sur le dessus des portes. Dans le parquet d'acajou massif est incrusté le chiffre de la reine. La cheminée est ornée de cuivres ciselés par Gouttière.

Au-dessus de cette pièce, Marie-Antoinette avait installé un petit cabinet désigné sous le nom de Cabinet Turc, à cause de sa décoration dans le goût oriental. Un petit escalier dérobé y conduit. De là, deux ouvertures dissimulées permettent de voir à droite et à gauche ce qui se passe dans deux salles du bas, le salon François Ier et le salon Louis XIII.

Chambre à coucher de l'Impératrice. — C'est une pièce historique par excellence. Cinq souveraines portant le prénom de Marie l'ont habitée. Marie-Thérèse, femme de Louis XIV; Marie Leczinska, femme de Louis XV; Marie-Antoinette, femme de Louis XVI; Marie-Louise, femme de Napoléon, et Marie-Amélie, femme de Louis-Philippe. De là, son nom de Chambre des cinq Marie. Le plafond, qui est splendide, a été construit sous les règnes de Louis XIII et Louis XIV. Il se compose d'un grand médaillon environné de quatre autres, les plus petits reliés ensemble par de très riches encadrements. Le reste de la décoration et de l'ameublement date presque entièrement de Louis XVI. Voici deux commodes de l'ébéniste Reisener, dont les cuivres sont de Gouttière. Voilà les tentures en soie du lit et des lambris offerts par la ville de Lyon à Marie-Antoinette, dauphine, à l'occasion de son mariage.

Salon de musique. — C'était, au temps de Marie-Antoinette, le *Salon de jeu de la reine.* L'architecte Rousseau le décora. Le plafond, représentant les Muses, est de Barthélemy. Les dessus de porte en grisaille sont de Sauvage. On remarque un guéridon en porcelaine de Sèvres, exécuté par Georget en 1806 et représentant les Saisons.

Salon des dames d'honneur. — Louis-Philippe y a fait ouvrir une porte de communication dans le mur qui le sépare de la galerie de Diane, située au-dessus de la galerie des Cerfs.

Toutes les pièces des appartemens de l'Impératrice donnent, comme celles des appartements de l'Empereur, sur le jardin de Diane, ainsi nommé à cause de la statue de la déesse, élevée au-dessus d'une fontaine, qui est ornée de têtes de cerf en bronze, d'où l'eau s'échappe et tombe dans un bassin de marbre blanc. C'est Henri IV qui a fait construire le bassin. La fontaine date du premier Empire.

Les appartements de Napoléon III étaient remplis de souvenirs de Napoléon Ier, et ceux de l'impératrice Eugénie pleins des souvenirs de son héroïne, Marie-Antoinette. Il y avait là une source de méditations sérieuses, toute une légende de gloire et de douleur. Nulle part on ne pouvait mieux penser au géant des batailles et à la reine martyre.

Laissons maintenant la parole à l'ancien chambellan de Napoléon III, le duc de Conégliano, qui a écrit un si curieux ouvrage sous ce titre : « *Le second Empire. La Maison de l'Empereur* ». Les séjours de la Cour à Fontainebleau, dit-il, duraient un mois ou six semaines. Il y eut pendant quelques années des séries d'invités. Ces séries étaient plus mondaines que celles de Compiègne ; de là plus d'élégance ; les jeunes femmes, presque toutes fort riches, y faisaient assaut de toilettes fraîches et claires, comme le voulait la saison ; pour le soir, c'étaient les robes de bal les plus riches. A Fontainebleau comme à Compiègne, jusqu'au déjeuner, liberté absolue ; mais, faisant dans la journée beaucoup d'exercice, et se couchant tard, les femmes ne s'en servaient que pour se reposer. »

Avant le dîner, comme avant le déjeuner, on se réunissait dans le salon Louis XIII, qui a vue sur la merveilleuse Cour Ovale. Ce salon fut la chambre à coucher de Marie de Médicis. C'est là qu'elle mit au monde l'enfant qui devait s'appeler Louis XIII. Voyez cette petite glace carrée de Venise. C'est, dit-on, une des premières qui aient été fabriquées. Voyez aussi sur une console ce grand coffret d'ivoire. Au-dessus de l'emplacement du lit de Marie de Médicis se trouve le portrait de Louis XIII enfant, assis sur un dauphin, peint par Ambroise Dubois.

On déjeunait et on dînait dans la galerie de Henri II, cette éblouissante salle de fêtes, la plus belle, la plus vaste que la Renaissance ait construite. Avec ses dix immenses fenêtres, cinq ayant vue sur le parterre, cinq sur la Cour Ovale; son plafond en bois de noyer, divisé en caissons octogones profilés à fond d'or et d'argent; son riche parquet en boiseries correspondant aux divisions du plafond; ses fresques resplendissantes, œuvres du Primatice et de Nicolo dell'Abbate, toutes consacrées à des sujets mythologiques; sa tribune des musiciens; sa cheminée monumentale occupant toute la hauteur de la salle, cette pièce, incomparable spécimen des arts décoratifs du XVIe siècle, présente un aspect féerique.

Après le dîner, on se tenait dans le salon Louis XIII et dans la salle Saint-Louis. C'est Louis-Philippe qui a fait restaurer cette dernière salle. Les murailles sont ornées de tableaux qui représentent plusieurs traits de la vie de Henri IV. Sur la cheminée apparaît la statue équestre de ce souverain par Jacquet.

7 juin. — L'Impératrice va visiter les rochers de Franchard et les gorges d'Apremont.

8 juin. — Promenade en forêt. Le soir, dans la nouvelle salle de spectacle du château, représentation d'une très jolie pièce de Sardou, les *Pattes de Mouche.*

L'ancien théâtre, celui qui avait été construit dans la salle de la *Belle Cheminée*, et où fut donné pour la première fois le *Devin du Village* de Jean-Jacques Rousseau, devant Louis XV et sa cour, a été brûlé en 1856. Napoléon III a confié la construction de la nouvelle salle à l'architecte Lefuel. Située à l'extrémité de l'aile neuve de la cour des Adieux ou cour du Cheval Blanc (l'aile Louis XV), elle ressemble beaucoup à celle que Louis-Philippe fit construire au château de Compiègne.

12 juin. — Le 2ᵉ cuirassiers de la garde donne une fête équestre. Des estrades sont élevées sur le rond-point des Héronnières, pour recevoir la famille impériale et les invités. L'Empereur distribue lui-même des montres gravées à son chiffre aux officiers et aux sous-officiers vainqueurs dans le carrousel.

Un médaillé de Sainte-Hélène, nommé officier sur le champ de bataille de Wagram, a composé ces couplets sur l'air : « Aux temps heureux de la chevalerie » :

> Dans le tournoi, cuirassiers de la garde
> Sur vos coursiers, exercez votre ardeur.
> L'Impératrice aujourd'hui vous regarde.
> C'est la beauté contemplant la valeur.
> Tous fiers entrez dans la brillante arène ;
> Preux chevaliers, redoublez vos efforts,
> Vous qu'un regard de votre souveraine
> Porterait tous à braver mille morts.

A Sa Majesté l'Impératrice

Les vétérans de notre bel Empire,
En vous voyant se trouvent rajeunis,
Le charme heureux de vos traits les inspire,
Tous vos bienfaits dans leur cœur sont bénis.
Les vieux soldats, auguste souveraine,
Du fond de l'âme adorent vos attraits,
Et ce penchant, qui vers vous les entraîne,
Est dans le cœur de tous les bons Français.

Le même jour, 12 juin, l'Empereur reçoit, au palais de Fontainebleau, M. de Martino, ministre des Deux-Siciles à Rome, que le roi François II a envoyé en France pour y plaider la cause de la monarchie napolitaine, menacée par Garibaldi. M. de Martino arrive, accompagné par le marquis Antonini, ministre des Deux-Siciles à Paris. L'Empereur dit aux deux diplomates, après les avoir écoutés courtoisement : « Ah ! pourquoi votre gouvernement n'a-t-il pas, en temps utile, écouté mes avis ? » Puis il conseille une organisation autonome pour la Sicile, l'établissement d'un régime constitutionnel à Naples, et enfin, chose plus dure, l'entente avec le Piémont. » Le puissant souverain ajoute : « Si vous avez assez de force pour réduire la révolution, je serai le premier à applaudir à votre succès. Mais si vous êtes faibles, comment pourriez-vous vous sauver, sinon par les concessions ? » M. Antonini prit alors la parole. « Le roi Ferdinand II, dit-il, a été un des premiers à reconnaître l'Empire restauré. Votre Majesté me dit alors que les Bourbons de Naples pourraient compter, en cas de besoin, sur sa gratitude. » L'évocation de ce souvenir ne laissa pas que de troubler un peu l'Empereur. Une certaine émotion se peignit sur son visage, mais il leva l'audience sans avoir rien promis. La mission de M. Martino avait échoué. Peut-être la France a-t-elle eu plus tard à regretter de n'avoir pas mieux travaillé à soutenir le trône de Naples.

Le 14 juin, Napoléon III quittait Fontainebleau, où restèrent l'Impératrice et le Prince Impérial, et se rendait à Paris, pour se diriger le lendemain vers Bade.

XXVII

L'ENTREVUE DE BADE

L'annexion de Nice et de la Savoie avait beaucoup inquiété les Allemands. Tous répétaient que si Napoléon III avait rectifié la frontière sud-est de la France, il voudrait également rectifier la frontière nord-est et conquérir les bords du Rhin.

Il y avait alors à Berlin une femme mieux que personne en mesure d'apprécier les dispositions de la société prussienne; c'était Mme la comtesse de Beaulaincourt, dont le mari remplissait les fonctions d'attaché militaire à la légation de France, et dont la sœur était veuve du comte de Hatzfeldt, mort ministre de Prusse à Paris. Mme de Beaulaincourt écrivait, le 1er juin, à son père, le maréchal de Castellane: « Vous ne pouvez vous figurer combien dans ce pays on est monté contre les Français. Cette hostilité existe autant dans le peuple que dans la société. Il paraît ici d'infâmes libelles qui sont lus avec avidité. On ne peut ôter de la tête de la majorité du public, quoique pas un mot, pas une action ne puisse confirmer cette opinion, que nous voulons leur faire la guerre sur le Rhin ; les populations rhénanes sont aussi très montées. De là, inquiétude, haine, méfiance. Comme cela n'est basé sur rien, je ne vois pas ce qui pourra remettre les choses d'aplomb et dans le vrai. Les affaires d'Italie produisent ici un grand effet, et contribuent à augmenter l'irritation contre la France. »

Napoléon III prit la résolution subite de rassurer lui-même les esprits, en faisant une démarche personnelle auprès de celui de tous les princes allemands qui avait le plus d'influence, et que l'Empereur désirait le plus rattacher à ses plans de politique générale : le prince régent de Prusse. Il lui proposa d'avoir une entrevue à Bade, et de convier à cette espèce de congrès imprévu tous les souverains allemands, à l'exception de l'empereur d'Autriche. Chose curieuse à remarquer, de tous les pays dont se composait la Confédération germanique, c'était l'Autriche qui, malgré la guerre d'Italie, se défiait le moins de la France. A la différence du prince régent de Prusse, l'empereur François-Joseph n'avait pas besoin d'être rassuré.

Dès que l'entrevue fut décidée, la comtesse de Beaulaincourt écrivait au maréchal de Castellane, le 11 juin : « On est très occupé ici de la conférence de Bade ; le parti des ultras est furieux ; en général, on croit que cela fera bon effet ; mais il faudra du temps au régent, encore s'il en a la ferme volonté, pour calmer toutes les mauvaises passions qui ont été soulevées ici depuis quelques années. Le régent sera accompagné seulement de deux aides de camp ; l'un est M. de Loc, il est à merveille ; l'autre est le vieux Rostitz ; il a quatre-vingts ans. »

Bade était un endroit bien choisi pour une réunion de monarques et de princes. La Suisse n'offre pas de végétation plus luxuriante, de plus robustes arbres, de plus frais tapis de verdure que ce petit paradis terrestre encaissé entre trois montagnes. Les rues elles-mêmes ne sont que de belles allées de chênes le long desquelles se groupent jolies villas, coquettes boutiques.

Depuis le règne de Louis-Philippe, la haute société parisienne avait adopté Bade comme sa ville de plaisance favorite. On se rappelle les vers d'Alfred de Musset :

> Vers le mois de juillet, quiconque a de l'usage,
> Et porte du respect au boulevard de Gand,
> Sait que le vrai bon ton ordonne absolument
> A tout être créé possédant équipage,
> De se précipiter sur ce petit village,
> Et de s'y bousculer impitoyablement.

Depuis le règne de Napoléon III, la vogue de Bade avait encore grandi. C'était, pendant l'été, le rendez-vous de tous les luxes, de toutes les élégances, de tous les plaisirs. La nuit tombante, au milieu d'un vaste parterre entouré d'orangers, s'allumait la *Maison de Conversation*, avec ses longues galeries, ses salons étincelants, à gauche le café, à droite le théâtre, au centre l'immense salle de bal. La saison mondaine de 1860 se trouvait inaugurée par un congrès improvisé, dont personne ne parlait dix jours auparavant, et qui cependant eut presque autant d'éclat que la fameuse entrevue de Stuttgart.

Voici la liste des personnages qui se rencontrèrent :

Le prince régent de Prusse et la princesse sa femme (la future impératrice Augusta);

Le grand-duc de Bade et la grande-duchesse, fille du prince régent de Prusse;

Le roi de Wurtemberg;

Le roi de Bavière;

Le roi de Saxe;

Le roi de Hanovre;

Le grand-duc de Hesse-Darmstadt;

Le grand-duc de Saxe-Weimar;

Le duc de Nassau;

Le duc de Saxe-Cobourg-Gotha;

Le prince et la princesse Antoine de Hohenzollern;

La princesse Marie de Bade, la duchesse de Hamilton;

Le prince et la princesse de Furstenberg.

Napoléon III quitta Paris le 15 juin, à sept heures du matin, pour se rendre à Bade. Il arriva à quatre heures et demie à Strasbourg. Bien que le souverain voyageât dans le plus strict incognito, une foule énorme stationnait depuis la gare jusqu'au pont de Kehl. Les fenêtres étaient pavoisées; les bouquets pleuvaient dans la voiture de l'Empereur. A la gare de Kehl, il trouva le prince Guillaume, envoyé par son frère le grand-duc, pour le conduire jusqu'à Bade. Arrivé dans cette ville, il fut reçu à la gare par le grand-duc et la princesse Marie, duchesse de Hamilton. Sur son passage, la foule, à défaut d'enthousiasme, témoigna une curiosité respectueuse. Tous les hôtels de la ville étaient combles. D'innombrables voyageurs étaient venus pour voir l'homme extraordinaire dont toute l'Europe s'occupait tant alors.

Napoléon III était venu souvent à Bade, dans sa jeunesse, quand il habitait en Suisse, tout près de là, le petit château d'Arenenberg. Il était heureux de reparaître puissant et brillant dans une ville qui lui rappelait des phases si différentes de sa carrière. Il regrettait seulement de n'y plus retrouver l'aimable grande-duchesse Stéphanie de Bade, dont la mort récente avait été pour lui un véritable chagrin. On lui offrit comme logement l'ancienne résidence de cette princesse, la *villa Stéphanie* située dans l'allée de Lichtenthal.

Il était sept heures du soir quand l'Empereur arriva à la villa Stéphanie. Une heure après, le prince régent de Prusse s'y présentait. En descendant de voiture, ce prince trouva devant lui Napoléon III, qui lui serra cordialement la main et l'introduisit dans le salon du rez-de-chaussée. L'entrevue dura plus d'une heure.

Le même jour, on lisait dans la *Gazette Prussienne* un article qui fut reproduit à Paris par le *Moniteur* : « L'empereur Napoléon, était-il dit dans cet article, arrivera aujourd'hui à Bade pour saluer le prince régent sur le territoire allemand. C'était le désir exprimé de la manière la plus prévenante par l'Empereur de donner au prince régent cette preuve de ses sentiments pacifiques et amicaux. La Prusse a lieu de se réjouir de cette prévenance, et d'en apprécier sans idées préconçues la signification, qu'il est impossible de méconnaître. Il ne peut s'agir pour la Prusse de poser de nouveaux buts à sa politique. Cette politique a été constamment ouverte, loyale, conciliante, attentive à maintenir la paix européenne et ses bases éprouvées. Mais la difficulté des temps a éveillé des inquiétudes que l'Europe verra disparaître avec joie devant l'échange amical de pensées de deux princes puissants dont la manière d'agir exerce toujours une influence considérable, souvent décisive, sur les destinées de l'Europe. L'Allemagne sera heureuse si l'empereur des Français fortifie dans l'esprit du prince régent la conviction que la politique française est aussi pacifique que forte, et la France verra un gage important de la durée de ses rapports de bon voisinage avec nous, si l'empereur Napoléon reçoit de la bouche du prince régent lui-même l'assurance des sentiments et des résolutions de cette politique loyale et modérée qui sert de règle invariable aux actes de son gouvernement. »

La conclusion de l'article était celle-ci : « Les journées de Bade, nous pouvons l'espérer, vivifieront la confiance en un avenir prospère et assuré de l'Europe, et consolideront en même temps l'un des appuis essentiels de cet avenir : la concorde de l'Allemagne. »

Napoléon III avait alors une sorte de prédilection pour la Prusse et le prince régent. On en fit la remarque à une nuance d'étiquette. Quand le prince vint, le 15 juin, faire la première visite, il fut reçu par le souverain lui-même au perron de la villa Stéphanie. Lorsque, le lendemain, le roi de Wurtemberg, le duc de Saxe-Cobourg-Gotha, le roi de Saxe, le roi de Bavière, le roi de Hanovre, le duc de Nassau et le prince de Hohenzollern se présentèrent à la villa, ils furent salués à l'entrée par un chambellan et un aide de camp qui les conduisirent dans les appartements de l'Empereur et les annoncèrent.

Dans la journée, Napoléon III rendit les visites qui lui avaient été faites. Le soir, un grand dîner réunit au Château-Neuf, chez le grand-duc, tous les souverains, princes et princesses qui se trouvaient à Bade.

Le 17 juin, ils passèrent ensemble presque toute la journée. Le matin, l'Empereur reçut la visite du grand-duc de Saxe-Weimar et du prince de Furstenberg. Il se rendit ensuite à l'endroit qu'on appelle la *Ruine*, où le grand-duc et la grande-duchesse de Bade offrirent à leurs hôtes un déjeuner en plein air.

La *Ruine*, que, de l'allée de Lichtenthal, on aperçoit, comme s'élançant d'une forêt de sapins, est un vieux château féodal dont les antiques vestiges présentent un aspect pittoresque.

Le déjeuner fut servi dans la salle des gardes, qui n'a plus que quatre murs sans autre plafond que le ciel. Un arbre s'y appuie sur une vieille colonne. Le lierre et le lichen tapissent les murs qui portent les cicatrices du temps et des guerres. Au milieu de la salle avait été dressée une table chargée de fleurs. Les Majestés et les Altesses, qui gardaient sur la tête le chapeau à haute forme, pour se garantir du soleil, occupaient le côté du sud, celui du nord avait été assigné aux officiers de leur suite. Après le déjeuner, on se promena sur les hautes galeries, d'où l'on découvre un superbe horizon, puis l'on redescendit vers Bade, au milieu d'une foule faisant la haie de chaque côté de la route, sur le flanc de la montagne. A cinq heures, il y eut un dîner de gala au château grand-ducal. Après le dîner, l'Empereur retourna à la villa Stéphanie, où les souverains et les princes vinrent lui dire adieu. Il voulut à son tour prendre congé d'eux tous, en se rendant, à neuf heures du soir, chez la duchesse de Hamilton qui les avait engagés à prendre le thé au Pavillon. Une heure après, il quitta Bade pour retourner en France.

Napoléon III avait fait une bonne impression sur les souverains et les princes. Tous apprécièrent en lui une grande bonté dans le regard, une extrême politesse, une simplicité et une affabilité remplies de charmes. Il s'était montré brillant causeur, et toujours d'humeur excellente. On se plût à espérer qu'il ne nourrissait contre l'Allemagne aucun noir dessein.

L'Empereur, très satisfait, rentrait à Fontainebleau le 18 juin. Le lendemain, on lisait dans le *Moniteur :* « Le voyage rapide que vient de faire l'Empereur aura, nous n'en doutons pas, d'heureux résultats. Il ne fallait rien moins que la spontanéité d'une démarche aussi significative pour faire cesser un concert unanime de bruits malveillants et de fausses appréciations. En effet, l'Empereur, en allant expliquer franchement aux souverains réunis à Bade comment sa politique ne s'écarterait jamais du droit et de la justice, a dû porter dans des esprits si distingués et si exempts de préjugés la conviction que ne manque pas d'inspirer un sentiment vrai, expliqué avec loyauté. Aussi est-il entré plus que de la courtoisie dans les rapports réciproques des membres de cette auguste réunion. »

En France, l'entrevue de Bade fut favorablement jugée. La Bourse de Paris salua par une forte hausse le retour du souverain.

Revenu de Bade, l'Empereur alla retrouver à Fontainebleau l'Impératrice et le Prince Impérial. La fin de la *série* fut attristée par de mauvaises nouvelles du roi Jérôme et par sa mort.

XXVIII

LA MORT DU ROI JÉRÔME

Pendant la maladie du roi Jérôme, l'Empereur se rendit plusieurs fois au château de Villegenis pour voir son oncle. C'est là que le dimanche 24 juin 1860, à cinq heures un quart du soir, mourut l'ancien roi de Westphalie.

Le lendemain, on lisait dans le *Moniteur* : « La maladie de Son Altesse Impériale le prince Jérôme Napoléon enlève à la France un prince dont la mémoire reste liée aux plus grands événements d'une époque héroïque. La Providence a permis que le dernier frère de Napoléon Ier ne mourût pas sans avoir vu le rétablissement de la glorieuse dynastie qu'il avait si fidèlement servie. La nation s'associe au deuil qui vient frapper la famille impériale. »

Jérôme Bonaparte était né à Ajaccio le 15 novembre 1784. Tout enfant, il fut contraint de s'expatrier et alla à Marseille avec sa famille; il entra ensuite au collège de Juilly, d'où il sortit, après le 18 Brumaire, pour prendre le grade d'aspirant de marine.

Napoléon écrivait, le 29 mai 1805, au ministre de la Marine : « Monsieur Jérôme est à la voile, à bord de sa frégate. Je vous ai déjà fait connaître que vous rangiez sous son commandement l'*Incorruptible* et l'*Uranie*. Il a de l'esprit, du caractère, de la décision et assez de connaissance générale du métier pour pouvoir se servir du talent des autres. »

Capitaine de frégate, le jeune prince reçut, en 1805, l'ordre d'appareiller avec la *Pomone* et deux bricks pour se rendre dans les eaux d'Alger et réclamer du dey deux cent cinquante Génois pris par les corsaires algériens et jetés dans les fers. Il réussit dans sa mission, ramena les Génois délivrés, et, comme récompense, fut nommé capitaine de vaisseau.

Peu de temps après, à bord du *Vétéran*, dans l'escadre de l'amiral Willaumez, il était en route pour la Martinique quand, séparé tout à coup de l'escadre par une tempête, il fut rejeté sur les côtes de France.

Serré de près par l'amiral Keith, il résolut de tout tenter plutôt que d'amener son pavillon.

Un matelot breton, connaissant très bien les

parages, s'offrit pour essayer de faire entrer le *Vétéran* dans le petit port de Concarneau. La côte est hérissée de récifs, et jamais navire de ce tonnage n'avait risqué une pareille aventure.

Elle réussit cependant, et Jérôme qui, par ce coup d'audace, avait échappé à l'escadre anglaise, fut nommé contre-amiral.

A la fin de 1806, le prince passa, avec le grade de général de brigade, dans l'armée de terre. L'Empereur, qui lui confia le commandement de vingt-cinq mille Bavarois et Wurtembergeois, écrivait le 14 mars 1807, à Joseph, roi de Naples : « Le prince Jérôme se conduit bien ; j'en suis content, et je me trompe fort s'il n'y a pas en lui de quoi faire un homme de premier ordre » Le 14 mars 1807, Jérôme était nommé général de division.

Après le traité de Tilsitt, un nouveau royaume devant avoir Cassel pour capitale, et comprenant, outre la Hesse-Electorale, la Westphalie et les provinces détachées de la Prusse à la gauche de l'Elbe, avec Magdebourg comme principale forteresse, était fondé pour lui, et le 23 août 1807, son mariage avec la princesse Catherine, fille du roi de Wurtemberg, était célébré dans la chapelle des Tuileries. Il n'avait pas encore vingt-trois ans.

Le jeune souverain de Westphalie dota son royaume des institutions françaises, et se concilia l'affection de ses sujets.

En 1812, il commanda toute l'aile droite de la Grande Armée qui allait franchir le Niémen. Il se distingua aux combats d'Ostrowno et de Mehller.

En 1813, il repoussa noblement les fallacieuses promesses par lesquelles les alliés cherchaient à le détacher de la cause de son frère. Il dit alors : « Roi par les victoires des Français, je ne saurais l'être encore après leurs désastres... Lorsque le tronc est à bas, les branches meurent. »

En 1814, son admirable femme, qui a fait dire à Napoléon, sur le rocher de Sainte-Hélène : « La princesse Catherine de Wurtemberg a inscrit de ses propres mains son nom dans l'histoire », refusa de divorcer et d'abandonner un époux malheureux, un roi détrôné.

Alors, bravant le courroux de son père, elle lui écrivit : « Forcée par la politique d'épouser le roi mon époux, le sort a voulu que je me trouvasse la femme la plus heureuse qui puisse exister. Je porte à mon mari tous les sentiments réunis : amour, tendresse, estime; en ce moment douloureux, le meilleur des pères voudrait-il détruire mon bonheur intérieur, le seul qui me reste ? J'ose vous le dire, mon cher père, vous et toute ma famille méconnaissez le roi mon époux. Un temps viendra, je l'espère, où vous serez convaincu que vous l'avez mal jugé, et alors vous retrouverez toujours en lui comme en moi, les enfants les plus respectueux et les plus tendres. »

Pendant la première Restauration, Jérôme se réfugia à Trieste.

Ce fut dans cette ville qu'au mois de mars 1815, il apprit le débarquement de Napoléon sur les côtes de France et son retour triompal à Paris.

Trompant la surveillance de la police autrichienne, Jérôme, décidé à rejoindre à tout prix son frère, s'embarqua sur un petit navire, et, à la suite de mille dangers, après avoir vu Murat à Naples, il parvint auprès de Napoléon, qui le reçut à bras ouverts.

L'ancien roi de Westphalie accepta le commandement d'une division d'infanterie dans le 2ᵉ corps, celui du général Reille, qui lui-même était sous les ordres du maréchal Ney. Le frère de l'Empereur se conduisit héroïquement dans les terribles journées des Quatre-Bras et de Waterloo. Fortement contusionné par une balle, il continua de lutter. Il combattit avec un acharnement intrépide dans ce bois accidenté d'Hougoumont, dont chaque arbre fut pris et repris tant de fois pendant tout le jour. Le soir, quand il rejoignit Napoléon dans le carré de la vieille garde, l'Empereur lui dit : « Mon frère, je vous ai connu trop tard. »

Le roi détrôné supporta avec dignité les tristesses de l'exil. A Trieste, sa femme, si grande dans le malheur, lui donna une fille, la princesse Mathilde, le 27 mai 1820, et un fils, le prince Napoléon, le 9 septembre 1822. Elle mourut le 23 août 1835, laissant une mémoire vénérée.

Portant le titre de comte de Montfort, Jérôme vécut jusqu'en 1847 sur le sol autrichien, puis dans les États Pontificaux, à Florence, en Suisse et en Belgique. Grâce à la bienveillance du roi Louis-Philippe, il put revoir sa patrie en 1847, et il allait obtenir, avec la cessation officielle de son exil, un siège à la Chambre des Pairs et une dotation annuelle de cent mille francs, quand éclata la révolution du 24 février 1848. Avant la fin de la même année, la carrière des honneurs se rouvrait devant lui.

Le roi Jérôme s'était effacé devant son neveu Louis-Napoléon. Non seulement il n'avait pas brigué la présidence de la République, bien que M. Thiers lui en eût, dit-on, donné le conseil, mais il n'avait pas même voulu être député. Un des premiers actes du Prince-Président fut de rendre à son oncle le grade de général de division, auquel il avait été promu quarante-et-un ans auparavant. Jérôme se trouva être ainsi le plus ancien divisionnaire des armées européennes. Le 27 décembre 1848, il fut appelé au poste de gouverneur des Invalides. Peu de temps après, il reçut le bâton de maréchal de France. Le jour du coup d'État du 2 décembre 1851, il se rendit, tout souffrant qu'il était, de l'hôtel des

Invalides à l'Elysée, et, à cheval, se joignit à l'escorte de son neveu. Lors de la création du Sénat, il en fut nommé président, mais ne remplit que peu de temps ces fonctions.

Monter, descendre, puis remonter, telle fut sa destinée.

De simple particulier devenir souverain, de roi devenir proscrit, de proscrit devenir général, maréchal, sénateur, puis, après le rétablissement de l'Empire, premier prince du sang, que de bizarres métamorphoses, quel singulier destin!

Installé au Palais-Royal, couchant dans la chambre du roi Louis-Philippe, prenant ses repas dans l'ancienne salle à manger des ducs d'Orléans, — celle où le Régent donnait ses célèbres soupers — l'ancien roi de Westphalie, dont le train de maison était presque royal, jouissait beaucoup de ce retour de la fortune. Il venait d'avoir soixante huit ans lorsque l'Empire fut restauré. C'était un beau vieillard, ayant dans ses allures, dans ses manières, dans son langage, quelque chose de courtois et chevaleresque. Il avait l'aspect et les habitudes d'un grand seigneur de l'ancien régime. Galant avec les femmes, il recevait les hommes avec autant de bienveillance que d'affabilité. Officiellement, il ne portait que le titre d'Altesse Impériale. Les personnes de sa maison ne l'appelaient que Monseigneur. Mais les autres le traitaient de Sire et de Majesté. D'une exquise politesse et d'une inaltérable égalité d'humeur, il se faisait beaucoup aimer de son entourage. Le vice-amiral baron Duperré, qui fut son aide de camp, nous disait ne lui avoir jamais vu un mouvement de colère ou d'impatience. Sa conversation était très réservée, son attitude d'une correction irréprochable.

« La petite cour du Palais-Royal, a dit le général Fleury, rivalisait pour la tenue, l'ordre et un luxe de bon aloi avec la cour des Tuileries. De temps en temps on parlait des fêtes et des beaux dîners que donnait le roi Jérôme, et l'Empereur souvent y assistait. Napoléon III voulait ainsi témoigner de sa déférence pour son oncle. Il respectait en lui le représentant de la légende, l'héroïque soldat de Waterloo. »

Je me souviens d'avoir eu l'honneur d'être présenté par mon père, vieux soldat du premier Empire, au dernier des frères de Napoléon. C'était à une soirée de l'ancien roi de Westphalie. On entrait par la cour de l'Horloge. On gravissait le grand escalier, aux proportions admirables, à la rampe merveilleusement ciselée. On arrivait aux appartements de réception, au premier étage de l'aile droite ou aile de Valois. En habit noir, culotte courte et bas de soie, portant la médaille militaire, la médaille de Sainte-Hélène, la plaque et le grand cordon de la Légion d'honneur, le roi Jérôme, avec son masque napoléonien, sa physionomie à la fois douce et imposante, me produisit une impression que je n'oublierai jamais.

Les funérailles de l'ancien souverain de Westphalie furent conformes aux règles de l'étiquette royale. Revêtu de l'uniforme de maréchal de France et de ses décorations, le corps du prince fut exposé au Palais-Royal, dans une chapelle ardente, sous un dais de velours noir bordé d'hermine et semé d'abeilles argent. Le 29 juin, les hauts fonctionnaires, les élèves de l'Ecole polytechnique et de Saint-Cyr, en uniforme, les médaillés de Sainte-Hélène et une députation de sœurs de Saint-Vincent-de-Paul attachées au service de l'hôtel des Invalides, furent admis à jeter de l'eau bénite. Le 30 juin, le 1er et le 2 juillet, le public défila devant la chapelle ardente.

M. Rouland, ministre de l'Instruction publique et des Cultes, adressa cette circulaire aux archevêques et évêques de l'Empire : « Monseigneur, la mort de S. A. I. M. le prince Jérôme-Napoléon, a inspiré des regrets unanimes. Dans les succès ou dans les revers, sur le trône ou en exil, le dernier frère de Napoléon Ier a servi avec une égale constance la dynastie à laquelle il avait consacré sa vie entière et la patrie dont il a été l'un des plus vaillants soldats. Cette inaltérable fidélité a reçu sa récompense. La Providence a permis qu'il vît l'Empire renaître et notre pays reprendre le rang qui lui appartient dans les travaux de la paix et dans les luttes de la guerre. La France répondra avec empressement aux intentions de Sa Majesté, qui désire, Monseigneur, que vous fassiez célébrer, le mardi 10 de ce mois, dans toutes les églises de votre diocèse, un service funèbre pour le repos de l'âme de S. A. I. le prince Jérôme-Napoléon. »

A Paris, le service eut lieu dans toutes les églises, le 3 juillet, jour des funérailles, aux Invalides.

Le temps était superbe, un soleil radieux resplendissait, une foule immense se pressait sur le passage du cortège.

Avant onze heures du matin, les bataillons de la garde nationale, les troupes de la garde impériale et de la ligne, prirent position et formèrent une double haie, depuis le Palais-Royal jusqu'à l'Hôtel des Invalides. A onze heures, le prince Napoléon, assisté du maréchal Pélissier, duc de Malakoff, et du prince Joachim Murat, se rendit à la chapelle ardente du Palais-Royal, et fit procéder par le clergé de la chappelle impériale à la levée du corps, qui fut porté par douze soldats des cent-gardes sur le char.

Le cortège se mit en marche dans l'ordre suivant: détachements des différentes armées; officiers de la maison du prince; clergé de plusieurs paroisses joint à celui de la chapelle impériale; de chaque côté du char, et tenant les cordons du poêle, M. Achille Fould, ministre d'État, l'amiral Hamelin, ministre de la Marine, M. Troplong, président du Sénat, le maréchal comte Vaillant, grand maréchal du Palais; quatre officiers du prince portant les insignes de ses dignités et son épée; derrière le char, le prince Napoléon, en uniforme de général de division, les épaulettes couvertes du manteau de deuil; tous les yeux se fixèrent sur lui; son étonnante ressemblance avec Napoléon Ier frappait la foule; à la droite du prince, le maréchal duc de Malakoff et le prince Joachim Murat: les grands officiers de la Couronne, les ministres, les membres du Conseil privé, les maréchaux qui étaient tous venus à Paris pour rendre les derniers devoirs au frère de Napoléon Ier, le Sénat, le Corps législatif, le Conseil d'État, les généraux, les amis et les anciens serviteurs du prince; enfin une nombreuse députation des médaillés de Sainte-Hélène.

Quelques minutes avant l'arrivée du cortège, la princesse Clotilde, belle-fille du défunt, et la princesse Mathilde, sa fille, occupèrent la tribune qui leur était réservée, et les princesses de la famille de l'Empereur, ayant rang à la Cour, se placèrent dans une tribune voisine.

Le canon des Invalides retentissait. L'église, tendue de draperies noires, avec écussons aux armes du prince et trophées militaires, était remplie. À midi, le corps fut reçu au portail par le cardinal Morlot, grand aumônier de l'Empereur, archevêque de Paris. Ce fut lui qui célébra la messe. Après l'évangile, une oraison funèbre fut prononcée par Mgr Cœur, évêque de Troyes. Après le service, le cardinal donna l'absoute.

Puis le corps fut porté par un détachement de cent-gardes dans le caveau où furent dites les dernières prières, en présence du prince Napoléon, du prince Joachim Murat, des ministres de Wurtemberg et de Sardaigne, de ministres, des membres du Conseil privé, des maréchaux, des amiraux.

Une dernière salve d'artillerie annonça l'inhumation. Jamais, depuis le retour des cendres de Napoléon, il n'y avait eu aux Invalides une cérémonie aussi imposante.

La Providence avait accordé au roi Jérôme la faveur de mourir à temps. En le faisant disparaître à l'apogée du second Empire, elle lui épargnait la douleur d'assister aux malheurs de la patrie et à la chute de la dynastie napoléonienne

XXIX

LES MASSACRES DE SYRIE

Peu de jours après les funérailles du roi Jérôme, l'opinion publique fut très vivement préoccupée par les nouvelles arrivées de Syrie.

D'épouvantables massacres venaient d'avoir lieu. La chrétienté recevait aussi les plus cruelles injures dans le pays qui fut son berceau, et de nouvelles catastrophes paraissaient imminentes.

Les massacres avaient commencé dans les montagnes du Liban, et l'origine première en pouvait être imputée aux fautes de la diplomatie européenne. Elle avait été très mal inspirée, lorsque, après avoir enlevé la Syrie, en 1840, à l'énergique domination du vice-roi d'Egypte, Méhémet-Ali, elles avaient cru, en 1843, assurer la paix entre les Maronites et les Druses, en assignant à chacune des deux races et des deux religions une administration distincte. Elle avait oublié que si les Druses et les Maronites sont séparés au point de vue ethnographique et religieux, ils ne le sont point toujours par les territoires qu'ils occupent. Dans beaucoup de villages, en effet, les populations sont mêlées. La distinction des administrations, au lieu de maintenir la paix, devait donc multiplier les causes d'animosité et de luttes.

La Porte, qui voulait détruire l'arrangement de 1845 pour faire de la montagne du Liban un simple pachalik, fomenta elle-même le désordre. Divisant pour régner, elle opposa, par un calcul machiavélique, les Druses aux Maronites, les Maronites aux Druses. Secondée dans cette tâche par les agents anglais, jaloux de l'influence française et hostiles aux Maronites, protégés de la France, comme tous les chrétiens d'Orient, elle organisait systématiquement le désordre et l'anarchie.

Le Liban était sourdement agité depuis quelques années, non seulement dans la partie mixte, mais dans le caïmacanie chrétienne, où des luttes avaient éclaté entre le caïmacan, les cheiks, le clergé et les paysans. Au mois d'août 1859, un premier conflit eut lieu au village de Betmery.

M. Jules Perrette, qui fut, en 1860, le témoin des massacres de Syrie, a expliqué ainsi la situation : « Que sont, au fond, a-t-il dit, ces adversaires si acharnés ? Des paysans aux mœurs patriarcales, dont chacun possède une maison et un verger. Pour troubler la paix, il fallait la malice et la ruse des tiers intéressés à la ruine commune, tandis qu'il suffisait, pour prévenir le mal, de la moindre intervention d'un gouvernement bien intentionné, fût-il aussi faible même que celui de l'empire turc. Que les pachas de Damas et de Beyrouth se bornassent à empêcher les deux partis de venir dans ces deux villes acheter de la poudre et des armes, qu'ils eussent à leur disposition deux milliers d'hommes au plus, prêts à se transporter dans la montagne au premier signal, ces mesures si simples auraient empêché toute collision sérieuse. »

Au lieu de cela, que fait le gouvernement turc ? De longue main, il excite les deux races l'une contre l'autre, et, favorisant les Druses, leur permet de préparer les massacres. Tandis que, pendant tout l'hiver, ceux-ci demeurent libres de s'approvisionner d'armes et de munitions, le gouvernement empêche les Maronites de sortir des villes avec leurs armes habituelles, sans lesquelles en tout temps aucun homme prudent ne s'aviserait de faire un pas.

Les préparatifs des Druses sont terminés. Alors, le gouvernement retire précipitamment de Syrie toutes les troupes régulières, et laisse Damas, la capitale, une ville de cent cinquante mille âmes, à la garde de trois cents soldats, et quels soldats! Les consuls s'émeuvent, ils réclament. On leur fait des réponses évasives, dilatoires; on les mystifie.

Le 29 mai 1860 éclate la grande conjuration. L'attaque contre les chrétiens commence par la bourgade de Beit-Meri, située à quelques lieues de Beyrouth; puis le carnage s'étend à tout le Meton. En trois jours, trente-deux villages sont brûlés, au milieu de scènes de cruauté atroces. D'horribles massacres ensanglantent Sayda, Rascheya, Hasbeya, Zahlé, Deïr-el-Kamar. Les soldats turcs, au lieu de lutter contre les égorgeurs, se retirent dans leurs casernes, et refusent d'y donner asile aux victimes qui implorent leur pitié. Partout l'autorité est ou impuissante ou complice. A Deïr-el-Kamar, où le massacre et le pillage durent depuis midi jusqu'au soir, les soldats retiennent pour eux les quatre cinquièmes du butin (21 juin 1860). Les horreurs commises ne seraient pas croyables, si elles n'étaient attestées non seulement par les témoignages français, mais par les rapports des Anglais, protecteurs politiques des assassins, les Druses.

La terreur s'empare de toutes les populations chrétiennes qui, abandonnant leurs villages, au risque d'être immolées le long des chemins, s'enfuient vers Beyrouth et vers Damas. Un grand nombre périssent avant d'arriver. A Damas, les fugitifs s'entassent pêle-mêle dans les bâtiments du patriarcat grec, dans les khâns et dans les églises. Les rues fourmillent de mendiants. Toute la population chrétienne de la ville est folle de terreur. Les tragédies de Marach, d'Alep et de Djeddah sont dans toutes les mémoires. On vit de jour en jour, d'heure en heure dans l'attente d'un drame effroyable, d'un massacre général. Echapper à la catastrophe par la fuite, cela n'est plus possible. Aucune route n'est sûre. Les Druses et les brigands sont partout dans le voisinage.

Au milieu de cette épouvantable crise, un musulman se distingue par son humanité et fait son devoir, plus que son devoir. C'est l'ancien adversaire des Français, le héros algérien, l'émir Abd-el-Kader. Un peu avant de monter sur le trône, Napoléon III s'était rendu au château d'Amboise en octobre 1852, et, donnant la liberté à l'émir enfermé dans ce château, lui avait dit : « Vous avez été l'ennemi de la France, mais je n'en rends pas moins justice à votre courage, à votre résignation dans le malheur ; c'est pourquoi je tiens à honneur de faire cesser votre captivité, ayant pleine foi dans votre parole. » Depuis lors, Abd-el-Kader avait trouvé un asile à Damas, où il vivait à la tête de nombreux Algériens. Quand l'heure fut venue de témoigner sa reconnaissance à Napoléon III, il la manifesta par une admirable conduite.

Lisons cette correspondance datée de Damas

le 2 juillet, une semaine avant le grand massacre : « Pendant que l'autorité se renferme dans une inexplicable inaction, l'émir Abd-el-Kader ne cesse d'agir auprès des ulémas, des notables et chefs des différents quartiers pour prévenir les malheurs dont les chrétiens sont menacés. Par son attitude, par son énergie, par sa parole éloquente, on peut dire que l'émir a déjà sauvé deux fois la ville, car déjà deux fois un mouvement a dû éclater, et c'est lui qui a réussi à le faire échouer... Nuit et jour, il ne cesse de veiller à la sûreté générale et de donner les preuves les plus évidentes d'abnégation personnelle et de dévouement pour la cause dont il a si noblement pris la défense. »

En vain Abd-el-Kader multiplie ses généreux efforts. L'autorité turque a décidé le massacre ; le massacre aura lieu. Il éclate, le 9 juillet, avec une fureur et une atrocité inouïes. La population de Damas ne contient ni Druses, ni Maronites ; c'est le fanatisme musulman qui est seul responsable de la catastrophe. Il y a des scènes horribles, d'inconcevables raffinements de cruauté. Celles des chrétiennes que le fer épargne sont emmenées dans les harems. Des torrents de sang coulent. Les gens de police et les bachi-bozouks, au lieu de maintenir l'ordre, tuent et volent. Le consulat de Russie est le premier attaqué ; puis, c'est le tour des vice-consulats hollandais, belge, américain. Le drogman du consulat russe est assassiné, le vice-consul américain grièvement blessé. Le muchir Achmet-Pacha ne prend aucune mesure pour arrêter le fléau. Les pères de Terre Sainte sont tous mis à mort dans leur couvent qu'ils n'ont pas voulu quitter. Tous les établissements religieux sont pillés et livrés aux flammes. Le massacre dure plus de six jours. Près de six mille personnes sont égorgées. Tous les chrétiens de la ville auraient péri sans l'intervention généreuse d'Abd-el-Kader. Une escouade d'environ douze cents Algériens les a protégés et a ouvert un passage aux fugitifs, aux consuls, aux lazaristes, aux sœurs de charité, qui ont trouvé un asile dans la maison de l'émir.

Ainsi, après le Liban, Damas, après les Druses, les Turcs. On se demandait si le fanatisme musulman, surexcité jusqu'à la démence, n'allait pas anéantir toutes les chrétientés de l'Orient.

On apprit à Paris les massacres de Damas par cette note insérée dans le *Moniteur* du 18 juillet : « Le ministre de la Marine a reçu du commandant en chef de la division navale du Levant la dépêche suivante : Beyrouth, 14 juillet. L'attaque des chrétiens a commencé à Damas le 9, après midi. Le soir, il y avait déjà beaucoup d'hommes tués et de femmes emmenées dans les harems. On dit que les consulats sont brûlés, sauf le consulat anglais. Les consuls français, russe et grec sont réfugiés chez Abd-el-Kader. L'attitude des autorités turques à Damas a été nulle, et, comme partout, plus nuisible qu'utile. Trois mille soldats turcs sont arrivés aujourd'hui sur un vaisseau et deux frégates turcs. Les craintes des chrétiens redoublent. On attend avec impatience les commissaires Vély et Namick Pacha. »

L'islamisme savait que l'Empereur des Français allait défendre la croix et n'abandonnerait pas les traditions séculaires qui faisaient du fils aîné de l'Eglise le protecteur de tous les chrétiens d'Orient. Aussi le sultan, loin de justifier les massacres, adresse-t-il à Napoléon III la lettre suivante : « Palais de Dolma-Batché, 16 juillet. Je tiens à ce que Votre Majesté sache bien avec quelle douleur j'ai appris les événements de Syrie. Qu'Elle soit convaincue que j'emploierai toutes mes forces pour y rétablir l'ordre et la sécurité, punir sévèrement les coupables, quels qu'ils soient, et rendre justice à tous. Pour qu'il ne puisse y avoir aucun doute sur les intentions de mon gouvernement, c'est à mon ministre des Affaires étrangères (Fuad Pacha), dont les principes sont connus de Votre Majesté, que j'ai voulu confier cette importante mission. »

Le 20 juillet, on lisait dans le *Moniteur* : « En présence des déplorables événements dont la Syrie est le théâtre, et qui causent, à si juste titre, en Europe l'émotion la plus profonde, le gouvernement de l'Empereur a cru devoir faire connaître ses impressions aux autres cabinets et à la Porte, et provoquer l'adoption en commun des mesures exigées par les circonstances. »

Napoléon III avait compris que, l'ordre donné dans le principe aux escadres de mettre leurs équipages à la disposition des consuls, ne permettant d'atteindre l'insurrection ni dans son foyer, au sein du Liban, ni dans les villes de l'intérieur, déjà envahies ou menacées, un corps de troupes, à portée d'agir selon les circonstances, serait seul en mesure de suffire à cette tâche.

La chrétienté avait trouvé son défenseur. Lors des derniers massacres d'Arménie, toute l'Europe a pu constater combien l'initiative et l'énergie d'un Napoléon III lui manquaient.

XXX

LA SYRIE ET L'ANGLETERRE

Napoléon III aimait les causes chevaleresques. Défendre les opprimés lui paraissait comme le plus noble attribut de la puissance. Il croyait à la parole : *Soldat français, soldat de Dieu*, à l'antique devise : *Gesta Dei per Francos*. Au moment où le clergé blâmait sa conduite dans les affaires de Rome, il lui plaisait d'envoyer ses troupes au secours des chrétiens d'Orient et de faire revivre les glorieuses traditions des Croisades. Mais il ne put y réussir qu'en luttant contre les jalousies et les susceptibilités britanniques. Il lui fallut autant de sagesse que de sang-froid pour venir à bout des résistances du cabinet de Londres, et accomplir une œuvre de salut.

On se ferait difficilement l'idée des injustes défiances que l'Angleterre, le prince Albert et la reine Victoria elle-même nourrissaient en 1860 contre la France et contre l'Empereur. Sa Majesté britannique écrivait le 8 mai, au roi des Belges, Léopold Ier : « L'agitation continuelle de notre voisin et les bruits qui circulent détruisent notre confiance. Vraiment, c'est par trop mal ! Aucun pays, aucun État du monde ne songerait à attaquer la France ; tous seraient enchantés de la voir prospérer ; mais il faut qu'elle trouble tous les coins de la terre, qu'elle brouille les cartes, et mette les uns contre les autres. Ce qui tôt ou tard finira par une croisade contre ce perturbateur universel. » Ainsi, après la confraternité d'armes de Crimée et de Chine, après le traité de commerce, après tant d'avances faites à l'Angleterre, tant de preuves de sympathie données à sa souveraine et à son gouvernement, c'est de *perturbateur universel* que la reine traitait son plus loyal, son meilleur, son plus fidèle allié !

Il était naturel que l'envoi de troupes françaises en Syrie éveillât des inquiétudes de la part d'une nation si mal disposée. On s'imagina à Londres que le projet de l'Empereur cachait des arrière pensées de conquête en Orient, et Napoléon III eut la plus grande peine à dissiper de pareils soupçons.

La France n'avait nullement la prétention d'agir seule en Syrie. Elle demandait aux autres grandes puissances de joindre leurs troupes aux siennes. M. Thouvenel écrivait, le 17 juillet, au comte de Persigny, ambassadeur de France à Londres : « La combinaison ne pourrait recevoir son exécution que de concert avec la Porte, et il serait, en outre, essentiel qu'elle fût le résultat d'un accord évident des cinq cours. L'intervention serait ainsi collective dans son principe, et les troupes européennes, envoyées dans des vues communes, ne feraient en quelque sorte que remplir une délégation des puissances. »

De son côté, la Porte, par deux communications diplomatiques en date du 20 et du 26 juillet, combattait vivement le projet d'expédition. « Cette mesure, disait-elle, par l'impression qu'elle ne manquera pas de produire rapidement sur les musulmans et les chrétiens d'autres localités de l'empire, aura des conséquences qui échappent à toute description comme à tout calcul, de manière que, tout en voulant protéger les chrétiens dans une partie de l'empire, on provoquera ailleurs une grande effusion de sang. » La Porte prétendait, en outre, que Fuad-Pacha disposait en Syrie de forces suffisantes pour rétablir l'ordre, et refusait d'envoyer à l'ambassadeur tous les pouvoirs nécessaires pour signer une convention.

Napoléon III crut devoir agir personnellement pour dissiper les défiances britanniques, et il écrivait, le 29 juillet, à son ambassadeur à Londres, une lettre datée de Saint-Cloud, dans laquelle il insistait plus que jamais sur sa résolution inébranlable de maintenir l'alliance anglaise. Cette lettre commençait ainsi : « Mon cher Persigny, les choses me semblent si embrouillées, grâce à la défiance semée partout depuis la guerre d'Italie, que je vous écris dans l'espoir qu'une conversation à cœur ouvert avec lord Palmerston remédiera au mal actuel. Lord Palmerston me connaît, et quand j'affirme une chose, il me croira. Eh bien, vous pouvez lui dire de ma part, de la manière la plus formelle, que, depuis la paix de Villafranca, je n'ai eu qu'une pensée, qu'un but, c'était d'inaugurer une nouvelle ère de paix et de vivre en bonne intelligence avec tous mes voisins, et particulièrement avec l'Angleterre. J'avais renoncé à la Savoie et à Nice; l'accroissement extraordinaire du Piémont me fit seul revenir sur le désir de voir réunies à la France des provinces essentiellement françaises. Mais, objectera-t-on, vous voulez la paix, et vous augmentez démesurément les forces de la France! Je nie le fait de tout point. »

L'Empereur ajoutait que son armée et sa flotte n'avaient rien d'inquiétant pour personne. Le chiffre de ses navires à vapeur n'égalait pas, à beaucoup près, le nombre des bâtiments à voile jugés nécessaires au temps du roi Louis-Philippe. Il avait 400,000 hommes sous les armes ; mais, en ôtant de ce nombre 60,000 en Algérie, 6,000 à Rome, 8,000 en Chine, 20,000 gendarmes, les malades, les conscrits, on pouvait constater que ses régiments avaient un effectif plus réduit que sous le précédent régime.

L'Empereur abordait ensuite les affaires d'Orient : « Quand La Valette est parti pour Constantinople, disait-il, les instructions que je lui ai données se bornaient à ceci : — Faites tous vos efforts pour maintenir le *statu quo*. — L'intérêt de la France est que la Turquie vive le plus longtemps possible.

« Maintenant arrivent les massacres de Syrie, et l'on écrit que je suis bien aise de trouver une nouvelle occasion de faire une petite guerre et de jouer un nouveau rôle. En vérité on me prête bien peu de sens commun.

« Si j'ai immédiatement proposé une expédition, c'est que je sens comme le peuple qui m'a mis à sa tête, et que les nouvelles de Syrie m'ont transporté d'indignation. Ma première pensée n'en a pas été moins de m'entendre avec l'Angleterre. Quel intérêt autre que celui de l'humanité m'engagerait à envoyer des troupes dans cette contrée? Est-ce que par hasard la possession de ce pays accroîtrait mes forces? Puis-je me dissimuler que l'Algérie, malgré ses avantages dans l'avenir, est une cause d'affaiblissement pour la France, qui, depuis trente ans, lui donne le plus pur de son sang et de son or?...

« Je souhaiterais beaucoup ne pas être obligé de faire l'expédition de Syrie, et, dans tous les cas, de ne pas la faire seul, d'abord parce que ce sera une grande dépense, ensuite parce que je crains que cette intervention n'engage la question d'Orient; mais, d'un autre côté, je ne vois pas comment résister à l'opinion publique de mon pays, qui ne comprendra jamais qu'on laisse impunis non-seulement le meurtre des chrétiens, mais l'incendie de nos consulats, le déchirement de notre drapeau, le pillage des monastères qui étaient sous notre protection. »

Franchement et loyalement l'Empereur tendait la main à l'Angleterre et demandait à s'accorder avec elle, non-seulement en Syrie, mais en Italie. « Il m'a été difficile, disait-il, de m'entendre avec l'Angleterre au sujet de l'Italie du centre, parce que j'étais engagé par la paix de Villafranca; quant à l'Italie du sud, je suis libre d'engagement, et je ne demande pas mieux que de me concerter avec l'Angleterre sur ce point, comme sur les autres; mais, au nom du ciel, que les hommes éminents placés à la tête du gouvernement anglais laissent de côté des jalousies mesquines et des défiances injustes. Entendons-nous loyalement comme d'honnêtes gens que nous sommes, et non comme des larrons qui veulent se duper réciproquement.

« Je désire que l'Italie se pacifie, n'importe comment, mais sans intervention étrangère, et que mes troupes puissent quitter Rome sans compromettre la sécurité du Pape. »

Napoléon III terminait ainsi sa lettre à son ambassadeur : « Je vous ai dit toute ma pensée, sans rien déguiser et sans rien omettre. Faites de ma lettre l'usage que vous jugerez convenable. Croyez à ma sincère amitié. »

Publiée dans les journaux anglais, l'épître impériale eut un grand retentissement. Le prince Albert, mari de la reine Victoria, écrivait au prince régent de Prusse, le 5 août : « Je dois vous dire que M. Thouvenel regrette infiniment la publicité donnée à la lettre de l'Empereur à M. de Persigny ; il craint que cela ne nuise à Sa Majesté aux yeux du peuple, et qu'elle ne renferme des promesses qui pourraient être difficiles à tenir. » L'Empereur venait cependant d'atteindre le but qu'il désirait, et, comme l'a dit sir Théodore Martin dans son livre sur le prince Albert, ouvrage inspiré par la reine Victoria et rempli de documents fournis par elle, « rien ne vint plus tard démentir, dans les rapports de l'Empereur avec l'Angleterre, le langage de cette lettre remarquable et habile. »

Napoléon III arrivait à ses fins. Les cinq grandes puissances et la Porte, réunies en conférence à Paris, étaient tombées d'accord sur tous les points, lorsque, au dernier moment, l'ambassadeur d'Angleterre, lord Cowley, reçut de son gouvernement, la singulière mission de demander que l'exécution des mesures réclamées d'urgence par la situation périlleuse des chrétiens de Syrie fût retardée jusqu'à ce que les représentants des puissances eussent reçu des pleins pouvoirs en règle, et que les ratifications de l'arrangement eussent été échangées. Il ne fut tenu aucun compte de cette exigence. Le 3 août, un protocole, dont les clauses étaient immédiatement exécutoires, et qui fut transformé en convention le 5 septembre suivant, fut signé à Paris, dans l'hôtel du ministère des Affaires étrangères. Il y était stipulé qu'un corps de troupes européennes, qui pourrait être porté à douze mille hommes, serait dirigé sur la Syrie. Le gouvernement français consentait à fournir immédiatement la moitié de ce corps de troupes. Le général de Beaufort, commandant en chef de l'expédition, devait entrer, à son arrivée, en communication avec Fuad-Pacha, commissaire du sultan en Syrie, afin de combiner toutes les mesures exigées par les circonstances. Les hautes parties contractantes, convaincues, disaient-elles, que ce délai serait suffisant pour atteindre le but de pacification qu'elles avaient en vue, fixaient à six mois la durée de l'occupation des troupes européennes.

Autant Napoléon III avait rencontré de défiance à Londres, autant il avait trouvé de bon vouloir à Saint-Pétersbourg. Le duc de Montebello, ambassadeur de France en Russie, écrivait à M. Thouvenel, le 21 juillet : « Le prince Gortchakoff n'a pas hésité à me dire que toutes les fois qu'il s'agirait de mesures à prendre pour protéger les chrétiens, la Russie ne ferait aucune distinction de races et de cultes, et serait toujours prête à s'y associer, qu'il adhérait donc à mes propositions, qu'il verrait sans jalousie et avec plaisir et confiance le drapeau de la France flotter dans ces parages, de préférence à tout autre. »

Napoléon III n'aurait-il pas été bien inspiré si, partout et toujours, il avait préféré à l'alliance anglaise l'alliance russe?

XXXI

LE 15 AOUT

L'Impératrice, accompagnée du marquis de Lagrange, son écuyer, et de la comtesse de Lourmel, dame du palais, était partie de Paris, le 23 juillet au soir, pour les Eaux-Bonnes, où elle devait passer une vingtaine de jours. Pendant son absence, les élèves du lycée de Versailles ayant exprimé le désir de voir le Prince Impérial, l'Empereur permit que le jeune Prince se rendît le 30 juillet à ce lycée, accompagné de son écuyer, M. Bachon, et de la sous-gouvernante; il fut reçu par le proviseur à la tête des élèves, et conduit à la chapelle où ceux-ci chantèrent le *Domine salvum fac Imperatorem*. Il écouta, à genoux, les chants religieux avec un profond recueillement. Au sortir de la chapelle, il demanda au proviseur d'accorder un jour de congé à ses jeunes amis, et le chargea de les remercier de leur réception. Puis une marche fut chantée en chœur, et le petit prince remonta en voiture, salué par les plus vives acclamations.

Le 6 août, l'Empereur partait de Saint Cloud pour le camp de Châlons. Arrivé à la gare de Mourmelon à cinq heures et demie du soir, il fut reçu par le maréchal de Mac-Mahon, duc de Magenta, à la tête de son état-major, et se rendit, à cheval, au quartier impérial, en traversant la double haie de troupes, qui le saluaient de leurs *vivats*.

Le même jour, M. Rouland, ministre de l'Instruction publique et des Cultes, adressait cette circulaire aux archevêques et aux évêques de l'empire : « Monseigneur, nous allons bientôt célébrer un nouvel anniversaire de la fête de l'Empereur, et offrir à Dieu, avec notre tribut de reconnaissance pour le passé, nos prières et nos vœux pour l'avenir. Obéissant aux patriotiques intentions de Sa Majesté, nous n'oublierons pas, en ce jour consacré par l'Église à la patronne de la France, les graves intérêts où se trouvent engagés l'honneur du pays et les glorieuses traditions de notre histoire. Ce sera donc, en suivant de la pensée, aux deux extrémités de l'Orient, nos soldats armés pour la défense de la civilisation, que nous rendrons à la Providence, dans cette solennité du 15 août, les actions de grâces accoutumées. »

Le 7 août, au camp de Châlons, Napoléon III passa en revue le 5ᵉ et le 13ᵉ de ligne, ainsi que le 1ᵉʳ escadron du 1ᵉʳ hussards, qui allaient faire la campagne de Syrie. Les troupes étant formées en carré, les drapeaux au centre, l'Empereur prononça cette allocution : « Soldats, vous partez pour la Syrie, et la France salue avec bonheur une expédition qui n'a qu'un but, celui de faire triompher les droits de la justice et de l'humanité.

« Vous n'allez pas, en effet, faire la guerre à une puissance quelconque ; mais vous allez aider le Sultan à faire rentrer dans l'obéissance des sujets aveuglés par le fanatisme d'un autre siècle.

« Sur cette terre lointaine, riche en grands souvenirs, vous ferez votre devoir, et vous vous montrerez les dignes enfants de ces héros qui ont porté glorieusement dans ce pays la bannière du Christ. Vous ne partez pas en grand nombre ; mais votre courage et votre prestige y suppléeront, car partout aujourd'hui où l'on voit passer le drapeau de la France, les nations savent qu'il y a une grande cause qui le précède, un grand peuple qui le suit. »

Le même jour, le prince Guillaume de Bade, frère du grand-duc régnant, arrivait au camp de Châlons, où l'Empereur l'avait invité à passer quelques jours.

9 août. — Arrivée du Prince Impérial, accom-

pagné de Mme Bizot, sous-gouvernante des enfants de France, du général Rolin, adjudant-général du palais, et de M. Bachon, écuyer.

10 août. — Grande manœuvre exécutée en présence de l'Empereur, sous les ordres du maréchal duc de Magenta. On a cherché à reproduire les principales dispositions de la bataille d'Auerstædt. Le Prince Impérial suit les mouvements en calèche découverte. Vers la fin de la manœuvre, il monte à cheval et passe devant le front des troupes. Cet enfant de quatre ans est déjà un bon écuyer. Les officiers et les soldats l'acclament.

14 août. — Le soir, grand feu d'artifice offert par l'armée, et retraite aux flambeaux, sonnée par les musiques de tous les régiments. Le front de bandière est illuminé de mille feux. Puis les soldats se portent aux alentours du quartier impérial, en poussant des *vivats*.

15 août. — A sept heures du matin, une salve d'artillerie annonce aux troupes du camp la fête du souverain.

A huit heures, en plein air, est célébrée la messe, suivie du *Domine salvum fac Imperatorem* et du *Te Deum*, exécutés par des chœurs de soldats et par les musiques de tous les régiments.

Après la messe, l'Empereur passe la revue des troupes massées autour de l'autel, sous les ordres du maréchal. Puis il distribue les croix et médailles. Pendant que les troupes se forment pour le défilé, le Prince Impérial vient, à cheval, se placer à côté de son père.

A deux heures de l'après-midi, l'Empereur et son fils quittent le camp de Châlons, et arrivent, à six heures et demie du soir, au palais de Saint-Cloud, où ils retrouvent l'Impératrice, revenue des Eaux-Bonnes le matin même.

Pendant toute la journée, Paris était en liesse.

Une messe solennelle, suivie d'un *Te Deum*, a été célébrée dans l'église Notre-Dame. Le cardinal Morlot officiait devant les autorités civiles et militaires. Des détachements de la garde impériale et de l'infanterie de ligne étaient chargés du service d'honneur, et formaient la haie aux abords de la cathédrale.

A une heure, la fête de jour a commencé simultanément à l'esplanade des Invalides et à la barrière du Trône. Il y a eu des pantomimes militaires, des mâts de cocagne, des régates. Tous les théâtres ont donné des représentations gratuites. On jouait à l'Opéra *Robert-le-Diable*; au Théâtre-Français, *Polyeucte* et *les Plaideurs*, et partout des cantates en l'honneur du souverain.

A la nuit, le jardin des Tuileries, la place de la Concorde, l'avenue des Champs-Elysées, décorés de lustres, de mâts vénitiens et de bannières, s'illuminèrent par des lanternes et des verres de couleur. Le Champ-de-Mars était éclairé à la lumière électrique. Par un temps superbe, une foule innombrable se promenait. A neuf heures du soir, deux feux d'artifice furent tirés, l'un du quai d'Orsay, l'autre à la barrière du Trône. Des fenêtres de Saint-Cloud, l'Empereur et l'Impératrice regardaient, dans un horizon éblouissant, les monuments illuminés. Paris ressemblait à un géant couché dans la lumière.

L'Italie célébra, comme la France, la fête de Napoléon III.

A Turin, une messe fut dite à la chapelle de la légation française. Le comte de Cavour y assista. Après la messe, il déjeuna chez le baron de Talleyrand, ministre de France, avec tous les chefs de mission accrédités à Turin, et porta un toast à l'Empereur.

A Milan, une grand'messe fut célébrée en l'église de Saint-Barthélemy, décorée, pour la circonstance, de l'écusson aux armes impériales et de drapeaux français. Le corps consulaire, le général de La Marmora, le Conseil municipal, les membres de la Légion d'honneur, les médaillés de Sainte Hélène étaient présents.

A Rome, une messe fut dite devant le corps d'occupation.

De toutes les messes célébrées pour la fête de l'Empereur, la plus remarquable, la plus imposante fut assurément celle à laquelle assista le corps expéditionnaire de Chine.

Le général de Montauban était arrivé à Hong-Kong dans les premiers jours de mars, précédant les brigades Jamin et Collineau, qui formaient son corps d'armée. Les troupes anglaises étaient commandées par le général Grant. Après avoir fait occuper l'île de Chinan sans éprouver de résistance, les généraux alliés se rendirent dans le golfe de Petchili, où ils arrivèrent le 6 juillet. Partis de Tché-Fou le 26, les Français se trouvèrent le 28, en même temps que les Anglais, à l'embouchure du fleuve Peh-Tang. Là, s'élevaient des forts qu'il fallait enlever pour ouvrir la route vers le Pei-Ho. L'attaque eut lieu le 2 août avec succès. Les Chinois se retirèrent en désordre, et les alliés, après avoir pris la ville de Peh-Tang-Tcheou, se remirent en route le 12.

Laissons la parole à un témoin oculaire, le comte d'Hérisson, qui, sous l'uniforme des spahis, faisant partie de l'escorte du général de Montauban : « Le 15 août, dit-il, la fête de l'Empereur des Français fut célébrée au camp de Sin Ko, comme elle aurait pu l'être — et comme elle l'était — à la même heure, au camp de Châlons. Je me trompe, parce que je néglige les longitudes. Elle fut célébrée à Sin-Ko en plein soleil, pendant que la France dormait encore, la nuit du 14 au 15 août. »

Le matin, les troupes du corps expéditionnaire sont réveillées au bruit d'une salve de vingt-et-un coups de canon. Il y aura dans la journée messe militaire, *Te Deum*, concert instrumental et vocal, courses à pied, courses en sac, distribution extraordinaire, grand gala. On ne négligera rien pour rappeler aux braves enfants de la France, non seulement le souverain, mais la patrie.

« La messe fut dite sur un autel de feuillage, entouré de sapeurs, la hache nue, devant toutes les troupes rangées en bataille, les états-majors debout derrière les trois généraux, les pièces attelées et alignées... Les musiques jouaient, les tambours et les clairons massés battaient et sonnaient à chaque partie du sacrifice. A l'élévation, le « Présentez armes! » retentit, puis le « Genou terre », et, pendant que la batterie d'honneur se faisait entendre, pendant que l'artillerie, sur ses chevaux, saluait du sabre, toutes les lignes s'abaissaient dans l'agenouillement des hommes, tandis que toutes les mains s'élevaient au-dessus des yeux pour le salut militaire, tandis que, seule entre le ciel et la terre, l'hostie blanche et frêle montait au bout des doigts du prêtre. »

Dieu protégeait la France.

XXXII

LE VOYAGE DANS LE SUD-EST

De tous les voyages impériaux sous le règne de Napoléon III, le plus long, le plus triomphal fut celui que l'Empereur fit avec l'Impératrice en 1860, dans le Sud-Est de la France, en Corse et en Algérie. Les populations acclamaient le souverain qui, après ses victoires, venait de faire une conquête pacifique. Les habitants des trois départements nouveaux se distinguaient par leur enthousiasme, et les ovations décernées à l'Empereur par tous les Arabes consacraient définitivement les triomphes de la France sur le sol algérien.

23 août. — Leurs Majestés partent de Saint-Cloud. Le service est ainsi composé :

Pour l'Empereur : le général Le Bœuf, aide de camp, le général Fleury, premier écuyer, le vicomte de Laferrière, chambellan, les capitaines baron Klein de Kleinenberg et marquis de Galliffet, officiers d'ordonnance, le comte de Castelbajac, écuyer, et le docteur Conneau.

Pour l'Impératrice : Mmes de Saulcy, la comtesse de la Poëze et la comtesse de Rayneval, dames du palais, le marquis de Lagrange, écuyer.

A quatre heures, arrivée à Dijon. Au seuil du salon de la gare, splendidement décoré, le maire, M. Vernier, entouré de son conseil municipal, remet à l'Empereur les clefs de la ville. « Sire, lui dit-il, les clefs que j'ai l'honneur de présenter à Votre Majesté porteront désormais avec elles deux grands souvenirs. Louis XIV les recevait, il y a près de deux siècles, alors qu'il allait, comme aujourd'hui Votre Majesté, visiter des provinces récemment ajoutées à la France. Mais la conquête les lui avait livrées, tandis que le suffrage unanime des populations vous a donné la Savoie et le comté de Nice. C'est que votre gouvernement a poussé le prestige du pays jusqu'à la fascination ; et quand l'Europe affecte de redouter encore la puissance de vos armes, elle craint bien plus encore les sympathies que vous avez fait naître chez les peuples. »

Puis, se tournant du côté de l'Impératrice : « Madame, ajoute le maire, la Bourgogne est heureuse et fière de recevoir Votre Majesté dans son ancienne capitale. Elle sait, comme toute la

France, que vous êtes sur le trône la gracieuse providence de toutes les infortunes, comme vous seriez au besoin la courageuse souveraine d'un grand pays. »

Le cortège se rend ensuite à la cathédrale. Les cloches sonnent à toute volée. Mgr Rivet, évêque de Dijon, entouré de son clergé, s'avance sur le parvis pour recevoir Leurs Majestés. Il dit, dans son allocution : « Sire, fasse le Ciel qu'il soit enfin permis à votre piété fidèle d'éloigner du patrimoine de saint Pierre ces flots frémissants qui le menacent, et de garantir à notre chef, à notre père dans la foi, ce principat sacré que douze siècles lui ont fait. C'est le vœu de Votre Majesté, nous le savons, c'est aussi le nôtre. Dieu, que nous allons prier, vous accordera, je l'espère, à vous, Sire, cette nouvelle et bien grande gloire, à nous cette immense consolation. »

Après avoir sous le dais, traversé l'église et s'être agenouillés dans le chœur resplendissant de lumières, l'Empereur et l'Impératrice remontent en voiture pour se rendre à la préfecture, leur demeure. Aux abords sont rangés les médaillés de Sainte-Hélène et les élèves des lycées : la vieillesse et l'enfance.

Leurs Majestés sont reçues au bas de l'escalier par la femme du préfet, qui les conduit dans le grand salon où ont lieu les présentations et les réceptions.

A sept heures et demie, dîner de gala à la préfecture.

A dix heures, départ pour le bal offert par la ville à Leurs Majestés dans l'ancien palais des ducs de Bourgogne.

Laissons la parole au général Fleury : « Très admirées, dit-il, les grandes berlines à glaces, au train rouge et or, aux quatre lanternes, au cocher imposant et aux trois valets de pied de grande taille, en grande livrée à la française.

« Une lampe, placée au centre du plafond de la voiture impériale, éclaire mieux l'intérieur que la clarté du jour. L'Impératrice, dont le diadème rehausse encore la beauté, salue gracieusement la foule enthousiaste. Ce n'est qu'un cri d'admiration pendant que passe le cortège, qu'escorte un peloton des magnifiques cent-gardes, au casque et à la cuirasse éclatants. »

Le bal est superbe.

24 août. — Deux heures et demie, arrivée à Châlon-sur-Saône. Vingt-neuf jeunes filles en blanc offrent un bouquet à l'Impératrice. La souveraine reçoit une députation de Bressanes des environs de Mâcon, portant le costume du pays. Sa Majesté fait un riche présent à celle qui conduit la députation.

Neuf heures du soir. Entrée à Lyon. Leurs Majestés logent à la préfecture. Toute la soirée, une foule compacte stationne sur les places de la Comédie et des Terreaux. L'Empereur et l'Impératrice se montrent plusieurs fois au balcon. La rue Impériale et la place Bellecour sont éclairées *a giorno* par un double cordon de gaz et de verres de couleur.

25 août. — Leurs Majestés se rendent au palais des Arts, puis au palais du Commerce, dont elles font l'inauguration. M. Brosset, président de la Chambre de commerce de Lyon, prononce un discours auquel l'Empereur répond ainsi : « Je vous remercie de la manière dont vous appréciez mes efforts pour augmenter la prospérité de la France. Uniquement préoccupé des intérêts généraux du pays, je dédaigne tout ce qui peut porter obstacle à leur développement. Aussi, les injustes défiances excitées hors de nos frontières, comme les alarmes exagérées des intérêts égoïstes à l'intérieur, me trouvent insensible. Rien ne me fera dévier de la voie de modération et de justice que j'ai suivie jusqu'à ce jour, et qui soutient la France au degré de grandeur et de prospérité que la Providence lui a assigné dans le monde. Livrez-vous donc avec confiance aux travaux de la paix ; nos destinées sont entre nos mains. La France donne en Europe l'impulsion de toutes les idées grandes et généreuses ; elle ne subit l'influence des mauvaises que quand elle dégénère, et croyez qu'avec l'aide de Dieu, elle ne dégénérera pas sous ma dynastie. »

C'est l'Empereur qui a fait élever, en 1856, ce

magnifique palais du Commerce et de la Bourse, dont la construction vient d'être seulement achevée. Son discours y produit un effet immense. Leurs Majestés montent ensuite au premier étage, et s'arrêtent dans l'atelier des métiers. L'Impératrice met la main au travail et passe quelques coups de navette. On déroule l'étoffe, et grâce au métier préparé à l'avance, on lit sur le tissu : « Tissé par Sa Majesté l'Impératrice, à Lyon, le 25 août 1860.

Leurs Majestés vont visiter à l'Hôtel-Dieu les malades et les blessés.

A neuf heures et quart, elles font leur entrée au bal de l'hôtel de ville. Après le quadrille d'honneur dansé au salon Henri IV, elles descendent dans la cour qui a été transformée, comme par magie, en un jardin immense qu'une lumière féerique illumine.

Par décret du 25 août, l'Empereur a ordonné que les ponts sur le Rhône seraient immédiatement affranchis du péage.

26 août. — Le temps continue à être magnifique. Toutes les populations des campagnes voisines se sont donné rendez-vous à Lyon. Sur la hauteur qui domine la ville, Leurs Majestés entendent la messe à l'église de Notre-Dame de Fourvières. C'est le cardinal de Bonald qui officie.

A une heure, l'Empereur passe la revue de toutes les troupes sur la place Bellecour, cette belle place où s'élève la statue équestre de Louis XIV. L'Impératrice assiste à la revue dans une tribune placée entre les deux bassins.

Leurs Majestés visitent ensuite le camp de Sathonay, et reviennent par la route Saint Boniface et par les quais du Rhône. La population de la Croix-Rousse, quartier des ouvriers, se fait remarquer par son enthousiasme.

27 août. — Avant de quitter Lyon, l'Impératrice va visiter à la Guillotière une salle d'asile où se trouvent un grand nombre d'enfants.

A midi, départ de Lyon pour Chambéry.

La ville savoisienne fait à son nouveau souverain le plus chaleureux accueil. Des drapeaux sont à toutes les fenêtres. Le marquis Costa de Beauregard s'exprime ainsi : « Le Conseil général du département de la Savoie a l'honneur de déposer aux pieds de Votre Majesté l'hommage de son dévouement sans bornes et de sa respectueuse reconnaissance. Il sait que dans son intérêt paternel pour ses nouveaux sujets, l'Empereur veut qu'ils recueillent au plus tôt le bénéfice des grandes mesures d'utilité publique dont sa puissance réalise l'exécution aussi rapidement que sa haute sagesse sait en embrasser la portée. Daignez permettre, Sire, au Conseil général de bénir le jour qui comble les vœux de la Savoie, et doit lui donner une vie nouvelle. »

De la gare, Leurs Majestés se rendent à la cathédrale, où un *Te Deum* est chanté avec une grande solennité, puis au Vieux-Château, où est fixée leur résidence. A cinq heures du soir, les députations de toutes les communes du département de la Savoie défilent avec les bannières tricolores françaises. Puis un dîner de gala réunit à la table impériale les autorités et les notabilités du département. La ville est splendidement illuminée. Les habitants témoignent leur allégresse.

28 août. — Deux Piémontais, M. Farini, ministre de l'Intérieur, et le général Cialdini, déjeunent à la table impériale. Ils sont placés l'un à la gauche, l'autre à la droite de l'Impératrice. On croit qu'ils n'ont d'autre mission que de saluer l'Empereur au nom de Victor-Emmanuel. Ils en ont une beaucoup plus importante. Ils viennent demander secrètement l'autorisation, pour les troupes piémontaises, d'envahir les Marches et l'Ombrie, et sont porteurs d'une lettre autographe du roi, délibérée en conseil des ministres. Les deux envoyés piémontais disent à l'Empereur que des troubles sont imminents dans les deux provinces, qu'il faut y barrer la route à Garibaldi, et que le meilleur moyen d'y maintenir l'ordre, c'est de les faire occuper par l'armée du roi. On prétend que Napoléon III aurait dit alors mystérieusement à M. Farini et au général Cialdini : « Faites, mais faites vite. *Fate presto.* » Ce qui est certain, c'est que peu de jours après, cette parole, vraie ou fausse, fut répétée dans l'Italie entière. Ce qui est incontestable aussi, c'est que pour empêcher l'invasion du territoire pontifical, Napoléon III n'aurait eu à dire qu'un seul mot, et que ce mot il ne le dit pas.

Après le déjeuner, l'Impératrice reçut les dames, et l'Empereur les autorités. Il distribue de nombreuses décorations de la Légion d'honneur aux Savoisiens sortant de l'armée sarde pour entrer dans l'armée française.

Le soir, bal offert par la ville dans la salle de spectacle. Beaucoup de femmes élégantes. Au dire du maréchal de Castellane, la plus jolie est la baronne d'Alexandry, femme du maire.

29 août. — Départ de Chambéry. Arrêt à Aix-les Bains pendant deux heures; visite de l'établissement thermal.

A quatre heures, arrivée à Annecy. Le maire prononce l'allocution suivante : « Daignez, Sire, accepter les clefs de notre ville. Il faudrait qu'elles puissent être offertes à Votre Majesté par la population entière, qui considère avec raison la présence au milieu d'elle de son nouveau souverain comme la dernière et solennelle consécration de l'inviolabilité de ses vœux.

« Madame, la ville de saint François de Sales est heureuse et fière de l'honneur qu'elle a de vous posséder quelques instants dans ses murs. Elle sait que la visite de Votre Majesté est celle d'un ange de bonté, de douceur et de charité. »

Le soir, fête vénitienne sur le lac d'Annecy. La barque impériale, recouverte d'une tente en soie blanche, a la forme d'une galère antique. Elle glisse sur les eaux où se reflètent les flammes de Bengale, et où la suivent beaucoup de barques pavoisées et illuminées. Des feux sont allumés de tous les côtés sur les rives du lac. Un feu d'artifice est tiré.

30 août. — Excursion sur les bords du lac jusqu'à Talloires, où Leurs Majestés s'embarquent sur la galère de la veille. Retour à Annecy à sept heures du soir.

Le dîner se prolonge assez tard, et ne laisse pas le temps de changer de toilette avant de se rendre au bal de l'hôtel de ville. L'Impératrice dit au général Fleury : « Donnez-moi donc un conseil ; il m'est impossible de me rhabiller pour le bal. Si j'allais comme je suis, avec un manteau ?

— Parfait, répond le général. Que l'Impératrice mette son manteau rouge, qu'elle se coiffe de son diadème, et l'effet sera magique. » Le conseil est suivi, et, dans la salle de bal, la belle souveraine apparaît radieuse, couverte de diamants, la tête et le cou nus, drapée dans un burnous écarlate, aux franges d'or.

31 août. — Arrivée à Thonon. Leurs Majestés montent sur un des bateaux à vapeur qui desservent le lac de Genève, et font une excursion à Evian.

1er septembre. — Arrivée à Sallanches. Malgré une pluie battante, de nombreux montagnards sont venus se grouper autour des arcs de triomphe dressés sur la route. Un grand orage éclate, qui semble rouler le tonnerre dans tous les précipices.

Dimanche 2 septembre. — A cinq heures du matin, Leurs Majestés entendent la messe à Sallanches, et partent ensuite pour Chamonix où elles arrivent à dix heures.

Le petit village s'est transformé en ville. Toutes les maisons sont pavoisées. Le soir, des transparents lumineux portent ces inscriptions: Vive l'Empereur! Vive la famille impériale! Vive l'annexion! Un feu d'artifice est tiré. Lorsque Leurs Majestés se mettent au balcon, pour remercier les montagnards, elles sont accueillies par des acclamations enthousiastes, auxquelles se mêlent les hourras chaleureux des Anglas, de passsage à Chamonix.

3 septembre. — A cinq heures et demie du matin, départ de Chamonix pour une excursion à la mer de glace. Arrivé sur le plateau de Montauvers, on l'aperçoit à l'horizon. Le soleil s'élevant doucement d'un océan de vapeurs, teint de rose le sommet des pics, dont la base flotte encore dans le brouillard. On descend de mule et l'on part à pied pour la mer de glace. L'Empereur s'arme d'un bâton à pointe d'acier, terminé, à son extrémité supérieure, par une corne de chamois. Il marche le premier, suivi de l'Impératrice, qui est aidée par un guide lui donnant la main. Parvenue sur un grand carré de glace vers le tiers de la traversée, la caravane se groupe pour poser devant un photographe.

L'Impératrice, intrépide, se lance en avant, et chacun la suit comme il peut. Puis on revient au plateau de Montauvers où l'on retrouve les mules.

4 septembre. — On repart pour Chambéry, qui fait fête une seconde fois aux souverains.

5 septembre. — Avant de quitter Chambéry pour Grenoble, Leurs Majestés reçoivent le conseil général et le conseil municipal. Le maire, le baron d'Alexandry, s'exprime ainsi : « Un jour, Sire, vous direz de nous ce que disaient nos anciens rois : Bonne Savoie! Car si la Savoie n'a qu'un cœur pour vous aimer, elle a tous ses bras pour vous défendre. »

Le voyage de Chambéry à Grenoble est des plus pittoresques.

On admire la vallée du Grésivaudan, qui s'étend entre deux chaînes de montagnes dont les sommets perdus dans les nuages sont couverts d'une neige éternelle. Chaque village a son arc de triomphe, chaque rue ne forme plus qu'un berceau de verdure.

Arrivées à Grenoble, Leurs Majestés se rendent à la cathédrale. « C'est pour nous une grande consolation, dit l'évêque, Mgr Ginouilhac, de voir que partout où il y a dans le monde une cause juste et sainte, le drapeau de la France est levé pour la soutenir et la venger. Vos armées, Sire, servent dans l'Extrême-Orient les intérêts sacrés de la civilisation chrétienne. Elles protègent sur le trône qu'elles ont rétabli la sécurité si menacée du chef de l'Église, et, sur une terre illustrée par les plus grands souvenirs, elles vengent des outrages sans nom faits à la religion et à l'humanité. »

6 septembre. — Séjour à Grenoble. L'Empereur emploie sa matinée à visiter les casernes, pendant que l'Impératrice visite les salles d'asile. Revue au polygone des troupes et des députations de l'Isère. Le soir, bal à la Halle aux blés.

7 septembre. — Départ de Grenoble. Arrêt à Valence. A Orange, visite des monuments antiques: l'arc de Marius et le théâtre romain.

Entrée triomphale à Avignon. Leurs Majestés se rendent à la cathédrale Notre-Dame-de-Doms, située sur un rocher au nord de l'ancien palais des Papes.

L'archevêque, Mgr Debelay, prononce ce discours: « Sire, les grandeurs de la France sont solidaires, et vous les avez éprouvées toutes, parce qu'elles s'ajoutent comme des rayons à votre propre grandeur. Ce n'est pas la France seulement, mais la catholicité tout entière qui va tressaillir en voyant que sur votre parole, le premier architecte de notre époque sera chargé de rendre la vie à notre vieux palais des Papes, d'en relever la majesté et d'en rajeunir la gloire. Si notre conviction religieuse s'est alarmée des atteintes portées au domaine temporel du Souverain Pontife, si notre cœur s'est ému des douleurs qui assiègent le cœur de Pie IX, en voyant la même main qui protège son trône dans la ville éternelle relever l'asile vénéré de ses prédécesseurs dans notre Rome transitoire, qui pourra ne pas espérer que la France et son Souverain, fidèles à leur mission traditionnelle, et noblement jaloux de leur gloire la plus pure, sont aujourd'hui, comme par le passé, destinés par la Providence à remplir toutes choses dans la justice et dans la paix. »

S'adressant à l'Impératrice, l'archevêque ajoute : « Madame, la même piété qui vous conduisit, il y a deux ans, au sanctuaire de Notre-Dame-d'Auray, vous a fait gravir cette année la sainte colline de Fourvières et vous amène aujourd'hui devant le trône de Notre-Dame-des-Doms. C'est dans ses mains que nous allons déposer nos vœux pour l'Empereur, pour la conservation du Prince Impérial, pour l'accomplissement de tous vos désirs de souveraine et de mère. De toutes les prérogatives de la couronne, la plus chère à votre cœur, nous le savons, c'est la puissance du bien. Goûtez, madame, goûtez longtemps cette puissance pour le bonheur de vos sujets

8 septembre. — Avant de quitter Avignon, Leurs Majestés entrent dans le château des Papes, qui, à la grande satisfaction des habitants de la ville, cessera d'être une caserne et sera restauré.

A midi, départ d'Avignon pour Marseille.

Arrêt à Tarascon. La population se souvient d'avoir vu l'Empereur, le 3 juin 1856, venir lui porter des secours, lors des inondations du Rhône, et monter sur une frêle embarcation pour distribuer de ses propres mains ses largesses. Nulle part le souverain n'est plus chaleureusement acclamé.

Arrêt à Arles. Même enthousiasme. La ville, comme Tarascon, n'a pas oublié la généreuse conduite de l'Empereur lors des inondations de 1856, le moment où il s'était rendu à la tour des Arènes, afin d'embrasser d'un coup d'œil l'immense étendue de terrains couverts d'eau entre la ville et la mer. Aujourd'hui, le voilà qui revient, cette fois avec l'Impératrice, à ces Arènes superbes, un des plus grands amphithéâtres que les Romains aient élevés dans les Gaules. Quarante mille spectateurs sont là. Quand Leurs Majestés apparaissent, des applaudissements frénétiques retentissent.

Cinq heures et demie du soir, arrivée à Marseille.

XXXIII

MARSEILLE ET TOULON

8 septembre. — Depuis le matin, Marseille est en fête. Jamais la ville, bâtie en amphithéâtre sur les collines qui en forment la haie, et dont l'une porte la chapelle de Notre-Dame-de-la Garde, n'a paru plus superbe, plus majestueuse. Il y a des femmes et des drapeaux à toutes les fenêtres, sur l'itinéraire que vont parcourir Leurs Majestés. On a placé aux allées de Meilhan des groupes de trois jeunes filles en blanc contre chaque arbre. Les souverains, à leur arrivée, sont l'objet d'une bruyante ovation. L'Empereur, visiblement ému, se lève, à plusieurs reprises, dans sa voiture pour saluer et remercier les populations qui se pressent sur ses pas.

Après les réceptions qui ont lieu à la préfecture, le maire, M. Lagarde, offre à l'Impératrice, au nom de la ville, un bracelet dans lequel est enchâssé le portrait du Prince Impérial : « Madame, dit-il, Marseille ne compte pas, comme Lyon, au nombre des produits de son industrie, ces remarquables et magnifiques étoffes qui font la juste admiration du monde entier. Mais si nous sommes pauvres de ce côté, nous sommes du moins riches de sentiment... Nous avons pensé que rien ne saurait être plus agréable au cœur d'une mère que l'image d'un fils auguste destiné à faire la joie et le bonheur de la France. »

Après un dîner de gala, Leurs Majestés se rendent au théâtre. On récite des vers de Méry en l'honneur de l'Empereur ; puis on chante une cantate. Après le premier acte du *Trouvère*, Leurs Majestés se retirent. « J'étais dans leur voiture en allant comme en venant, nous dit le maréchal de Castellane. Leurs Majestés ont exprimé leur satisfaction. L'Empereur a parlé d'un article du *Times* qui nie ces belles réceptions et qui les attribue aux autorités ; cela prouve la mauvaise volonté anglaise. »

Le même jour, Napoléon III a reçu cette grave dépêche télégraphique :

« *Le ministre des Affaires Étrangères à l'Empereur, à Marseille.*

« Paris, 8 septembre 1860.

« Je m'empresse de transmettre à l'Empereur la dépêche suivante que je reçois de Turin :

« Le cabinet de Turin expédie une note au
« cardinal Antonelli pour déclarer que si le Saint-
« Siège ne licencie pas les soldats étrangers,
« l'armée sarde entrera dans les Marches et
« l'Ombrie pour occuper ces provinces. Suivant
« M. de Cavour, le gouvernement piémontais
« ne pouvant arrêter la marche de Garibaldi,
« ni à Naples, ni dans les Romagnes, doit lui
« opposer une barrière près des Abruzzes et
« empêcher aussi que l'armée de Lamoricière
« ne massacre les populations insurgées.

« Rayneval. »

« La résolution du gouvernement sarde est d'une gravité extrême. Elle atteint le principe même de notre occupation à Rome et constitue la violation la plus flagrante et la moins justiciable des droits de la souveraineté.

« Je supplie l'Empereur de considérer que l'Europe ne comprendra pas qu'une mesure si exorbitante puisse être prise sans notre assentiment, et que nos rapports avec toutes les puissances du continent, y compris la Russie, en seront sérieusement altérés. »

M. Thouvenel est exaspéré par la « *monstrueuse nouvelle* » — ce sont ses propres expressions. — Il écrit au duc de Gramont : « Je n'ai, je crois, éprouvé de ma vie pareille indignation ! Une si complète violation de tous les droits, colorée de sophismes si imprudents, dépasse ce que je pouvais imaginer. » Il craint que l'Empereur ne se soit laissé entraîner à dire à M. Farini, à Chambéry, quelques paroles de nature à encourager l'audace de M. de Cavour. Très ému, très inquiet, il voudrait en avoir le cœur net. C'est pour cela qu'il demande, par le télégraphe, à Napoléon III, la permission de se rendre à Marseille pour l'entretenir de la situation.

Le souverain répond par cette dépêche télégraphique :

« *L'Empereur au ministre des Affaires étrangères :*

« Marseille, 6 septembre 1860.

« J'aurais été charmé de vous voir ici ; mais je crois que les questions sont si claires qu'elles n'ont pas besoin d'un long examen... Si l'Autriche est attaquée injustement, je ne défendrai pas le Piémont ; mais si, après une victoire, l'Autriche viole le traité de Villafranca, je pren-

drai fait et cause pour le Piémont. Quant à ce dernier, je désire écrire au roi ce qui suit : « Je suis
« forcé de vous faire connaître mes intentions ;
« si, comme l'a dit M. Farini, vos troupes n'en-
« trent dans les Etats du Pape qu'après une in-
« surrection et pour rétablir l'ordre, je n'ai rien
« à dire ; mais si, pendant que mes soldats sont
« à Rome, vous attaquez le territoire de l'Eglise,
« je suis forcé de retirer mon ministre de Turin
« et de me placer en antagoniste. »

« Si vous approuvez ce langage, écrivez à Talleyrand de venir à Nice, je lui remettrai ma lettre. »

7 septembre. — A dix heures et demie du matin, l'Empereur et l'Impératrice vont entendre la messe à Notre-Dame de la Garde. Sur tout le parcours, montueux et accidenté, une foule immense s'est portée sur leur passage. L'évêque, Mgr Mazenod, officie.

A une heure, au port et sur la Cannebière, l'Empereur passe la revue des troupes, ou plutôt la revue de tout Marseille, car la ville entière assiste à cette solennité militaire. Toutes les fenêtres sont pavoisées : les femmes agitent leurs mouchoirs ; tout le monde bat des mains ; les mâts et les vergues des bâtiments sans nombre qui remplissent le port sont garnis de milliers de spectateurs.

Après le défilé, l'Empereur se rend à cheval

au palais dont la ville veut lui faire présent, et qui est en construction sur la hauteur, près du fort Saint-Nicolas.

A dix heures du soir, Leurs Majestés partent pour aller au bal donné au château Borelli, qui appartient à la ville. Les six kilomètres de route et le château sont splendidement illuminés. Le bal est magnifique.

Dans la journée, l'Empereur a reçu la dépêche télégraphique suivante :

Le ministre des Affaires étrangères à l'Empereur, à Marseille.

« Paris, 9 septembre 1855.

« Je suis heureux de me trouver en complète harmonie avec les idées et les résolutions de l'Empereur. Je vais écrire à Talleyrand de se rendre à Nice, mais je dois représenter à Votre Majesté qu'après l'envoi de la note de Cavour à Rome, il n'y a pas de temps à perdre.

« L'urgence est d'autant plus grande que le roi Victor-Emmanuel compte partir immédiatement pour Florence et Bologne. Je prie donc l'Empereur de m'autoriser à expédier aujourd'hui même à Turin le télégramme suivant : « Déclarez officiellement à M. de Cavour, « au nom de l'Empereur, que, si l'assurance ne « nous est pas donnée que la note adressée au « cardinal Antonelli n'aura pas de suites, et que

« l'armée sarde n'attaquera pas les troupes pon-
« tificales, nos relations diplomatiques seront
« aussitôt rompues avec le cabinet de Turin, et
« que la France se mettra en antagonisme avec
« une politique qui, dans l'intérêt de sa dignité,
« du repos de l'Europe et de l'avenir de l'Italie,
« il ne lui suffirait plus de désavouer. »

« Je vais consulter M. de Gramont sur le retour du général de Goyon à Rome, et l'inviter à conseiller au Pape de ne point recevoir les débris de l'armée napolitaine que le roi de Naples, afin de lier sa cause à celle du Saint-Siège, pourrait être tenté de lui offrir. »

De son côté, dans cette même journée du 9 septembre, Napoléon III adresse à M. Thouvenel cette dépêche télégraphique :

L'Empereur au ministre des Affaires étrangères.

« Marseille, le 9 septembre 1860.

« Les nouvelles graves que vous me transmettez ont nécessité la dépêche suivante que j'envoie au roi de Sardaigne :

« Votre Majesté sait combien je suis dévoué à
« la cause de l'indépendance italienne; mais je
« ne saurais approuver les moyens que l'on
« emploie aujourd'hui pour y parvenir, car ces
« moyens sont contre le but qu'on se propose.

« S'il est vrai que, sans raison légitime, les
« troupes de Votre Majesté entrent dans les
« Etats du Pape, je serai forcé de m'y opposer.
« Je donne, aujourd'hui même, l'ordre d'aug-
« menter la garnison de Rome. M. Farini
« m'avait expliqué bien différemment la poli-
« tique de Votre Majesté! Je la prie néanmoins
« de croire à tous mes sentiments d'amitié. »

« Il faut absolument renforcer la garnison de Rome et renvoyer le général de Goyon.

« Le duc de Gramont doit céder aux circonstances. »

10 septembre. — Dans la journée, Leurs Majestés s'embarquent, à Marseille, sur le yacht impérial l'*Aigle*, et vont à la Ciotat assister au lancement d'un grand bâtiment transatlantique auquel la Compagnie a donné le nom de l'*Impératrice*.

Le soir a lieu, dans le nouveau palais de la Bourse, le banquet offert par le commerce de Marseille. Deux cent cinquante personnes y ont été conviées. Toutes les galeries supérieures et inférieures sont remplies de dames et d'invités.

L'Empereur répond ainsi au toast du président de la Chambre de commerce, M. Pastré :

Les démonstrations unanimes d'attachement que nous avons reçues depuis le commencement de notre voyage me touchent profondément, mais ne sauraient m'enorgueillir, car mon seul mérite a été d'avoir une foi entière dans la protection divine, comme dans le patriotisme et le bon sens du peuple français... Travaillons de toutes nos forces à développer les ressources de notre pays; les travaux de la paix ont à mes yeux des couronnes aussi belles que les lauriers. »

Le souverain excite les transports de l'enthousiasme marseillais quand il ajoute : « Dans l'avenir de prospérité et de grandeur que je rêve pour la France, Marseille tient une large place par son énergie et l'intelligence de ses habitants, comme par sa position géographique. A proximité du port militaire de Toulon, elle semble représenter sur ces rives le génie de la France, tenant d'une main l'olivier, mais sentant un glaive à son côté. Qu'elle règne en paix sur cette mer, la cité phocéenne, par la douce influence du commerce; qu'elle civilise, par la multiplication des rapports, les nations barbares; qu'elle engage les peuples de l'Europe à venir se donner la main sur les rives poétiques de cette mer, et ensevelir dans les profondeurs de ses eaux les fautes jalouses d'un autre âge; enfin, que Marseille se montre toujours telle que je la vois, c'est-à-dire à la hauteur des destinées de la France, et l'un de mes souhaits les plus ardents sera accompli. Je porte un toast à la ville de Marseille! »

Aussitôt après le banquet, Leurs Majestés s'embarquent sur l'*Aigle* pour Toulon. Il est onze heures du soir.

10 septembre. — Dix heures du matin, on débarque à Toulon. Les décharges des vaisseaux en rade et des forts font beaucoup d'effet. Leurs Majestés sont reçues à l'église par l'évêque de Fréjus et de Toulon, Mgr Jordany, qui prononce une allocution : « Nouvelle Blanche de Castille, dit-il à l'Impératrice, vous voulez en rappeler le grand et pieux souvenir sur le plus beau trône du monde. Goûtez longtemps, Madame, toutes les joies qu'en vous la souveraine, l'épouse et la mère peuvent désirer. »

Dans la journée, visite de l'arsenal, de la frégate cuirassée la *Gloire* et du *Montebello*, vaisseau-école des canonniers.

Le soir, bal éblouissant dans une salle construite en quinze jours. Les marins ont au suprême degré le talent d'organiser une fête et de décorer une salle avec des trophées. De tous les bals du voyage, c'est le plus beau.

11 septembre. — A onze heures du soir, les souverains s'embarquent à Toulon pour Nice. Tous les bâtiments en rade sont illuminés. Tous les matelots sont sur les vergues. Lorsque la flottille impériale, composée de l'*Aigle*, que montent Leurs Majestés, de l'*Eylau*, de la *Gloire*, du *Vauban* et de la *Reine-Hortense*, quitte la rade, des salves d'artillerie, tirées sur les bâtiments et les forts, retentissent, et un feu d'artifice, tiré sur le môle du vieux port, ajoute à l'éclat du spectacle.

Le même jour, des événements graves se sont produits en Italie. Les troupes piémontaises ont envahi le territoire pontifical. Elles occupent les Marches et l'Ombrie.

Gêné par les paroles qu'il a dites à M. Farini, et que M. Thouvenel ne connaît pas, l'Empereur n'est peut-être pas fâché de se trouver hors de Paris et loin de son ministre des Affaires étrangères. Les dépêches se croisent. Les distances et l'ambiguïté, peut être voulue, des termes, accroissent les embarras des diplomates français. Quant à l'Impératrice, les nouvelles venues d'Italie l'inquiètent profondément et obscurcissent pour elle les splendeurs d'un voyage qui paraît triomphal.

XXXIV

NICE

12 septembre. — Les souverains ont navigué toute la nuit. Ils débarquent à Villefranche à dix heures du matin, et, de là, se rendent en voiture à Nice. Ils traversent les cinq kilomètres de montagnes qui séparent les deux villes, au milieu des acclamations du peuple qui borde la route. Les populations voisines sont venues bannières en tête. Tout le nouveau département français, celui des Alpes-Maritimes, veut témoigner sa sympathie au monarque, auteur de l'annexion.

L'entrée à Nice est marquée par des démonstrations chaleureuses. Admirablement située dans la baie des Anges, et traversée par le Paillon, torrent trop souvent à sec, dont le lit large, rocailleux, bordé de quais magnifiques, la divise en deux parties, la ville de Nice, avec sa *Promenade des Anglais*, qui s'étend à l'ouest, le long de la mer, garnie de palmiers, de villas, de jardins, présente un aspect féerique. Elle ne tardera point à devenir la principale ville de plaisance du monde.

La première visite de Leurs Majestés est pour la cathédrale. En les recevant, Mgr Sola, évêque de Nice, s'exprime ainsi : « Nous, ministres du sanctuaire, qui nous sommes donnés, il y a cinq mois, à votre glorieux Empire avec le plus vif et le plus unanime élan, nous vous acclamons, Sire, à un double titre, et comme le bienfaiteur du peuple, et comme le plus puissant défenseur de la religion et de l'ordre social. Sire, les regards de tous les hommes d'ordre sont tournés vers vous. Souverain de la nation par laquelle Dieu fait exécuter ses volontés, Fils aîné de l'Eglise, successeur de Pépin et de Charlemagne, sauvez la société chrétienne en protégeant efficacement l'Eglise, sur laquelle elle repose. Vous êtes le cœur, la tête, le bras de la France... Soyez la joie de l'Eglise, comme vous êtes déjà le bonheur, la gloire et l'amour de la France. »

Leurs Majestés descendent au palais cédé par le roi Victor-Emmanuel et y reçoivent les autorités.

Le soir, bal au théâtre. Les loges sont toutes remplies. Il y en a une au milieu pour les souverains, une grande qui communique avec le parterre par un escalier. Au quadrille d'honneur, l'Empereur danse avec Mme Paulze d'Yvoy, femme du préfet, l'Impératrice avec le maire, M. Malausséna. Les illuminations de la ville sont splendides.

13 septembre. — Leurs Majestés se rendent au pont du Var. L'Empereur ordonne la construction d'une digue qui restituera sept cents hectares de bonne terre à l'agriculture. Il accorde une somme de trois cent mille francs pour ce travail, et une pareille somme pour le chemin qui longe la côte de Nice à Villefranche.

Dans la journée, Napoléon III reçoit le baron de Talleyrand, ministre de France à Turin, mandé à Nice pour y prendre les instructions du souverain.

Né le 28 novembre 1821, ce diplomate a été successivement secrétaire à Lisbonne, à Madrid, à Saint-Pétersbourg, ministre à Vienne, à Carlsrhue, commissaire du gouvernement français dans les Principautés Danubiennes, il a remplacé à Turin le prince de La Tour d'Auvergne en 1859. Comme son prédécesseur, il appartient à la vieille école diplomatique, et, par conséquent, il est l'adversaire déclaré du comte de Cavour. L'Empereur le sait très bien, et cependant il l'a maintenu à son poste, car c'est une de ses coutumes de confier les principales ambassades et légations à des hommes qui ne partagent pas ses idées. Tel le duc de Gramont à Rome;

17

tel le duc de Montebello à Saint-Pétersbourg.

Le baron de Talleyrand entretient le souverain des faits qui ont précédé l'invasion des Marches et de l'Ombrie.

M. Farini avait prétendu qu'une insurrection allait éclater dans ces deux provinces, et que les troupes piémontaises n'y entreraient que pour maintenir l'ordre. Les choses ne se sont point passées ainsi. Il n'y a pas eu la moindre insurrection et le cabinet de Turin a dû imaginer un autre prétexte.

Le comte de Cavour a envoyé, le 7 septembre, au cardinal Antonelli un ultimatum absolument injustifiable au point de vue du droit des gens. Il a sommé le gouvernement pontifical de licencier les volontaires, en alléguant que « nul gouvernement n'a le droit d'abandonner au caprice d'une bande de soldats d'aventure les biens, l'honneur, la vie des habitants d'un pays civilisé. »

Dans sa réponse, en date du 11 septembre, le cardinal a dit : « Nous avions ignoré jusqu'à ce jour qu'il fût interdit à un gouvernement d'avoir à son service des troupes étrangères, alors qu'en effet plusieurs États de l'Europe en ont à leur solde. Et, à ce propos, il me semble opportun de noter ici que, grâce au caractère que revêt le Souverain Pontife de père commun de tous les fidèles, on pourrait bien moins lui défendre d'accueillir dans ses milices ceux qui viennent s'offrir à lui des diverses parties du monde catholique, pour soutenir le Saint-Siège et les Etats de l'Eglise. »

La conclusion de la réponse du cardinal secrétaire d'Etat a été celle-ci : « Votre Excellence terminait son ignoble (*disgustosa*) communication en m'invitant au nom de son souverain à ordonner de suite le désarmement et le licenciement des milices en question, et cette invitation était accompagnée d'une sorte de menace annonçant que, dans le cas contraire, le Piémont arrêterait leur action par l'intermédiaire des troupes royales. Ici se manifeste une sorte d'intimation que je veux bien m'abstenir de qualifier. Le Saint-Siège ne pourrait que la repousser avec indignation, car il se sait fort de son droit légitime, et en appelle au droit des gens, sous l'égide duquel l'Europe a vécu jusqu'aujourd'hui, quelles que soient du reste les violences auxquelles il pourrait se trouver exposé sans les avoir provoquées, et contre lesquelles il est de mon devoir jusqu'ici de protester hautement au nom de Sa Sainteté. »

Le même jour, 11 septembre, Victor-Emmanuel a adressé la proclamation suivante à son armée : « Soldats, vous entrez dans les Marches et dans l'Ombrie pour rétablir l'ordre civil dans des villes désolées, et pour donner aux peuples la liberté d'exposer leurs vœux. Vous n'avez pas à combattre des armées puissantes, mais à délivrer de malheureuses provinces italiennes de bandes d'aventuriers étrangers.

« Vous n'allez pas venger des injures faites à moi ou à l'Italie, mais empêcher que la haine populaire ne s'emporte à des vengeances contre un mauvais gouvernement. Vous enseignerez par votre exemple le pardon des injures et la tolérance chrétienne à ceux qui comparent follement à l'islamisme l'amour de la patrie italienne.

« On m'accuse d'ambition; oui, j'ai une ambition, c'est celle de restaurer l'ordre social en Italie et de préserver l'Europe des périls continuels de la révolution et de la guerre. »

Que va faire Napoléon III ? C'est la question que tout le monde se pose. Le moment est solennel.

A Rome, l'anxiété est à son comble. Le duc de Gramont écrit à M. Thouvenel : « Mon cher ministre, je vois que la lecture des étranges documents émanés du gouvernement sarde vous a produit une sensation analogue à celle que j'ai éprouvée. Tout le monde les a appréciés de même; c'est un *tolle* général, et je ne puis m'expliquer, de la part de Cavour, une faute aussi monstrueuse. J'ai lieu de croire que l'Empereur les a jugés bien sévèrement et bien justement aussi d'après ce que vous me mandez; mais cette opinion n'est pas, ici ni ailleurs, partagée par tout le monde. On discute la valeur et l'étendue du sens qu'il faut donner aux expressions de Sa Majesté : « Je serai forcé de m'y opposer, de me placer en antagoniste. » On se demande si les troupes de l'Empereur vont marcher contre les Piémontais pour les forcer à rétrograder. Tout le monde, depuis le Pape et les cardinaux jusqu'aux chefs de toutes les missions accréditées à Rome, me font cette même question. Le Pape m'a dit qu'elle vous avait été posée par le nonce, et que vous n'aviez pas cru pouvoir y répondre nettement. *Les Piémontais soutiennent qu'ils sont d'accord avec nous pour ce qui concerne les Marches et l'Ombrie, et ils agissent en conséquence.* »

Après son entretien avec le baron de Talleyrand, l'Empereur est parfaitement fixé sur la situation. Il n'en persiste pas moins dans son idée de ne faire à l'invasion des Marches et de l'Ombrie aucune opposition sérieuse. Il ne protestera que pour la forme. La mesure qu'il adopte est vraiment anodine. Le baron de Talleyrand quittera Turin, mais M. de Rayneval y restera comme *chargé des affaires* pour l'expédition des travaux de la chancellerie et la surveillance des intérêts des nationaux. M. de Talleyrand laissera à la disposition de M. de Rayneval l'un des troisièmes secrétaires de la légation, et il invitera l'autre à rentrer en France avec lui.

Le 19 septembre, on lira ces lignes dans le *Moniteur* : « Nice, 13 septembre. L'Empereur et l'Impératrice quittent Nice ce soir, et s'embarquent pour Ajaccio. En présence des faits qui viennent de s'accomplir en Italie, l'Empereur a décidé que son ministre quitterait immédiatement Turin. Un secrétaire reste *chargé des affaires de la légation.* »

XXXV

AJACCIO

14 septembre. — Le yacht impérial a navigué toute la nuit et toute la matinée. Voici qu'à l'horizon, entre le cap de la Parate au nord, près des îles Sanguinaires, et le cap Muro au sud, dans son site magnifique, au bout de son golfe d'azur et avec son amphithéâtre de montagnes, apparaît Ajaccio. En découvrant à l'horizon cette pittoresque et poétique île de Corse, qui, suivant l'étrange prophétie de Jean-Jacques Rousseau, a étonné le monde, Napoléon III est très ému. C'est pour la première fois qu'il va toucher le sol qui fut le berceau de sa dynastie. Le prisonnier de Ham avait fait bien souvent, dans sa captivité, le rêve qui se réalise : un voyage triomphal en Corse !

Midi. Débarquement à Ajaccio. Le maire remet à l'Empereur les clefs de la ville, et prononce ce discours : « Sire, si la Corse tout entière salue avec des transports d'allégresse l'arrivée de Votre Majesté et de son auguste compagne, c'est en frémissant de bonheur et d'espérance que la ville d'Ajaccio voit son Empereur fouler son sol. Ici tout est rempli des souvenirs de votre famille. A quelques pas est la maison où sont nés vos pères; devant vous s'élève un vaste établissement où notre jeunesse se livre à l'étude de l'antiquité, grâce aux libéralités de votre grand oncle, le cardinal Fesch, qui fut notre bienfaiteur. En face, on voit les montages du Bolo, où, pendant les troubles de notre île, se réfugia votre aïeule, tandis qu'elle portait dans son sein celui qui est devenu le chef auguste de votre dynastie. Dans une autre direction et presque à nos portes, se trouvent le chêne et la grotte où Napoléon, jeune encore, se livrait à ses premières méditations. La Corse, Sire, connaît toute la sollicitude de Votre Majesté pour elle, et votre venue dans ce malheureux pays, en ouvrant, nous en sommes certains, une ère féconde de régénération morale, effacera les vestiges des maux que nous avons trop longtemps soufferts. »

Le sénateur président du Conseil général de la Corse, M. Piétri, prend ensuite la parole, et s'exprime ainsi : « Sire, l'honneur d'être l'interprète du Conseil général est d'autant plus grand en ce jour que pour la première fois un souverain français vient visiter la Corse, et ce souverain est un Napoléon. La France, replacée à la tête des nations par l'éclat de ses armes et la féconde initiative de tant d'améliorations et de réformes, poursuit sa mission dans le monde. L'univers le voit et le proclame ; mais, dans cette île plus particulièrement, plus profondément qu'ailleurs, les Corses le sentent par le mouvement d'un orgueil légitime. »

Puis, après un éloge dithyrambique de Napoléon Ier et de Napoléon III, M. Piétri dit à l'Impératrice : « Et vous, Madame, soyez bénie pour ces tressaillements de joie qui éclatent de tous côtés ! Du sommet des montagnes, du fond des forêts et des plaines, tout un peuple s'est élancé pour saluer votre venue parmi nous. Sire, la Corse entière vous appartient, corps et âme ; elle vous appartient aussi, Madame, vous si douce au malheur, si forte dans les épreuves, vous à qui nous devons l'espoir de l'avenir, ce Prince Impérial sur la tête duquel reposent les plus hautes destinées. Que n'est-il là à vos côtés ? Tout enfant qu'il est encore, sa jeune âme, ouverte déjà aux nobles émotions, aurait joui de l'ivresse de ce peuple, ou plutôt d'une famille unie dans le même sentiment, et d'une voix unanime faisant retentir ce cri : Vive l'Empereur ! Vive l'Impératrice ! Vive le Prince Impérial ! »

Quand Napoléon III répond et parle des sentiments d'affectueuse sympathie et de religieux souvenirs qui le rattachent à la Corse, l'enthousiasme des montagnards venus de tous les points de l'île, comme pour un pèlerinage, ne connaît plus de bornes.

L'Empereur et l'Impératrice sont conduits à leur palais au milieu d'une foule ardente entourant la voiture, battant des mains avec frénésie, et cherchent, par un accueil exceptionnellement passionné, à faire oublier les plus magnifiques réceptions dont les souverains ont été l'objet depuis le commencement de leur voyage.

Leurs Majestés se rendent à la place Letizia, où se trouve la maison Bonaparte, modeste demeure à trois étages, ayant six fenêtres chacun, Incendiée en 1793 par les partisans de Paoli, cette maison, où Napoléon vit le jour, fut reconstruite par la famille Fesch. Elle contient des meubles authentiques, un clavecin de Madame Mère, la chaise à porteurs dans laquelle elle se fit rapporter de l'église, lorsqu'elle fut prise des douleurs de l'enfantement.

Laissons la parole au général Fleury : « Comme toujours, comme partout, l'Impératrice fixait l'attention admirative de cette population restée primitive et patriote. Quant à l'Empereur, je me souviens de l'avoir vu attendri, les yeux humides de douces larmes, lorsqu'il parcourait, s'arrêtant, questionnant, visitant chambre par chambre, la maison Bonaparte. Maison modeste, sévère, pieusement conservée, petite dans ses dimensions, mais si grande par les souvenirs! Que de réflexions, en effet, que de rapprochements vers le passé devaient se présenter à son esprit! Quel que fût le masque impénétrable qu'il savait garder en toute circonstance, je n'oublierai jamais le regard respectueux et reconnaissant de ce cher Empereur, lorsque, fixant l'image de Madame Mère, il reconstituait en idée la vie de cette femme austère, entourée de ses fils et de ses filles, devenus tous empereur, rois, reine, prince et princesses. »

Les souverains visitèrent ensuite le palais Fesch, qui comprend un collège, un musée, une bibliothèque et une chapelle. Construite en 1855, cette chapelle, qui forme l'aile droite du palais, renferme les tombeaux de Madame Mère et du cardinal Fesch, tous deux morts à Rome, elle en 1836, lui en 1839.

Le soir, grand dîner, auquel sont conviées toutes les notabilités de la Corse, et feu d'artifice tiré à la villa Bacciochi.

15 septembre. — Leurs Majestés visitent la cathédrale. L'enthousiasme des populations dépassait encore celui de la veille. La gravité des affaires d'Italie ne s'imposait pas moins aux réflexions du souverain. Peut-être lui plaisait-il de se laisser étourdir par les acclamations dont il était l'objet, peut-être tout ce bruit l'empêchait-il de se mettre face à face avec une situation qui était, en grande partie, son œuvre.

Le 11 septembre, le comte de Cavour avait écrit au baron de Talleyrand : « Si nous ne sommes pas à la Cattolica avant Garibaldi, nous sommes perdus et ignominieusement jetés dans la boue par lui. La révolution envahit l'Italie entière. Si notre mouvement donne lieu à une intervention autrichienne dans les Etats de l'Eglise, tant mieux, nous pouvons, je crois, les battre en dehors du quadrilatère ; là, je sais qu'ils sont inattaquables. Placé au pied du mur et entre deux périls égaux, je préfère tomber en combattant. L'idée italienne ne périra point. *Je n'ai pas besoin de vous dire d'ailleurs que si vous envoyez des troupes dans les Marches et l'Ombrie, les nôtres se retireront.* »

Ainsi donc l'Empereur, qui, pour la forme, protestait, en rappelant son ministre de Turin, contre l'invasion du territoire pontifical, savait très bien que, par un seul mot, il aurait pu empêcher cette invasion. A Paris, il aurait été gêné par son ministre des Affaires étrangères, qui était indigné contre les procédés du gouvernement piémontais, et il n'aurait su que répondre au nonce et aux représentants des grandes puissances. Il espérait, d'autre part, que son lointain voyage, accompli dans les circonstances les plus critiques, alors que l'Italie était en révolution, et que tous les cabinets tremblaient à l'arrivée de chaque courrier, serait considéré comme un acte de hardiesse et de sang-froid. Ce fut donc avec une satisfaction secrète que, le 15 septembre, à midi, il s'embarqua à Ajaccio pour l'Algérie. La traversée devait durer deux jours. Pendant ces deux jours-là, il ne pouvait recevoir aucune dépêche, télégraphique ou non. Se fiant à la fatalité, il laisserait la destinée de l'Italie s'accomplir.

Pendant ce temps, M. Thouvenel, n'ayant pu recevoir l'autorisation de rejoindre l'Empereur, et ne l'ayant pas décidé à faire aux Piémontais une opposition effective, n'essayait même plus de lutter contre le torrent.

Le directeur des affaires politiques au ministre des Affaires étrangères, M. Benedetti, écrivait, le 16 septembre, au duc de Gramont : « Mon cher ambassadeur, profitant pour se reposer quelques instants du temps que l'Empereur va mettre pour se rendre à Alger, et pendant lequel toute communication est impossible avec Sa Majesté, le ministre est parti avant-hier pour aller passer trois jours à la campagne. Me conformant à ses ordres, je vous en préviens, et je vous envoie copie de la dépêche écrite à Talleyrand, et qui lui prescrit de quitter Turin. Je dois, selon ses intentions, vous faire savoir aussi que si le Pape croyait devoir abandonner Rome, nos troupes partiraient immédiatement. »

Pendant que M. Thouvenel passait trois jours

à la campagne, les Piémontais s'apprêtaient à écraser l'armée pontificale du général de Lamoricière.

Le 17 septembre, l'Empereur et l'Impératrice débarquaient à Alger.

XXXVI

ALGER

17 septembre. — La traversée a été contrariée par le mauvais temps. Le yacht impérial arrive devant Alger. Le ministre de l'Algérie et des Colonies et le général de Martimprez, commandant supérieur des forces de terre et de mer, viennent prendre les ordres de l'Empereur à bord de l'*Aigle*. Il est neuf heures du matin. Le débarquement a lieu, tandis que retentissent les salves des forts et des navires mouillés en rade. La pittoresque ville arabe, qui s'élève en amphithéâtre, présente un aspect féerique.

Leurs Majestés se rendent à la cathédrale, et trouvent sur le parcours des escadrons de spahis, ainsi que tous les aghas et caïds à la tête de leurs goums.

A midi, le bey de Tunis, qui vient complimenter l'Empereur, arrive sur la frégate la *Foudre*, mise à sa disposition. Leurs Majestés le reçoivent, et reçoivent aussi un des frères de l'empereur du Maroc.

18 septembre. — Les souverains posent la première pierre du boulevard qui doit longer la mer, et créer, en dotant la ville d'une promenade depuis longtemps désirée, une artère industrielle d'un très grand avenir. Cette belle voie doit s'appeler le boulevard de l'Impératrice. La bénédiction est donnée par Mgr Pavy, évêque d'Alger, au milieu d'un concours immense de population française et indigène.

Les souverains vont se rendre près de la Maison-Carrée, à l'entrée de la plaine de Métidja, qui s'étend à quelques lieues d'Alger, entre les deux zones montagneuses de l'Atlas et du Sahel. C'est là que doit avoir lieu la plus belle fête arabe qui puisse être donnée.

Un peu avant de partir, l'Empereur apprend une funeste nouvelle : la duchesse d'Albe, sœur de l'Impératrice, vient de mourir à Paris. Les immenses et coûteux préparatifs faits pour la fête arabe ne permettaient point à Leurs Majestés de la contremander. Leur absence ne serait pas comprise par des foules venues de si loin, et pourrait être mise sur le compte de la défiance. L'Empereur se décide donc à ne point communiquer à l'Impératrice la triste nouvelle qu'il vient de recevoir, et tous deux partent pour la fête en daumont, avec une escorte de cent-gardes.

Jamais les pompes arabes ne se sont déployées avec plus de magnificence. C'est le général Yusuf qui a organisé cette imcomparable fantasia.

Des milliers de cavaliers et de fantassins, venus du désert, simulent l'attaque d'une caravane en marche. Voici les fantassins avec leurs longs fusils ornés d'argent et de corail. Voilà les cavaliers, avec leur chevaux caparaçonnés de housses aux couleurs bigarrées. Les femmes, du haut de leurs palanquins hissés sur des chameaux, poussent des cris sauvages.

Après ce simulacre de l'attaque d'une caravane, neuf à dix mille cavaliers arabes se précipitent au triple galop et déchargent leurs armes devant la tente de Leurs Majestés.

Douze escadrons de spahis font ensuite une charge magnifique, traversant la plaine comme un ouragan.

Après des chasses à la gazelle, à l'autruche et au faucon, vient le défilé des Touaregs, à la face voilée, montés sur leurs chameaux, et des Chambâas, ces habitants des profondeurs du désert, qui seront les convoyeurs du commerce français au Soudan.

La fin de la fête eut un aspect magique. Ce fut une sorte d'apothéose. Tous les goums, formant une immense ligne de bataille, fusil haut, grands drapeaux aux couleurs du Prophète déployés devant chaque chef, se rapprochèrent majestueusement de l'éminence sur laquelle était dressée la tente de l'Empereur et de l'Impératrice, le Sultan et la Sultane. Tous les chefs aux éclatants costumes s'inclinèrent et mirent un genou en terre devant les souverains. « Lorsque en relevant la tête, a dit le général Fleury, ils purent distinguer les traits de l'Impératrice, un sentiment d'admiration pour sa gracieuse beauté se refléta sur leurs visages bronzés, si imperturbables d'habitude. Ce tribut payé à son prestige personnel, bien plus qu'à celui de son rang, flatta beaucoup la souveraine. La *femme* dominait en elle, et cet hommage lui fut d'autant plus agréable qu'il était plus naïf et plus imprévu. »

Hélas! cette minute éblouissante fut l'apogée des beaux jours de l'impératrice Eugénie. Le plus cruel réveil succéda tout à coup à un songe enchanteur. A peine la souveraine était-elle rentrée au palais du Dey que l'Empereur lui apprit non la vérité toute entière, mais la moitié de la vérité. N'osant pas lui avouer encore que la duchesse d'Albe était morte, il lui dit qu'elle était très malade, et lui proposa d'abréger le séjour en Afrique et de s'embarquer le lendemain pour la France.

Le soir, la ville offrait un grand bal à Leurs Majestés. L'Empereur y assista. Mais les invités apprirent que l'Impératrice, sous le coup de la douleur que lui causait l'état alarmant de sa sœur, n'avait pu accompagner son époux.

19 septembre. — L'Empereur passa en revue les troupes des trois provinces de l'Algérie.

Le bey de Tunis l'accompagnait. Après la revue, il prit congé de Leurs Majestés pour retourner dans ses Etats.

Le soir, Napoléon III assista au banquet que lui offrit la ville. En réponse au discours du président du Conseil général d'Alger, il prononça les paroles suivantes : « Ma première pensée, en mettant le pied sur le sol africain, se porte vers l'armée dont le courage et la persévérance ont accompli la conquête de ce vaste territoire. Mais le Dieu des armées n'envoie aux peuples le fléau de la guerre que comme châtiment et comme rédemption. Dans nos mains, la conquête ne peut être qu'une rédemption, et notre premier devoir est de nous occuper du bonheur des trois millions d'Arabes que le sort des armes a fait passer sous notre domination. La Providence nous a appelé à répandre sur cette terre les bienfaits de la civilisation. Or, qu'est-ce que la civilisation ? C'est de compter le bien-être pour quelque chose, la vie de l'homme pour beaucoup, son perfectionnement moral pour le plus grand bien. Ainsi élever les Arabes à la dignité d'hommes libres, répandre sur eux l'instruction, tout en respectant leur religion, améliorer leur existence, tout en faisant sortir de cette terre tous les trésors que la Providence y a enfouis et qu'un mauvais gouvernement laissait stériles, telle est notre mission, nous n'y faillirons pas...

« La paix européenne permettra à la France de se montrer plus généreuse encore envers les colonies, et si j'ai traversé la mer pour rester quelques instants parmi vous, c'est pour y laisser, comme traces de mon passage, la confiance dans l'avenir et une foi entière dans les destinées de la France, dont les efforts pour le bien de l'humanité sont toujours bénis par la Providence. Je porte un toast à la prospérité de l'Afrique. »

Cette éloquent discours produisit une grande impression. Français et indigènes étaient également satisfaits.

Napoléon III comprenait les Arabes. Il savait apprécier leur loyauté, leur gravité, leur courage. Il n'oubliait pas les prodiges d'héroïsme que leurs soldats avaient accomplis en Crimée et en Italie. Lui-même, à Magenta et à Solférino, avait vu les turcos à l'œuvre. Il les considérait comme des compagnons d'armes pour qui il éprouvait autant d'estime que de reconnaissance. Le sort de ses sujets arabes l'intéressait vivement. Il les voulait heureux et libres. Il les aimait et il les honorait.

De leur côté, les Arabes avaient une sympathie réelle pour le souverain dont l'aspect grave et digne, la haute courtoisie, l'extrême politesse, les charmaient. Ils lui savaient gré de ses intentions libérales et généreuses. Quand leurs chefs venaient aux Tuileries, ils y étaient toujours reçus avec de grands égards et s'asseyaient à la table impériale.

Par son admirable conduite en Syrie, Abd-el-Kader venait de mériter le grand cordon de la Légion d'honneur, et l'hommage rendu à l'émir par la France était un titre de gloire pour l'Algérie tout entière.

En résumé, Napoléon III avait réconcilié les Arabes et les Français.

Pendant que l'Empereur prononçait son discours, le yacht impérial chauffait dans le port, et des émissaires envoyés par la ville expliquaient la cause du départ précipité des souverains. C'était une triste chose de voir se terminer de la sorte un si brillant voyage. Agitée par les inquiétudes les plus douloureuses, par les pressentiments les plus sombres, se doutant vaguement qu'on lui cachait la vérité, et n'osant pas poser de questions trop précises, la triomphante Impératrice était plus morte que vive. Au moment où, quittant le canot impérial, elle s'appuyait, pour gravir l'escalier de l'*Aigle*, sur le bras du général Fleury, elle s'écria : « Pourvu que nous arrivions à temps! » Le général répondit par un mensonge, peut-être permis dans de si pénibles circonstances, qu'il fallait espérer qu'en arrivant en France on trouverait des nouvelles meilleures. L'*Aigle* quitta le rivage algérien. Il était minuit.

XXXVII

LA MORT DE LA DUCHESSE D'ALBE

La duchesse d'Albe était morte à Paris, dans son hôtel de l'avenue des Champs-Elysées, le 16 septembre, pendant que sa sœur, l'impératrice Eugénie, faisait la traversée d'Ajaccio à Alger, la veille du jour où la souveraine entrait triomphalement dans la ville africaine.

Au moment où l'Impératrice avait commencé son voyage, la santé de la duchesse laissait beaucoup à désirer, mais rien ne faisait prévoir une catastrophe prochaine, et l'Impératrice serait certainement restée à Paris si elle avait pu la pressentir.

Fille du comte et de la comtesse de Montijo, la duchesse avait un an de plus que l'Impératrice. Née le 29 janvier 1825, elle avait épousé, le 14 février 1844, un des plus grands seigneurs d'Espagne, le duc d'Albe.

Jeunes filles, les deux sœurs rivalisaient d'esprit et de beauté, de grâce et d'élégance, et l'on se demandait, dans les salons de Madrid, qui des deux était la plus charmante.

Jeunes femmes, elles brillaient en même temps l'une à la cour d'Espagne, l'autre sur le trône de France.

La duchesse d'Albe avait, comme sa sœur, un charme exceptionnel. Son genre de beauté différait un peu de celui de l'Impératrice. Elle était brune, avec des traits peut-être plus accentués et une taille plus frêle. Néanmoins, il y avait dans la coupe du visage et dans la tournure une certaine analogie. La physionomie de la duchesse avait une grande douceur, presque toujours affable et gaie, parfois empreinte d'une noble fierté. Ses goûts étaient ceux de l'aristocratie anglaise. Elle aimait les courses, le sport, les brillants équipages, et montait admirablement à cheval. Intelligente, instruite, spirituelle, elle parlait le français et l'anglais aussi bien que l'espagnol. Sa conversation était pleine d'imprévu et d'attrait. A Madrid, elle habitait l'hôtel d'Albe, un véritable palais, qu'elle avait restauré avec beaucoup de goût, et qui était un cadre tout à fait digne de sa beauté. Son mari, douze fois grand d'Espagne, descendait de Jacques II, roi d'Angleterre, par le maréchal de Berwick dans la famille duquel passa le duché d'Albe. Chaque fois qu'elle venait à Paris, ce qui était fréquent, elle logeait dans le bel hôtel qu'elle possédait avenue des Champs-Elysées. L'Impératrice venait la voir souvent, heureuse de retrouver la compagne dévouée, la confidente intime qui lui rappelait si bien sa première patrie, son enfance et le début de sa jeunesse.

Des fatigues causées à la duchesse par la maladie d'un de ses enfants portèrent une première atteinte à sa santé. On la conduisit à Paris pour consulter les plus habiles médecins; mais déjà le mal défiait les ressources de l'art. Cette femme de trente-cinq ans disparaissant dans tout l'éclat, dans tout le prestige de sa beauté; cette grande dame accomplie, si aimée et si admirée, arbitre de l'élégance, reine des salons, âme de toutes les fêtes, à Madrid, protectrice des talents encore inconnus, consolatrice des malheureux, patronne des pauvres, mourut comme une parfaite chrétienne. Au milieu de vives souffrances, elle ne perdit jamais la sérénité qui lui était habituelle. Elle s'appliquait à ranimer les espérances ou plutôt les illusions de la comtesse de Montijo, sa mère, tandis que la malheureuse comtesse trouvait le courage de lui cacher les cruelles angoisses de son âme. La duchesse d'Albe, avec une résignation et un courage dignes de sa race, souriait à la mort en offrant ses souffrances à Dieu. Ce fut dans les bras de sa mère qu'elle rendit le dernier soupir.

Elle laissa trois enfants, un fils, le duc d'Albe

actuel, gendre du duc de Fernan-Nuñez et deux filles, dont l'aînée est actuellement duchesse de Tamamès, et dont la cadette mourut à vingt ans, quelques mois seulement après son mariage avec le duc de Medina-Cœli.

Naviguant depuis Alger jusqu'aux rivages de France, l'Impératrice se doutait qu'elle ne reverrait plus sa sœur. Enfermée dans sa cabine, elle ne montait jamais sur le pont du navire. Autant le voyage avait été heureux et triomphant en allant, autant le retour était lugubre. Ecoutons un des passagers, le général Fleury : « Les *moutons*, précurseurs d'un grand vent et d'une grosse mer, — que l'on voyait à l'horizon, à la clarté de la lune, et qui avaient tant effrayé les dames de l'Impératrice, — se changèrent bientôt en vagues presque inquiétantes. Un fort tangage, qui nous faisait embarquer de gros paquets de mer, rendait la marche du navire très pénible. Ce tangage exagéré démontrait que l'*Aigle*, dont nous faisions la première expérience, n'était pas établi dans des conditions de pondération voulue. Il piquait affreusement de l'avant et avait une peine infinie à se relever, lorsque l'eau le couvrait presque en entier. Nous arrivions en vue du golfe de Lion, et le vent et la mer augmentaient toujours. »

Au moment même où s'effectuait cette pénible traversée, les obsèques de la duchesse d'Albe avaient lieu, le 20 septembre, à Paris, en l'église de la Madeleine. Le comte de Galve, son beau-frère, conduisait le deuil. Les cordons du poêle étaient tenus par M. Mon, ambassadeur d'Espagne, et par trois parents de la duchesse, le duc de Bivona, le marquis de la Romana et le marquis de Silva. Les maréchaux Vaillant, duc de Malakoff et Magnan, les ministres, les présidents du Corps législatif et du Conseil d'Etat, tous les officiers et fonctionnaires des maisons de l'Empereur et de l'Impératrice, actuellement à Paris, suivaient à pied le char funèbre, derrière lequel se pressait une foule nombreuse et recueillie. La messe fut célébrée par le curé de la Madeleine, l'abbé Deguerry (future victime de la Commune). Le cardinal-archevêque de Paris donna l'absoute. Le cercueil fut ensuite déposé dans un des caveaux de l'église, d'où il devait être transporté en Espagne.

Cependant, la navigation de l'*Aigle* devenait, non seulement pénible, mais dangereuse. En vue du golfe de Lion, le commandant Dupouy, qui dirigeait le navire, se montrait préoccupé des difficultés que présentait, par un si mauvais temps, ce passage difficile. On courait risque de quelque avarie grave dans les machines, et s'il ne craignait pas de déplaire à l'Empereur, il demanderait de faire route sur Port-Vendres pour éviter la traversée du golfe.

La proposition fut transmise à l'Empereur, qui souffrait beaucoup du mal de mer et ne demandait qu'à débarquer le plus vite possible, où l'on voudrait. Il monta sur le pont qui ressemblait à un lac, et après s'être fait expliquer le projet du commandant, il l'adopta.

Le débarquement eut lieu le 21 septembre, à six heures et demie du soir, à Port-Vendres, petite ville du département des Pyrénées-Orientales, ne comptant que deux mille âmes. Personne n'était prévenu de l'arrivée des souverains. Aucune voiture ne les attendait. Grâce à un épicier et à un boucher, on réquisitionna des moyens de locomotion pour rejoindre le chemin de fer à Perpignan.

L'Empereur ne crut pas pouvoir cacher plus longtemps à l'Impératrice la mort de sa sœur. Au moment même où elle mettait le pied sur le sol de France, l'infortunée souveraine apprit la funeste nouvelle, et sa douleur ne connut pas de bornes. Puis elle se mit en route, avec son époux et ses dames, dans les quatre misérables guimbardes qu'on avait pu trouver. Les aides de camp et le personnel indispensable étaient tapis à côté des conducteurs. Quant au reste du cortège, il devait suivre dans la petite diligence de la localité, qui allait partir.

« C'est ainsi, dit le général Fleury, que finit le voyage triomphal de Nice, de Corse et d'Algérie. Quel enseignement! Pendant un long mois, des acclamations enthousiastes, des fêtes, des bals, des banquets, des promenades en carrosses dorés que la foule admire, et pour terminer cette odyssée, un quasi-naufrage ! Un bâtiment somptueux, construit sous la haute direction de Dupuy de Lôme, le « constructeur de génie », ainsi que l'a dénommé l'Empereur, qui ne peut risquer, sans péril, la traversée du golfe de Lion ! Comme les grandeurs humaines ont leurs revers de médailles ! Lorsque ces changements se produisent, comme les princes devraient réfléchir sur ces avertissements d'en haut ! Si les flots sont changeants, la fortune aussi est inconstante ! »

Hélas ! l'Impératrice, lors de la traversée de 1870, plus cruelle encore, se rappellera sans doute celle qui en fut le présage.

Le 22 septembre, à six heures du soir, Leurs Majestés arrivaient à la grille du château de Saint-Cloud, et y trouvaient le Prince Impérial, qui, dans son impatience d'embrasser ses parents, s'y était rendu longtemps d'avance. Mais, ni le plaisir de revoir son fils, ni les hommages des courtisans, ni l'aspect du beau parc aux verdoyants ombrages ne consolaient l'Impératrice. Elle en était venue à ce moment de la vie où, suivant les expressions de Bossuet, « déjà tout commence à s'effacer ; les jardins moins fleuris, les fleurs moins brillantes, les eaux moins claires ; tout se ternit, tout s'efface. L'ombre de la mort se présente ; on commence à sentir l'approche du gouffre fatal. »

La souveraine écrivit alors à la comtesse Stéphanie de Tascher de La Pagerie, qui lui avait envoyé l'expression de ses sentiments de condoléance : « Si vous saviez tout ce que j'ai souffert dans ces derniers temps, l'inquiétude constante durant mon voyage et mon séjour en Algérie ! Enfin, ne trouver en arrivant que la maison vide, sans avoir même la consolation d'embrasser son corps inanimé, tout cela fait un court résumé de tout ce que coûtent les hautes positions sur la terre. C'est souvent en marchant sur son propre cœur qu'on y parvient. J'ai fait un triste retour sur moi-même ; je me demande si les biens de la terre valent la peine qu'on se donne pour les conserver. »

Outre la mort de sa sœur, l'Impératrice avait encore un autre chagrin qui lui déchirait l'âme. Le 18 septembre, la veille même de son départ d'Alger, l'armée du Pape, du parrain de son fils, avait été écrasée par les Piémontais à Castelfidardo.

D'autres événements venaient de se passer, qui avaient également causé un vif chagrin à l'Impératrice. Le 6 septembre, le roi et la reine de Naples, dont les malheurs lui inspiraient une grande sympathie, avaient été obligés de quitter leur capitale et, le lendemain, Garibaldi, personnifiant la révolution triomphante, y était entré. C'est le prétexte qu'avait invoqué le gouvernement sarde pour envahir les Etats de l'Eglise.

M. Farini et le général Cialdini avaient dit à Napoléon III, à Chambéry, que Garibaldi allait poursuivre librement sa route à travers les Etats romains, en soulevant les populations, et que, cette dernière étape franchie, il deviendrait totalement impossible de prévenir une attaque contre la Vénétie; en conséquence, le cabinet de Turin ne voyait plus qu'un seul moyen de conjurer une pareille éventualité : c'était, aussitôt que l'approche de Garibaldi aurait provoqué des troubles dans les Marches et l'Ombrie, d'y entrer pour y rétablir l'ordre sans toucher à l'autorité du Pape, de livrer, s'il le fallait, une bataille à la révolution, sur le territoire napolitain, et de déférer immédiatement à un Congrès le soin de fixer les destinées de l'Italie. »

Plus tard, M. Thouvenel devait écrire, dans une circulaire adressée aux agents diplomatiques français : « Sa Majesté, tout en déplorant que la tolérance ou la faiblesse du gouvernement sarde eût laissé les choses arriver à ce point, ne désapprouva pas sa résolution d'y mettre un terme; mais, en se plaçant dans cette hypothèse, l'Empereur supposait que la chute de la monarchie napolitaine serait complète, qu'une insurrection éclaterait dans les Etats romains, que la souveraineté du Saint-Père serait réservée, et que l'on remettrait à l'Europe le droit de statuer sur l'organisation définitive de la Péninsule. Le simple énoncé de ce programme, mis en regard de celui que le cabinet de Turin a exécuté, suffit pour démontrer que la responsabilité ne saurait en appartenir qu'au roi Victor-Emmanuel et à ses conseillers, et que la malveillance ou des calculs intéressés peuvent seuls essayer d'y impliquer celle de l'Empereur. »

Ce qui est certain, c'est que, pour empêcher l'invasion des Marches et de l'Ombrie par l'armée piémontaise, Napoléon III n'aurait eu qu'un seul mot à dire : — Je ne le veux pas. — Ce mot, il ne l'avait point dit. L'Impératrice ne pouvait pas se consoler.

XXXVIII

L'INVASION PIÉMONTAISE

Le 11 septembre, une armée piémontaise de de trente-trois mille hommes avait franchi la frontière pontificale, tandis que la flotte faisait voile vers l'Adriatique. Le commandant en chef était le général Fanti. Le général della Rocca devait occuper l'Ombrie, tandis que le général Cialdini s'emparerait des Marches. Ce dernier adressa à ses troupes un étrange et violent ordre du jour, où il disait : « Soldats, je vous conduis contre une bande d'aventuriers étrangers que la soif de l'or et le désir du pillage ont amené dans notre pays. Combattez, dispersez inexorablement ces misérables sicaires ! Que, par votre main, ils sentent la colère d'un peuple qui veut sa nationalité et son indépendance ! » Le même jour, dans une proclamation à l'armée, Victor-

Emmanuel traitait de « bandes d'aventuriers étrangers » les défenseurs du Pape. Le cabinet de Turin jetait le masque. Dans un memorandum adressé, le 12 septembre, aux agents diplomatiques sardes, le comte de Cavour faisait l'apologie de Garibaldi : « Ce que la justice et la raison n'ont pu obtenir, disait-il, la révolution vient de l'accomplir, révolution prodigieuse, qui a rempli l'Europe d'étonnement par la manière presque providentielle dont elle s'est opérée, et l'a saisie d'admiration pour la guerre illustre dont les glorieux exploits rappellent ce que la poésie et l'histoire racontent de plus surprenant. »

L'heure était décisive. Chacun se demandait ce qu'allait faire Napoléon III. De Marseille, il avait écrit, par le télégraphe, au roi Victor-Emmanuel, le 9 septembre : « Votre Majesté sait combien je suis dévoué à la cause de l'indépendance italienne, mais je ne saurais approuver les moyens que l'on emploie aujourd'hui pour y parvenir, car ces moyens sont contre le but qu'on se propose. S'il est vrai que, sans raison légitime, les troupes de Votre Majesté entrent dans les Etats du Pape, je serai forcé de m'y opposer. »

Quelle était la signification de ce mot : *m'y opposer?* S'agissait-il d'une opposition réelle, c'est-à-dire d'une opposition par la force, ou d'une opposition purement platonique? Toute la question était là.

Le 10 septembre, Mgr de Mérode avait envoyé

au général Lamoricière, alors à Spolète, une dépêche télégraphique annonçant que l'ambassade de France avait reçu la nouvelle que l'Empereur avait écrit au roi de Piémont pour lui déclarer que si les Etats du Pape étaient attaqués, il s'y opposerait par la force (*si varebbe opposto colla forza*). Mgr de Mérode avait inexactement reproduit le langage impérial. Il y avait ajouté les mots par la force, *colla forza*. Au fond, ni le prélat, ni le général de Lamoricière, ni le cardinal Antonelli, ni le duc de Gramont lui-même ne savaient ce que voulait l'Empereur.

Ce qui est certain, c'est que l'ambassadeur aurait souhaité une opposition effective, car il écrivait à M. Thouvenel, le 15 septembre : « Il me semble que les circonstances qui ont accompagné l'agression piémontaise sont de telle nature qu'elles comportent parfaitement une opposition armée, et nous permettent, tout en restant fidèles aux traditions de la politique impériale, de les attaquer et de les repousser. C'est même à mon avis une excellente occasion pour l'Empereur de témoigner la loyauté de ses intentions; l'Europe entière y applaudira, et l'Angleterre ne pourra rien y trouver à redire. Vous voyez d'ailleurs ce que nous rapportent de sa part tous les ménagements que nous avons eus à son égard; je suis convaincu qu'elle ferait moins contre nous si nous n'avions pas l'air de tout vouloir faire pour elle. »

Cependant, lors de l'invasion piémontaise, le corps d'occupation français n'avait pas bougé. Le général de Noüe, qui le commandait par intérim, en l'absence du général de Goyon, avait reçu l'ordre de rester à Rome. Mais le général de Goyon était prochainement attendu. Il devait amener des renforts; les troupes pontificales avaient confiance en lui, car on le savait dévoué à la cause du Saint-Siège.

Né en 1802, sorti de Saint-Cyr en 1821, le comte de Goyon, qui appartenait à la haute aristocratie française, avait remplacé mon père comme colonel du 2ᵉ dragons en 1846. Général de brigade en 1850, général de division en 1853, aide de camp de l'Empereur, il avait été appelé en 1859 au commandement du corps d'occupation de Rome. La comtesse de Goyon était fille du général duc de Montesquiou-Fezensac, qui fit glorieusement les campagnes du premier Empire, écrivit une curieuse relation de la guerre de Russie, fut pair de France et ambassadeur à Madrid sous le règne de Louis-Philippe, et qui avait épousé une fille du maréchal Clarke, duc de Feltre. Le général de Goyon aurait vivement désiré défendre non seulement la Ville éternelle, mais toute l'étendue des Etats de l'Eglise. Tel était également le vœu du duc de Gramont, qui, oubliant ses anciens démêlés avec le général, écrivait à M. Thouvenel : « Si M. de Goyon arrive avec des instructions qui dégagent notre solidarité, je le recevrai, je vous le promets, comme jamais je n'ai reçu mon meilleur ami. mais si nous devons continuer la même faction, j'en serais réduit à me cacher, car il n'y a pas moyen de se soumettre à ce que je suis exposé à voir et à entendre. »

Quant à Mgr de Mérode, il ne se faisait point d'illusion... « Le général de Goyon, disait-il au général de Noüe, va arriver avec une brigade; il occupera les environs de Rome, tous les points qui ne sont pas menacés, mais il ne se mettra nulle part en face des Piémontais, pour les faire rétrograder; nous savons cela, et c'est ce qui nous ôte la confiance en vous. » Et, comme le duc de Gramont se plaignait avec assez de vivacité de cette méfiance : « Mon cher ambassadeur, lui disait le Saint-Père, votre loyauté est pour moi hors de doute, mais êtes-vous bien sûr de connaître toute la pensée de votre gouvernement? Du reste, le doute n'est plus possible, et d'ici à deux semaines on saura ce que l'Empereur veut faire. Que je serai heureux si je peux moi-même confondre ceux qui se défient de ses intentions et le proclamer digne fils de l'Eglise et son premier défenseur ! »

Les chefs de l'armée pontificale voulaient encore espérer le secours de la France. Par ordre du général de Lamoricière, l'avis suivant était affiché dans les rues de Pérouse : « Le gouvernement de S. M. I. Napoléon III a menacé le Piémont de rompre toutes relations amicales avec lui pour le cas où ses troupes passeraient la frontière des Etats Pontificaux. » Le même jour, Lamoricière télégraphiait, de Foligno, au marquis de Pimodan : « La France intervient. Officiel. Les premières troupes arriveront le 17 avec le général de Goyon. Je leur laisse l'Ombrie à garder. » Et, le 14, il télégraphiait au colonel Gadi, à Ancône : « Le général de Goyon arrive à Rome le 17 avec deux mille hommes et quarante bouches à feu. Officiel. Faites afficher cette bonne nouvelle dans votre ville. »

Pendant que les défenseurs du Saint-Siège se flattaient d'un vain espoir, l'invasion piémontaise continuait sans difficulté. Le général Cialdini occupait Urbin, prenait Pesaro, entrait à Fano et à Sinigaglia. Le général Fanti, avec la colonne du général della Rocca, s'emparait de Pérouse, le 14 septembre, et faisait seize cents prisonniers, au nombre desquels se trouvait le général Schmidt. Victor-Emmanuel reconnaît comme commissaires royaux M. Valerio dans l'Ombrie, et le marquis Pepoli dans les Marches.

Les troupes piémontaises et les troupes françaises se trouvaient tout près les unes des autres. Dans une lettre particulière à M. Thouvenel, le duc de Gramont faisait ces réflexions pleines d'amertume : « Je ne vous cacherai pas que notre armée se sent profondément humiliée d'avoir à tolérer l'arme au bras un voisinage de ce genre, et mon avis est qu'il y aurait de l'imprudence à lui faire subir trop longtemps une pareille épreuve. Il ne faut pas nous faire d'illusion, jamais nous n'avons été jugés aussi sévèrement que nous le sommes aujourd'hui. Peut-être ne voyez-vous pas cela à Paris aussi clairement qu'on peut le voir au dehors, mais la vérité est qu'il n'y a personne qui ne soit entièrement convaincu de notre *complicité* avec les Piémontais. Le rappel de Talleyrand n'a fait aucun effet, c'était prévu, et cela devait faire partie de la mise en scène. Je ne puis vous peindre, en ce qui me concerne, à quel point je souffre pour l'Empereur et pour moi-même de cette atmosphère de répulsion et de mépris qui commence à monter autour de nous. »

Lamoricière allait combattre sans recevoir aucun appui de la France. Il disposait des trois brigades Schmidt, Courten, Pimodan, et d'une brigade de réserve placée sous ses ordres directs. Après avoir laissé trois bataillons de la brigade Schmidt aux environs de Pérouse, et confié à un détachement de trois cents Irlandais la garde de Spolète, il s'était dirigé du côté d'Ancône avec le reste de ses forces. Le 12 il était à Foligno, le 13 à Tolentino, le 15 à Macerata, le 17 à Lorette, et il s'apprêtait à livrer bataille. Personne ne savait mieux que lui combien les chances de la lutte étaient inégales. Il allait combattre, non point pour le succès, mais pour l'honneur.

XXXIX

CASTELFIDARDO

Le général de Lamoricière ne va pas essayer de reconquérir l'Ombrie. Son plan se bornera à défendre les Marches, et, s'il n'y réussit point, à défendre Ancône, pour y faire le refuge des troupes pontificales et y attendre les événements. Les deux brigades dont il dispose ne comptent guère plus de cinq mille hommes. Formées d'éléments très divers, elles laissent beaucoup à désirer au point de vue de l'armement. Elles n'ont presque pas de cavalerie, et leur artillerie, créée à la hâte, n'a pas plus de dix canons. C'est avec ces minimes ressources que la lutte s'engagera contre les excellentes divisions piémontaises du général Cialdini, comptant de treize à quatorze mille hommes. Les envahisseurs ont donc pour eux toutes les chances de succès.

Le 17 septembre, la petite armée pontificale est devant Lorette, à vingt et un kilomètres sud-est d'Ancône, et à deux kilomètres de l'Adriatique.

Le Musone, qui va se jeter dans la mer à une lieue et demie environ au-dessous de Lorette, est près d'une vallée de deux cents mètres, plantée d'arbres et coupée de fossés d'irrigation. A deux cents mètres environ de son embouchure, le Musone reçoit par la rive gauche un gros affluent nommé l'Aspio. Entre ces deux rivières, et dans l'angle qu'elles forment avant de se réunir, s'étend une chaîne de collines sur laquelle est placé Castelfidardo, bourg situé à douze kilomètres sud d'Ancône, et qui donnera son nom au combat du 18 septembre. A l'extrémité orientale de ces collines se trouvent deux fermes appelées fermes des Crocettes. A deux lieues plus loin, vers l'ouest, s'élève le mamelon qui domine la ville d'Osimo. Les deux routes principales de Lorette à Ancône, l'une par Osimo, l'autre par Camerano, passent par ces mamelons. Dès le matin du 17 septembre, le général Cialdini a fait fortement occuper les deux routes. Les troupes pontificales ne sont pas assez nombreuses pour s'y engager. Il existe, en outre, un petit chemin qui, empierré seulement sur une partie de son parcours, traverse à gué le Musone, passe par le village d'Umana, et conduit à Ancône, en longeant le littoral. C'est ce chemin que prendra

Lamoricière, tandis que son mouvement sera protégé par la brigade du marquis de Pimodan, nommé récemment général. Celui-ci, attaquant l'extrême gauche piémontaise, se dirigera vers Castelfidardo et les fermes des Crocettes.

La veille du combat, Pimodan, couché par terre, au pied d'une meule de paille, dit au comte de Carpegna, son aide de camp : « En tout cas, je laisserai à mes enfants un nom honorable ; ils pourront dire, la tête haute : — Notre père est mort pour la défense du Pape. » Laissons la parole à son fils aîné, qui a écrit sur le combat de Castelfidardo quelques belles pages signées : Un ancien officier français : « Résolu à tenter malgré tout un périlleux passage, Lamoricière confia ses plus vaillantes troupes à Pimodan. C'étaient quatre bataillons et demi d'infanterie, huit pièces de six et quatre obusiers aux ordres du colonel de Blumenthal, enfin deux cents cinquante chevaux conduits par le major prince Odescalchi. Parmi les fantassins on remarquait surtout l'héroïque phalange des trois cents franco-belges, noyau primitif du futur régiment des zouaves pontificaux. Avec ces faibles forces, Pimodan devait s'emparer des derniers mamelons des hauteurs, les occuper et s'y maintenir jusqu'à ce que Lamoricière eût franchi le défilé avec le reste de l'armée. Ensuite, les survivants rejoindraient le gros de la troupe et formeraient l'arrière-garde. Ni Pimodan, ni ses compagnons d'armes ne peuvent se dissimuler qu'ils allaient presque certainement à la mort ; mais, comme les vaincus des Thermopyles, aucun d'eux n'hésita. »

Dans la nuit du 17 au 18 septembre, apparaissaient au loin sur les collines, de l'autre côté du Musone, les feux des campements piémontais : « Messieurs, dit le commandant Becdelièvre à ses tirailleurs franco-belges, demain la journée sera chaude. Je vous engage à régler vos papiers pour l'éternité. » Le conseil fut suivi. Tout près se trouvait la célèbre église de Notre-Dame-de-Lorette, la *Santa Casa*, ou maison de la Sainte-Vierge. Le 18 septembre, de très bonne heure, Lamoricière, Pimodan, l'état major, les guides, les franco-belges et une foule d'officiers et de soldats communiaient dans le sanctuaire vénéré. Un prêtre français a écrit : « Je les vis le front prosterné sur le pavé de cette basilique que tant de fronts ont touchée. Le recueillement des deux généraux avait quelque chose de si grave et de si solennel que je n'ai pu maîtriser mon émotion. » Les soldats de Pie IX prirent dans la basilique les drapeaux de Lépante. Comme Pimodan était déjà à cheval, son aumônier s'approcha pour lui serrer la main, et, sur sa demande, lui donna une dernière absolution. Pendant tout le combat, un prêtre hollandais, pénitencier du sanctuaire de Lorette, se tint sur une terrasse d'où il apercevait les combattants, et le bras étendu vers Castelfidardo, ne cessa de prononcer à chaque minute la formule de l'absolution catholique.

Avant le combat, Pimodan passa devant les troupes, disant aux soldats des paroles d'encouragement, citant aux Suisses et aux Autrichiens les batailles où ils s'étaient distingués, rappelant aux Italiens les campagnes d'Italie, d'Espagne et de Russie dans la grande armée de Napoléon, prenant successivement la parole en italien, en français, en allemand et en anglais. « Quant à vous, Messieurs, dit-il aux volontaires venus de France, vous êtes Français, je n'ai rien de plus à vous dire. »

La lutte s'engage. Pimodan descend des hauteurs de Lorette du côté de la mer, puis, tournant brusquement, il marche parallèlement au rivage à la rencontre des Piémontais, et franchit le Musone. Il lance et conduit en personne avec son intrépidité habituelle les carabiniers et les tirailleurs franco-belges, qui gravissent hardiment le mamelon où est situé Castelfidardo, et, après une lutte assez chaude, occupent la première ferme des Crocettes. Mais les troupes sardes arrivent en foule, avec une très forte artillerie. Écrasés par le nombre, les pontificaux ne peuvent enlever la seconde ferme des Crocettes, et sont obligés de rétrograder jusqu'à la première où ils font halte. Blessé au visage, Pimodan conserve son commandement et continue la lutte. Lamoricière, qui a observé toutes les phases de l'action, envoie inutilement quelques renforts. Malgré des actes individuels d'héroïsme, malgré l'admirable conduite des tirailleurs franco-belges, malgré la remarquable fermeté du bataillon autrichien du major Feschmann, le désordre se mit dans les troupes pontificales. Au moment où il fait, pour les rallier, des prodiges de valeur, Pimodan est blessé pour la seconde fois. Une balle le frappe à la poitrine. Cette seconde blessure sera mortelle. Quelques franco-belges veulent emporter le mourant à la prochaine maison. « Non, mes amis, dit-il, laissez moi la gloire de mourir sur le champ de bataille. » Cependant on le place sur une civière improvisée avec des fusils et de la paille, et on le conduit sur l'Adriatique. Le triste convoi rencontre Lamoricière, au milieu du désastre. Pimodan essaie de se lever sur son séant, pour saluer son chef; il ne le peut. Les deux généraux échangent quelques paroles, et se serrent tristement la main.

Pimodan eut la dernière douleur de tomber entre les mains des Piémontais, qui l'emportèrent sur les hauteurs. « Je n'ai pas besoin de vous, dit-il à leur aumônier; j'ai communié ce matin. » A minuit, il rendait le dernier soupir, les yeux fixés sur une pauvre estampe représentant la madone de Lorette. Un jour, parlant de son désir d'aller au ciel, Pimodan avait dit : « Il faudra bien qu'on m'y mette, ne serait-ce que pour l'exemple, après que je me serai fait casser les os pour le Pape. »

Tout était perdu, *fors l'honneur*. Les tirailleurs franco-belges avaient combattu avec acharnement. L'auteur de la remarquable *Histoire du Second Empire*, M. de La Gorce, qui a fait un émouvant récit du combat de Castelfidardo, leur a rendu hommage : « Dans ce petit coin des Marches pontificales, a-t-il dit, sous les abris d'une pauvre métairie, on vit revivre comme un épisode des guerres vendéennes. C'était la même race robuste et fidèle. C'étaient les mêmes noms ; le souffle qui animait les pères avait passé par les petits-fils. » La défense de la ferme des Crocettes faisait songer à celle du château de la Pénissière par les partisans de la duchesse de Berry en 1832. Les tirailleurs franco-belges résistèrent jusqu'au moment où les Piémontais ayant mis le feu à une meule de fourrage, l'incendie menaça la ferme. Alors les uns furent obligés de se rendre, les autres regagnèrent les bords du Musone. Sur trois cents hommes, ils avaient eu vingt-cinq tués et cent vingt blessés. « Voilà tout ce qui me reste, dit M. de Becdelièvre, en montrant à M. de Bourbon-Chalus les débris de sa vaillante phalange. La plupart des autres troupes pontificales n'avaient pas montré la même solidité. Suisses, Autrichiens, sujets du Pape repassèrent le Musone et s'entassèrent dans Lorette, qui capitula le lendemain.

Lamoricière avait espéré un instant tracer la route aux vaincus, les détourner de Lorette, et les pousser dans la direction du littoral vers Ancône. Quand il vit que tous ses efforts étaient inutiles, il prit des chemins de traverse, et, avec une escorte de quatre-vingts hommes, il atteignit Ancône vers six heures du soir. Au moment où il y pénétra, il entendit le canon. C'était l'escadre piémontaise qui commençait l'attaque par mer.

« Les conséquences de Castelfidardo, a écrit le duc de Persigny, devaient être et furent déplorables. En permettant la spoliation du Saint-Siège et l'adjonction de Naples au royaume d'Italie, l'Empereur jetait sa politique dans des complications inextricables. Aux yeux de toute l'Europe, son gouvernement était frappé de discrédit. Il avait voulu empêcher l'unité de l'Italie, et l'unité de l'Italie s'accomplissait. Il avait voulu protéger le Saint-Siège, et le Saint-Siège perdait ses plus riches provinces; les États de l'Église étaient saccagés, pillés, démembrés, sous les yeux même d'une armée française. »

Le marquis de Pimodan actuel, duc de Rarécourt, qui est un historien et un poète, en a fait la douloureuse remarque. Le 18 septembre 1870, dix ans, jour pour jour, après Castelfidardo, les Prussiens paraissaient en vue de Paris.

XL

ANCÔNE

« Je n'ai plus d'armée », tel fut le premier mot adressé par Lamoricière à M. de Quatrebarbes, qui commandait la ville d'Ancône, seul point de l'Ombrie et des Marches où flottait encore le drapeau pontifical. On voulait dans la ville espérer que la France allait intervenir. Le duc de Gramont avait télégraphié au consul français, M. de Courcy, que l'Empereur s'opposerait à l'agression piémontaise, et que le général de Goyon arrivait avec des renforts.

Le général avait repris possession de son commandement à Rome, le jour même du combat de Castelfidardo, et avait adressé à ses troupes l'ordre du jour suivant : « Officiers et soldats, l'Empereur a daigné m'ordonner de reprendre mon ancien commandement ; je reviens donc au milieu de vous, et c'est avec une joie au moins égale au regret que je vous avais exprimé en vous quittant. Appelés de nouveau, et dans des circonstances plus graves encore que par le passé à protéger les intérêts du catholicisme dans la personne du Saint-Père, qui en est la plus haute et la plus légitime représentation, et à garantir la sécurité de la ville sainte, qui en est le siège, nous serons tous à la hauteur de cette belle mission, et prêts, s'il le faut, à tous les sacrifices pour l'accomplir. C'est avec cette pensée que nous répondrons en soldats français à la volonté de notre Empereur. C'est ainsi que Sa Majesté nous permet de ne plus envier à nos frères aujourd'hui en Cochinchine et en Syrie la gloire de défendre une généreuse et noble cause. »

Les défenseurs d'Ancône s'imaginaient que les troupes du général de Goyon allaient venir à leur secours. Il est impossible, avait dit Pimodan, que la dépêche du duc de Gramont au consul soit une rouerie ou un mensonge. » On espérait aussi l'intervention de l'Autriche. L'archiduc Maximilien, frère de l'empereur François-Joseph, commandait la flotte autrichienne à Trieste. Cette flotte n'allait-elle point paraître devant Ancône ? Autant d'espérances, autant d'illusions. Comme Napoléon III, François-Joseph abandonna les défenseurs d'Ancône.

Dès le 18 septembre, la flotte piémontaise de l'amiral Persano avait commencé le bombardement de la ville. Le 22, le matériel de siège étant arrivé, l'amiral avait déclaré officiellement le blocus. Le 23, on aperçut les tentes des Piémontais sur toutes les collines aux abords d'Ancône. Pour résister à la double attaque par terre et par mer, Lamoricière ne disposait que de sept à huit mille hommes. Après plusieurs jours de bombardement, l'armée piémontaise, commandée par le général Cadorna, finit par s'emparer d'un faubourg et de la porte Pia, qui fut prise et reprise cinq fois. Le 28, l'amiral Persano s'avança vers le port avec toute sa flotte. La principale défense du côté de la mer consistait en batteries disposées sur deux môles. Les Piémontais s'établirent à une portée de pistolet de ces batteries, et les détruisirent avec le feu de cent canons. Les artilleurs pontificaux avaient défendu avec intrépidité les ouvrages. Un obus ayant pénétré dans la poudrière, une terrible explosion s'ensuivit. Tous les derniers moyens de défense étant anéantis, Lamoricière demanda un armistice de six jours; on le lui refusa. « Je pourrais tenir encore, dit-il, si j'avais la moindre chance d'être secouru; mais en l'état actuel, une résistance plus longue serait un suicide. » Le 29, il se décida à capituler. La prise d'Ancône livrait aux Piémontais 7,143 prisonniers dont 3 généraux, 17 officiers supérieurs, 331 autres officiers. Elle avait coûté environ 1,500 hommes aux assiégeants et aux assiégés réunis. La capitulation, conclue aux mêmes conditions que celle de Lorette, fut honorable pour les vaincus. La garnison sortit de la place avec les honneurs de la guerre. Les officiers transférés par mer à Gênes, et les soldats, dirigés par la voie de terre sur Alexandrie, pourraient de là regagner librement leur patrie, sous la seule condition de s'engager à ne point prendre de service pendant un an contre l'armée piémontaise. Après la reddition de la ville, Lamoricière se rendit à bord de la frégate *Marie-Adélaïde*, où l'amiral Persano le reçut avec les égards dus au courage malheureux. De là, il fut conduit à Gênes et rendu à la liberté.

Les obsèques du général de Pimodan furent célébrées à Rome avec une grande solennité. Il existe dans la ville éternelle une église considérée comme terre française, notre église nationale de Saint-Louis. Pimodan avait exprimé le désir d'y être inhumé, au cas où il viendrait à succomber dans la guerre pour le Pape. Ce vœu fut exaucé. Pie IX composa lui-même l'inscription gravée sur la tombe du glorieux vaincu. Il conféra le titre de duc à tous ses descendants mâles, et adressa à sa veuve une lettre touchante qui se terminait ainsi : « Je ne cesserai jamais de recommander cette âme à Dieu, ô ma très chère fille, bien que j'aie la conviction que la cause et le but qui l'ont séparé de nous sur cette terre lui auront obtenu, dès à présent, l'heureuse éternité dans le ciel. » Le général de Goyon et les principaux officiers sous ses ordres assistèrent aux funérailles du général de Pimodan.

Victor-Emmanuel ne voulut pas que l'épée du vaillant homme de guerre fût déposée à l'arsenal de Turin. Il la fit renvoyer respectueusement à sa veuve.

Le général Cialdini lui-même rendait hommage aux vaincus : « Messieurs, dit-il, en visitant les prisonniers à Lorette, vous avez tous bondi comme des lions. » Il s'écria, en parcourant la liste des morts et des blessés : « Mais toute la vieille France était là ! On croirait lire une liste d'un petit lever de Louis XIV. »

Arrivé à Gênes, le général de Lamoricière y fut, par ordre du roi, installé au palais avec ses officiers d'ordonnance. Deux d'entre eux, MM. de Terves et de Chevigné, vinrent ensuite à Turin.

« Le général est fort accablé, dirent-ils aux secrétaires de la légation de France, il est silencieux ; sa douleur est profonde. »

De Gênes, Lamoricière, rendu à la liberté, partit pour Rome où il remit son commandement entre les mains du Saint-Père.

Le duc de Gramont écrivait à M. Thouvenel le 16 octobre : « Le Pape a reçu le général Lamoricière, qui a répété à Sa Sainteté les propres paroles du général Cialdini, savoir :
— On assure chez vous que l'empereur Napo-

léon nous désapprouve. C'est complètement faux. Il approuve tout ce que nous faisons ; c'est concerté avec lui, c'est à moi-même qu'il a parlé, et il m'a dit, en me quittant : Allez et faites vite ! Il a même corrigé lui-même mon plan de campagne. — Le Pape aurait répondu : — Ce que vous me dites paraît bien positif, et cependant c'est bien pénible à croire. »

L'ambassadeur ajoutait dans la même lettre : « Avouez, mon cher ministre, que tout cela est étrange, et n'arrange pas les affaires. Je soutiens que les Piémontais mentent, comme ils ont menti à l'Empereur en lui disant qu'ils entraient dans les États du Pape pour arrêter Garibaldi. Est-ce pour arrêter Garibaldi qu'ils entrent dans le royaume de Naples ? L'ont-ils arrêté au Volturne ? Voit-on enfin bien évidemment aujourd'hui que cela n'a été qu'une habile comédie ? »

Les prisonniers français de l'armée de Lamoricière arrivèrent à Turin. Le comte d'Ideville, alors secrétaire de la légation de France, a écrit à leur sujet, dans son *Journal d'un diplomate* : « L'enthousiasme, la vivacité, le courage de ces enfants prouvent une fois de plus que partout en France, dans toutes les classes, dans tous les partis, il y a le même élan, la même vitalité et le même esprit. Ces fils de la Bretagne et du faubourg Saint-Germain ont l'entrain, la gaieté, la bravoure du zouave d'Afrique et de Solférino, fils du faubourg Saint-Antoine. Demain peut-être on les oubliera, ces braves jeunes gens ; mais cette campagne glorieuse, quelque courte qu'elle ait été, leur aura donné le goût de de la guerre, la juste fierté de leur noblesse, retrempée dans le sang. De Terves, de la Neuville, Perrodil, Maistre, Champrobert, Rohan, Chevigné, Sabran, sont ceux que nous avons le plus vus. Nous avons dîné ensemble à l'hôtel Feder. »

En quittant Rome pour retourner en France, Lamoricière reçut du Pape l'ordre du Christ. Il refusa toute autre récompense, disant qu'il n'était qu'un vaincu.

Le Saint-Siège avait perdu définitivement les Marches et l'Ombrie. Le territoire que le général de Goyon était chargé de sauvegarder ne comprenait que les délégations de Civita-Vecchia et de Viterbe au nord, la délégation de Velletri au sud, et à l'est les environs de Rome jusqu'à Civita-Castellana. Il était autorisé à occuper dans ce rayon, temporairement ou d'une façon permanente, tous les points qu'il jugerait convenables.

Le duc de Gramont écrivait à M. Thouvenel, le 13 octobre : « Si la situation n'était pas aussi grave, on ne pourrait assister sans rire à ces déclarations de *spontanéité* qui se succèdent ici toutes les vingt-quatre heures. Voilà maintenant les villes dont nos colonnes approchent qui reviennent au Pape *spontanément*, qui illuminent *spontanément* pour le Pape, comme elles ont fait pour Victor-Emmanuel. D'un autre côté, à

Turin, La Farina demande qu'on envoie des Piémontais en Sicile pour y assurer la *spontanéité du vote d'annexion.* »

En résumé, depuis 1860 jusqu'en 1870, année où cessa le pouvoir temporel du Pape, il ne resta plus aux Etats de l'Eglise que Rome et la Comarque, Viterbe, Civita-Vecchia, Velletri et Fresinone, avec une population d'environ 690,000 âmes.

Garibaldi avait tenu en échec toute la diplomatie européenne. Les souverains s'étaient inclinés devant la révolution, et la puissance conservatrice par excellence, l'Autriche elle-même, avait encore moins fait que la France pour défendre la cause du Pape et du roi de Naples.

XLI

L'EXPÉDITION DE SYRIE

Au moment même où la France abandonnait la cause du Pape dans l'Ombrie et les Marches, elle prenait énergiquement en main la cause des chrétiens d'Orient, et en Syrie, sinon dans les États pontificaux, la politique de Napoléon III était celle de « Fils aîné de l'Église ». Il y avait là pour les catholiques un certain adoucissement au chagrin que leur causaient les affaires d'Italie.

Au moment de s'embarquer à Marseille, le général marquis de Beaufort d'Hautpoul, commandant en chef le corps d'expédition de Syrie, avait adressé à ses troupes cette proclamation : « Soldats, défenseurs de toutes les nobles et grandes causes, l'Empereur a décidé, au nom de toute l'Europe civilisée, que vous iriez, en Syrie, aider les troupes du sultan à venger l'humanité indignement outragée. C'est une belle mission dont vous êtes fiers et dont vous saurez vous montrer dignes. Dans ces contrées célèbres, berceau du christianisme, qu'ont illustrées tour à tour Godefroy de Bouillon et les Croisés, le général Bonaparte et les héroïques soldats de la République, vous trouverez encore de glorieux et patriotiques souvenirs. L'Europe entière vous accompagne de ses vœux. Quoi qu'il advienne, j'en ai le ferme espoir, l'Empereur et la France seront contents de vous. Vive l'Empereur ! »

C'est M. Thouvenel qui avait appelé l'attention du souverain sur le général de Beaufort d'Hautpoul, alors président de la commission franco-sarde pour la nouvelle délimitation du Piémont et de la Savoie. Le choix était excellent. Détaché au service de l'Egypte, de 1835 à 1837, alors qu'il n'était que capitaine d'état-major, le général avait passé trois années en Syrie comme aide de camp de Soliman Pacha (le colonel Selve), et fait avec lui la campagne de 1840. Intelligence élevée, caractère ferme et droit, familiarisé avec les mœurs, les usages, la langue et le climat de la Syrie, connaissant parfaitement le terrain sur lequel il allait diriger ses troupes, et dont il avait donné même une carte au dépôt de la Guerre, le général de Beaufort d'Hautpoul avait tout ce qu'il fallait pour réussir dans le commandement qui lui était confié. L'armée offrait aussi toutes les garanties désirables. On y trouvait avec un corps d'officiers rompu depuis longtemps au maniement des affaires arabes, des zouaves et des chasseurs d'Afrique, incomparables pour une expédition de ce genre, des spahis, arabes d'origine et musulmans de religion, dont la présence sous les drapeaux français prouvait qu'il ne s'agissait pas d'exercer des vengeances de race et de culte. »

Le corps expéditionnaire, dont l'effectif s'élevait à environ six mille hommes, comprenait le 5e et le 13e de ligne, le 16e bataillon de chasseurs à pied, un bataillon du 1er zouaves, un escadron du 1er hussards, un du 1er chasseurs d'Afrique, un autre du 2e spahis, deux batteries d'artillerie, une compagnie du génie et une compagnie du train. Le chef d'état-major était le colonel Osmont.

Le général débarqua à Beyrouth le 16 août. Il trouva à son arrivée les sœurs de Saint-Vincent-de-Paul, ces dignes servantes de Dieu et des pauvres que l'on rencontre partout où il y a des infortunes à soulager. En faisant reculer le fanatisme musulman devant la civilisation chrétienne, en restant fidèle à l'adage *Gesta Dei per Francos*, en montrant au monde la noble alliance de la croix et de l'épée, de la charité et du courage, la France continuait noblement les traditions de ses ancêtres, et allait rendre un éclatant service à la chrétienté tout entière.

Fuad-Pacha, le commissaire nommé par le sultan, avec des pouvoirs illimités, avait besoin d'être surveillé de près, si l'on voulait que les auteurs des massacres fussent punis. Arrivé à Beyrouth le 17 juillet, il avait fait, le 29, son entrée à Damas, à la tête de 3,000 hommes de troupes régulières. Sept cents arrestations furent effectuées immédiatement, mais malgré les instances du consul de France, les coupables d'un rang élevé furent laissés en liberté. La répression flotta dans des alternatives de relâchement et de vigueur jusqu'au moment où les troupes françaises débarquèrent en Syrie. Le 20 avril, 57 musulmans, que le tribunal extraordinaire institué par Fuad, à Damas, avait reconnus coupables d'avoir pris part aux massacres, furent pendus, et, le même jour, on fusilla 110 hommes de la police. Craignant de voir l'armée française pénétrer dans Damas, la ville sainte, ce qui, aux yeux des musulmans, aurait été un grand scandale, Fuad se décida à faire exécuter Achmet-Bey, ancien maréchal de l'armée de Syrie et gouverneur intérimaire de Damas pendant les massacres. Achmet fut conduit clandestinement à la mort, avant le lever du soleil, ce qui permit à Fuad de dire à l'Europe qu'il avait été inflexible, et de laisser croire aux musulmans que le grand coupable avait été épargné.

Revenu à Beyrouth le 11 septembre, Fuad y trouva le drapeau tricolore flottant sur les murs de la ville. Devant la résolution inébranlable des Français d'aller chercher les coupables Druses dans le Liban avec ou sans le concours des Turcs, il dut se résigner à une expédition qui serait faite en commun. Les Français se dirigeraient vers Deir-el-Kamar, et, de là, ils exploreraient la montagne, tandis que les Turcs marcheraient vers le sud, franchiraient les crêtes du Liban, couperaient aux bandes druses encore en armes la retraite vers le Hauran, et les rejetteraient sur les troupes françaises. Tel était le plan adopté; mais Fuad-Pacha, qui comptait sur l'Angleterre, décidée sans doute à sauver les Druses, ses clients, espérait bien le faire échouer.

Le corps expéditionnaire quitta Beyrouth le 25 septembre. Ecoutons un témoin oculaire, M. Ernest Louet, payeur de l'expédition de Syrie, qui en a recueilli les souvenirs dans un récit intéressant et pittoresque : « Le soleil, en se levant sur les sommets du Liban, éclaire une belle scène militaire au camp des Pins. De tous côtés, des fanfares, des chants de joie. Il semble qu'une nouvelle ère s'ouvre pour notre armée. Les habitants de Beyrouth, qui ont déjà connaissance du départ de la colonne, accourent pour assister à ce mouvement et témoignent leur sympathie à nos soldats, dont le caractère plein d'entrain sait se faire aimer partout. On prend le chemin rocailleux qu'on appelle comme par ironie la route de Deir-el-Kamar.

26 septembre. — Arrivée à Deir-el-Kamar. « A l'endroit où étaient autrefois les boutiques des bazars, nous ne voyons que des monceaux de cadavres. Les chevaux eux-mêmes refusent d'avancer au milieu de ces traces de carnage ; ils dressent leurs oreilles en entendant voler les éperviers et les vautours que dérange notre arrivée. Tout ce que les journaux ont publié nous semble au-dessous de la hideuse vérité. Partout des mares de sang que le soleil seul a pu sécher. »

Le résultat principal qu'on se proposait d'atteindre par une expédition commune est complètement manqué. Soit impéritie, soit connivence, Fuad-Pacha vient de laisser passer entre les lignes turques tous les Druses, qui se sont réfugiés dans le Hauran, alors qu'on les croyait cernés de toutes parts. Mustapha-Aga, que Fuad-Pacha avait placé à Djeb-Jenin avec quelques compagnies de Metualis pour leur fermer le défilé qui conduit au Hauran, leur a livré le passage. « Que l'Europe, écrit M. Ernest Louet, n'attende rien de la Turquie pour le châtiment des Druses ; la politique anglo-turque, qui fait la ruine de la Syrie depuis vingt ans, leur assure l'impunité, et Fuad-Pacha est obligé de recourir à toutes les ruses, à tous les artifices de langage pour le dissimuler. »

Le général de Beaufort d'Hautpoul se décide désormais à agir seul, en dehors de toute coopération turque. Le rôle militaire du corps expéditionnaire sera restreint; mais sa mission d'humanité fera bénir le nom de la France. Disséminées dans leurs campements, les troupes françaises s'occupent partout à effacer les traces des catastrophes, à reconstruire les maisons que l'incendie a détruites, à partager leur nourriture avec les malheureux qui les entourent. Grâce au drapeau de la France, les villages se repeuplent, la confiance renaît. Ce sont les soldats et les religieux français qui distribuent les aliments, les semences, les vêtements, les matériaux de reconstruction, qui reconstituent les foyers de la famille, qui apparaissent comme des libérateurs et des sauveurs.

Le 7 octobre, le corps expéditionnaire était à Kab-Elias. Laissons encore la parole à M. Ernest Louet : « L'aumônier que le général avait demandé à Beyrouth pour la colonne, alors qu'il n'était encore qu'à Deir-el-Kamar, est arrivé à Kab-Elias depuis deux jours, et dit la messe aujourd'hui pour la première fois au milieu du camp. C'est l'abbé Bazet. A neuf heures précises, un coup de canon annonce le commencement de l'office divin. Toute la colonne expéditionnaire est sous les armes formant le carré. Le général et l'état-major sont à cheval, au centre, en face de l'autel. Les indigènes paraissent émerveillés d'un tel spectacle ; les uns garnissent les rochers d'alentour ; les autres sont venus s'agenouiller pieusement autour du prêtre. La musique du 5ᵉ de ligne exécute plusieurs morceaux d'harmonie religieuse pendant la messe. A l'élévation et au *Domine salvum fac Imperatorem*, le canon fait de nouveau résonner les échos de la montagne ; tout rend gloire au Dieu des chrétiens. »

Le même jour, 7 octobre, la colonne expéditionnaire entre à Zahlé. Les chrétiens se pressent sur le passage du général. Les femmes le poursuivent d'acclamations dont l'enthousiasme contraste avec les ruines enfumées qui leur servent de refuge provisoire. Dans la ville qui, avant les massacres, ne comptait pas moins de quinze mille habitants, on ne trouve que quatre ou cinq maisons qui n'aient pas été incendiées, et cela, non point parce qu'elles ont été épargnées, mais parce que le feu n'y a pas pris aussi bien que dans les autres.

Au moment même où l'armée française de Syrie, continuant sa mission humanitaire, pénétrait dans Zahlé, l'armée du roi Victor-Emmanuel envahissait le royaume de Naples. Jetons un rapide coup d'œil sur les événements qui préparèrent cette invasion, conséquence de celle des Marches et de l'Ombrie.

XLII

LE ROYAUME DE NAPLES

On doit le reconnaître, les évènements qui se déroulaient dans l'Italie méridionale n'étaient nullement conformes au programme de la France. Tout en blâmant avec sévérité les vices de l'administration napolitaine, elle souhaitait le maintien du roi François II sur le trône, et aurait voulu le voir s'allier au roi Victor-Emmanuel. L'Angleterre elle-même avait d'abord paru favorable à une pareille combinaison. Le comte de Persigny écrivait à M. Thouvenel, le 30 juin : « Lord John Russell m'a dit qu'après tout il serait bien plus avantageux pour tout le monde que l'Italie formât deux groupes amis et unis par un intérêt commun, que de courir après une unité peut-être impossible à réaliser, et dont la conséquence la plus immédiate serait d'amener infailliblement une nouvelle guerre avec l'Autriche. J'ai félicité lord John Russel de ces sages dispositions, et je lui ai fait remarquer, à l'appui de cette opinion, l'avantage d'éviter par une réconciliation des deux souverains les complications qui pouvaient résulter du mécontentement des puissances du Nord, en présence des faits contraires au droit des gens qui se produisent actuellement en Italie. »

Le baron Brénier, ministre de France à Naples, n'avait cessé de conseiller à François II des réformes libérales et l'alliance avec Victor-Emmanuel. Après de longues hésitations, bien faciles à comprendre, le jeune souverain avait fini par entrer dans cette voie. Le 20 juin parut un acte royal qui annonçait :

1º Une amnistie générale;

2º La formation d'un ministère libéral, sous la présidence de M. Spinelli, des princes Scalea;

3º Un statut national;

4º Un accord avec la Sardaigne;

5º L'adoption du drapeau italien;

6º Une représentation particulière pour la Sicile.

Le mois suivant, François II envoyait à Turin deux ambassadeurs extraordinaires chargés de négocier entre les deux couronnes italiennes une ligue politique, douanière et commerciale, ayant pour but de fusionner les intérêts des deux États et d'assurer l'indépendance de la Péninsule contre toute attaque ou influence étrangère.

Les deux ambassadeurs étaient M. Manna et le baron Winspeare. Ils arrivèrent à Turin le 15 juillet. Le baron de Talleyrand avait reçu l'ordre d'appuyer très chaleureusement leur mission. Il écrivit, le 16, à M. Thouvenel : « J'ai montré au comte de Cavour, comme prix prochain de sa persistance dans la ligne de conduite adoptée vis-à-vis du roi de Naples, la rupture imminente des relations diplomatiques entre la Sardaigne et les cours de Prusse et de Russie ; l'indépendance même de l'Italie mise en péril par une politique que réprouvaient notre conscience et notre droiture ; la guerre européenne enfin, résultant de la révolution italienne, et amenant la France à se placer là où l'appelleraient ses intérêts et non plus ceux du roi Victor-Emmanuel.

« Le comte de Cavour, monsieur le ministre, m'avait écouté avec émotion. — Si nous faisions ce qu'on demande, m'a-t-il dit, on nous jetterait par les fenêtres. La popularité du roi lui-même ne pourrait le couvrir. Personne, en Italie, ne me le conseillera, car personne ne croit au roi de Naples. Il fera ce qu'ont fait son père et son grand-père. Les situations sont identiques, et l'expérience est là pour nous dire ce que sera l'avenir. Les dangers et les difficultés sont immenses. Ce n'est pas une des positions les plus difficiles où je me sois trouvé, c'est la plus difficile, je le reconnais. »

Si la situation de M. de Cavour était critique, celle du roi François II l'était bien autrement. Le terrain manquait sous les pas. La trahison l'environnait de tous côtés. Ses propres oncles, le comte d'Aquila et le comte de Syracuse, pactisaient avec ses ennemis, et toutes les concessions, toutes les réformes qu'il accordait se retournaient contre son trône. Vainqueur à Milazza, le 25 juillet, Garibaldi était maître en Sicile, et le moment approchait où il allait passer sur la terre ferme.

Cette éventualité préoccupait vivement le gouvernement français. M. Thouvenel écrivait au comte de Persigny, le 24 juillet : « Convient-il à la France et à l'Angleterre d'assister, sans rien faire pour en modérer le cours, à des événements de nature à porter la plus sérieuse atteinte à l'ordre européen, de souffrir l'agression d'un pays avec lequel elles entretiennent des rapports réguliers, par une armée composée d'éléments révolutionnaires et étrangers, de permettre enfin que la violence vienne entraver l'épreuve constitutionnelle à laquelle le roi François II s'est loyalement soumis ? Le gouvernement de l'Empereur pense que cette attitude passive ne serait d'accord ni avec les intérêts, ni avec la dignité de la France et de l'Angleterre, et j'ai dit à lord

Cowley qu'il me semblait désirable, au point où les choses en étaient arrivées, que les commandants de nos forces navales fussent immédiatement autorisés à déclarer à Garibaldi qu'ils avaient l'ordre de l'empêcher de franchir le détroit. »

L'Angleterre ayant repoussé cette proposition, la France ne voulut point agir seule. Sûr de l'impunité, Garibaldi n'avait plus qu'à poursuivre ses conquêtes. Le 18 août, pendant la nuit, il traversait le détroit, et débarquait tout près de Mileto. Il s'emparait de Reggio le 21. Les troupes napolitaines se débandaient; 40,000 soldats quittaient leurs rangs. En dix jours, Garibaldi dispersa quatre divisions, et conquit vingt villes et forteresses, qui lui ouvraient librement la voie de la capitale.

Jamais la trahison n'avait été plus savamment organisée. L'amiral Persano était arrivé le 9 août dans les eaux de Naples, à la tête de la flotte piémontaise. Inviolable sur son navire, comme le marquis de Villamarina dans l'hôtel de la légation, il conspirait tout à son aise et préparait la défection des officiers de la marine napolitaine. Il cachait parmi ses équipages deux demi-bataillons de *bersaglieri*, prêt à les faire descendre à terre, lorsqu'il le jugerait utile. Le ministère, en partie gagné à la révolution, permettait aux journaux de vanter Garibaldi, aux lazzaroni de vendre dans la rue ses portraits et ses proclamations. François II était obligé d'envoyer en exil un de ses oncles, le comte d'Aquila. Un autre oncle du roi, le comte de Syracuse, engageait par écrit le souverain à renoncer à son autorité, à ne plus faire verser de sang italien, et à suivre l'exemple de la duchesse de Parme. La garde nationale allait présenter ses félicitations au comte de Syracuse. Les ministres refusaient de l'exiler, et ses antichambres étaient pleines de solliciteurs jusqu'au jour où il lui plut de partir spontanément pour Turin. Les marins, le ministère même, s'opposaient au projet du roi d'envoyer à Trieste la flotte pour le sauver. Impuissant pour lutter plus longtemps à Naples contre le flot toujours montant de la trahison, l'infortuné monarque résolut de quitter sa capitale et de se réfugier, comme Pie IX en 1848, à Gaëte, ville forte située sur la Méditerranée, à 70 kilomètres de Naples. Gaëte n'a qu'une population de 15,000 âmes, mais elle est très bien fortifiée, et François II, avec celles de ses troupes qui lui étaient restées fidèles, pouvait y faire une longue et honorable résistance.

Le 6 septembre, à cinq heures du soir, accompagné de sa famille, de quelques fidèles et des membres du corps diplomatique, à l'exception des ministres de France et d'Angleterre, il sortit de son palais, qu'il ne devait plus revoir, gagna le port, en traversant une foule indifférente, prit passage sur le navire espagnol le

Colon, et partit pour Gaëte. Un seul bâtiment napolitain, le *Parthénope*, l'escortait, ayant à bord ceux des marins qui n'avaient point trahi.

Garibaldi était à Salerne. Le 7 septembre au matin, le syndic de Naples lui porta « les vœux de la population ». Le rédacteur de l'adresse était le ministre de François II, M. Liborio Romano, celui-là même qui, la veille, avait rédigé la proclamation d'adieux du souverain aux habitants de sa capitale, et que l'infortuné prince avait félicité d'avoir « si bien compris son âme ». Dans la matinée, Garibaldi, devançant son armée, prit un train express, et, accompagné seulement d'une dizaine d'officiers, il entra, vers midi et demi, à Naples, où la garde nationale l'attendait. Monté sur une voiture de louage, à côté du cocher, il alla se loger au palais d'Angri, qui est situé au bout de la rue de Tolède. Il y choisit au sommet de l'édifice une petite chambre, sorte de mansarde, où il s'installa, abandonnant le reste du palais à son état-major.

Un témoin oculaire, M. Maxime Du Camp, qui avait fait partie de l'expédition des Mille, a écrit : « Trois cent mille polichinelles, piqués de la tarentule, et dansant des sarabandes, auraient fait moins de bruit que le bon peuple de Naples, au moment de l'arrivée des volontaires. Un flot diapré et hurlant montait et descendait la rue de Tolède. Descendu du ciel dont il est, après Dieu, l'hôte le plus puissant, saint Janvier n'aurait pas été mieux reçu que Garibaldi, si, comme lui, il fût entré à Naples. Dès qu'un garibaldien, vêtu de la chemise rouge, hâlé par le soleil, et traînant ses souliers troués, se montrait, il était entouré, saisi par les femmes, et embrassé par elles jusqu'à crier grâce. »

Dans une ville de quatre cent mille âmes, le dictateur ne trouva pas la moindre trace d'opposition. Le 9 septembre, vers cinq heures du soir, il se rendit au fort Saint-Elme, qui s'ouvrit devant lui. Une heure après, le Palais-Royal, le fort de l'Œuf et le Château-Neuf faisaient leur soumission.

Garibaldi se déclarait le partisan de Victor-Emmanuel, mais l'adversaire implacable du comte de Cavour. Il faisait publier dans le *Journal officiel* de Naples, le 18 septembre, une lettre à l'un de ses amis, par laquelle il annonçait que jamais il ne tendrait la main à un homme qui avait humilié la dignité nationale et vendu une province italienne.

François II adressa, le 25 septembre, une protestation aux puissances européennes. Il y disait : « Dans l'espace de quatre mois, l'Europe a vu, surprise, mais impassible, des milliers de soldats de la révolution passer au milieu des escadres de toutes les nations maritimes sur des bâtiments chargés d'armes et de munitions; les ports d'une puissance amie du royaume des Deux-Siciles servir d'asile et de refuge inviolable à ceux qui devaient envahir notre territoire, et les drapeaux de la marine sarde protéger impunément la flotte et les bataillons du chef de la révolution, dont le gouvernement du roi de Sardaigne avait désapprouvé les actes, en les qualifiant d'attentats et d'usurpation... Les armées piémontaises, sans aucun motif légitime, et sans faire valoir d'autre prétention que de venir en aide à la révolution, envahissent déjà les Etats de l'Eglise. La lettre du général Fanti au général de Lamoricière est la preuve la plus évidente que le droit des gens et le droit public n'existent plus. »

François II ne se contentait pas de protester. Il résistait à la mauvaise fortune avec beaucoup plus d'énergie et de ténacité que ne le font d'ordinaire les souverains malheureux. Il lui restait soixante-dix-mille hommes de troupes fidèles, bien organisées, appuyées sur une forte artillerie, et occupant Gaëte et Capoue, avec toutes les ressources d'une administration régulière. Le 30 septembre, les Napolitains passèrent le Volturno sous Cajazzo. Une bataille eut lieu le lendemain. Il s'agissait pour les Napolitains de reprendre Naples, et pour Garibaldi de la conserver. Au moment où la lutte s'engagea, Garibaldi n'avait que dix mille hommes qui furent bientôt portés à quinze mille parmi lesquels se trouvaient des soldats piémontais qui tenaient depuis quelques jours garnison dans les forteresses de Naples. Le succès de la journée paraissaient compromis, quand le marquis de la Villamarina prit sur lui d'envoyer sur le champ de bataille les Piémontais, qui n'arrivèrent que dans la soirée, mais assez tôt pour servir les pièces d'artillerie et déterminer la retraite des Napolitains. Ceux-ci se retirèrent en bon ordre et rentrèrent dans Capoue, que Garibaldi, sans le secours d'une armée régulière, était incapable d'assiéger. Affirmée par les officiers du roi Victor-Emmanuel, bien que postérieurement contestée par le dictateur et ses lieutenants, la nécessité du concours de l'armée piémontaise paraissait hors de doute. Garilbaldi comprit lui-même que s'il était vaincu sur le Volturno ou sur le Garigliano, et s'il faisait inutilement le siège de Capoue et de Gaëte, le mouvement unitaire serait compromis d'une manière peut-être irréparable. Après la journée du 1er octobre, il eut donc la sagesse de se tenir sur la défensive, et il attendit l'arrivée de l'armée du roi Victor-Emmanuel, sans laquelle on peut croire que son audacieuse entreprise n'aurait pas été menée à bonne fin.

XLIII

LES PROTESTATIONS DIPLOMATIQUES

Le 4 octobre, Victor-Emmanuel était à Ancône, où des députations napolitaines venaient lui rendre hommage. Au moment où il s'apprêtait à franchir la frontière avec ses troupes et à marcher sur Naples, il comprit qu'il ne pouvait garder plus longtemps à Turin, comme accrédité auprès de lui, le représentant du souverain dont il allait usurper les Etats. En conséquence, le 6 octobre, M. de Cavour notifia au baron Winspeare, ministre des Deux-Siciles, l'intention du gouvernement sarde d'intervenir dans ce royaume. M. Giacometti en a fait la remarque : « Ce mot *intervenir* a un sens vraiment étrange lorsque l'on songe que c'est précisément en vertu du principe de *non intervention* que la Sardaigne a pu passer ainsi à main armée dans l'Etat Romain d'abord, dans l'Etat des Deux-Siciles ensuite, et s'annexer ces contrées sans autre obstacle de la part de l'Europe que des protestations diplomatiques privées de toute sanction. »

Le baron Winspeare répondit ainsi, le 7 octobre, à la note du comte de Cavour : « L'occupation du royaume des Deux-Siciles par les troupes piémontaises est un fait si ouvertement contraire aux bases de toute loi et de tout droit qu'il semblerait à peu près inutile de s'arrêter à en démontrer l'illégalité; les faits qui ont devancé cette invasion, et les liens de parenté et d'amitié, aussi anciens qu'intimes, qui existaient entre les deux couronnes, la rendent si extraordinaire et si nouvelle dans l'histoire des nations modernes, que l'esprit généreux du roi, mon auguste maître, se refusait à la croire possible. »

Le diplomate napolitain ajoutait : « A cette heure fatale où un Etat qui compte dix millions d'âmes défend les armes à la main les derniers restes de son autonomie historique, ce serait chose oiseuse de rechercher par qui cette révolution a été fortifiée au point de devenir un colosse, et comment elle a pu parvenir à effectuer la plus grande partie des bouleversements qu'elle avait projetés. Cette Providence divine, dont Votre Excellence a invoqué le très saint nom, prononcera avant peu son arrêt lors du combat suprême; mais, quel que soit cet arrêt définitif, la bénédiction du ciel ne descendra pas, bien certainement, sur ceux qui se disposent à violer les grands principes de l'ordre social et moral, en se donnant comme les exécuteurs d'un mandat de Dieu. La conscience publique, elle aussi, lorsque ne pèsera plus sur elle le joug tyrannique des passions politiques, saura fixer le véritable caractère d'une entreprise usurpatrice commencée par l'astuce et accomplie par la violence. »

Le surlendemain, 7 octobre, le baron Winspeare quittait Turin. C'était également le 9 octobre que les troupes piémontaises franchissaient la frontière napolitaine, et que Victor-Emmanuel adressait un manifeste aux peuples de l'Italie méridionale. La conclusion du manifeste était celle-ci : « J'attends avec calme le jugement de l'Europe civilisée et celui de l'histoire, parce que j'ai la conscience d'accomplir mes devoirs de roi et d'Italien. Ma politique ne sera peut-être pas inutile pour réconcilier en Europe le progrès des peuples avec la stabilité des monarchies. Je sais que je mets un terme en Italie à l'ère des révolutions. »

Le 15 octobre, avant tout plébiscite, Garibaldi crut devoir proclamer, *proprio motu* la réunion des Deux-Siciles au royaume d'Italie; il rendit le décret suivant, daté de San-Angelo : « Pour accomplir un vœu incontestablement cher à la nation entière, je décrète

« Que les Deux-Siciles, qui doivent leur rédemption au sang italien, et qui m'ont librement élu dictateur, font partie intégrante de l'Italie une et indivisible, avec son roi constitutionnel Victor-Emmanuel et ses descendants.

« Je déposerai dans les mains du roi, à son arrivée, la dictature qui m'a été confiée par la nation.

« Les prodictateurs sont chargés de l'exécution du présent décret. »

Chacun se demandait ce que feraient les grandes puissances de l'Europe. On crut un instant qu'elles prendraient en main la défense du roi François II. Ancienne et fidèle cliente de la Russie, la dynastie napolitaine excitait les plus vives sympathies à Saint-Pétersbourg. Nicolas Ier, père du tsar, avait été l'intime ami de Ferdinand II, père du roi de Naples. Les relations des deux cours n'avaient jamais cessé d'être particulièrement cordiales. On croyait donc que le tsar, si puissant dans le concert européen, trouverait le moyen de sauver un souverain auquel il portait un intérêt traditionnel.

Dès le 28 septembre, le prince Gortchakoff avait adressé au prince Gagarine, ministre de Russie à Turin, une dépêche qui était une protestation véhémente contre la politique du roi Victor-Emmanuel. Le chancelier s'exprimait en ces termes : « Au milieu de la paix la plus profonde, sans avoir reçu aucune provocation, sans faire lui-même aucune déclaration de guerre, le gouvernement sarde a donné ordre à ses troupes de franchir la frontière des États Romains; il a pactisé ouvertement avec la révolution triomphante à Naples; il a sanctionné les actes de cette révolution par la présence des troupes piémontaises et par celle des hauts fonctionnaires qui ont été placés à la tête de l'insurrection, sans cesser d'être au service du roi Victor-Emmanuel. Finalement, le gouvernement sarde vient de couronner cette voie de violation du droit des gens en annonçant, à la face de l'Europe, son intention d'accepter l'annexion au royaume de Piémont des territoires qui appartiennent à des souverains encore présents dans leurs États, et qui y défendent leur autorité contre les attaques de la révolution. »

Le prince Gortchakoff ajoutait : « La nécessité où le gouvernement sarde prétend se trouver de combattre l'anarchie ne le justifie pas, puisqu'il ne fait que marcher avec la révolution, pour recueillir son héritage, et non pour arrêter ses progrès et réparer ses iniquités. Des prétextes de ce genre ne sont pas admissibles. Ce n'est plus seulement une question d'intérêts italiens, mais d'intérêts généraux, communs à tous les gouvernements. C'est une question qui se rattache directement à ces lois éternelles sans lesquelles ni l'ordre, ni la paix, ni la sécurité ne peuvent exister en Europe. »

Le tsar ne se bornait pas à cette protestation. Il prenait une mesure plus grave, il rappelait de Turin son ministre et toute sa légation.

La conclusion de la dépêche était celle-ci : « S. M. l'Empereur juge qu'il est impossible que sa légation puisse rester plus longtemps dans un lieu où elle peut avoir à être témoin d'actes que sa conscience et ses convictions réprouvent. Sa Majesté se voit forcée de mettre fin aux fonctions que vous remplissez à la cour de Sardaigne. C'est la volonté de notre maître qu'au reçu de ces instructions vous demandiez vos passeports et quittiez à l'instant Turin avec tout le personnel de la légation. »

Le cabinet de Berlin jugea aussi avec sévérité les procédés de la politique piémontaise. La Prusse, destinée à être quelques années plus tard le Piémont de l'Allemagne, avait encore le respect des traités, et ne se doutait pas qu'elle ferait subir à plusieurs souverains de la Confédération germanique un sort analogue à celui du grand-duc de Toscane, du duc de Parme, du duc de Modène et du roi de Naples. M. de Cavour n'avait pas encore fait école, et son imitateur, M. de Bismarck, ne dévoilait pas ses arrières-pensées. Personne ne prévoyait encore l'alliance entre l'Italie et la Prusse, cette alliance dont Napoléon III fut l'imprudent promoteur, et qui eut pour conséquence Sadowa. Les avances que M. de Cavour faisait en 1860 au prince régent de Prusse, le futur empereur d'Allemagne, étaient plus que froidement accueillies.

La légation prussienne ne fut pas rappelée de Turin. Mais la cour de Berlin blâma très sévèrement l'invasion des Etats de l'Eglise et du royaume de Naples. Le comte Brassier de Saint-Simon, ministre de Prusse à Turin, reçut du baron de Schleinitz, ministre des Affaires étrangères, une dépêche, datée de Coblentz le 13 octobre, où il était dit : « L'armée que le Souverain-Pontife avait formée pour maintenir l'ordre public a été attaquée et dispersée. Et, loin de s'arrêter dans cette voie qu'il poursuit au mépris du droit international, le gouvernement sarde vient de faire donner l'ordre à son armée de franchir sur différents points les frontières du royaume de Naples, dans le but avoué de venir au secours de l'insurrection et d'occuper militairement le pays.

« En même temps, les chambres piémontaises sont saisies d'un projet de loi tendant à effectuer de nouvelles annexions en vertu du suffrage universel et à y inviter ainsi les populations italiennes à déclarer formellement la déchéance de leurs princes. C'est de cette manière que le gouvernement sarde, tout en invoquant le principe de non-intervention en faveur de l'Italie, ne recule pas devant les infractions les plus flagrantes au même principe dans ses rapports avec les autres Etats italiens. »

Le ministre des Affaires étrangères de Prusse terminait ainsi sa dépêche : « Appelés à nous prononcer sur de tels actes et de tels principes, nous ne pouvons que les déplorer profondément et sincèrement, et nous croyons remplir un devoir rigoureux en exprimant de la manière la plus explicite et la plus formelle notre désapprobation de ces principes et de l'application que l'on a cru pouvoir en faire. »

M. Giacometti a fait au sujet de cette dépêche la réflexion suivante : « Qui eut dit à M. de Schleinitz qu'un jour viendrait où un roi de Prusse, empereur d'Allemagne, célébrerait, par d'éclatants discours, la capitale *intangible* de cette Italie dont les procédés d'unification provoquaient de telles protestations prussiennes ! »

En 1860, la Prusse se vantait de respecter l'ancien droit. Elle marchait d'accord avec la Russie, et semblait tenir avant tout au maintien des traités de 1815. Cette attitude des deux grandes cours du Nord donna au gouvernement autrichien la pensée d'en tirer parti. Il se demanda si le moment n'était pas venu d'établir entre les monarchies une solidarité morale et matérielle capable d'arrêter les envahissements de la révolution européenne. Le mouvement italien ne serait-il pas le signal des révoltes de la Hongrie ? Ne pouvait-il pas être demain le réveil de la Pologne ? François-Joseph pensa qu'une politique conservatrice allait peut-être prévaloir, et les souverains italiens dépossédés reprirent quelque espérance quand ils apprirent que le tsar, l'empereur d'Autriche et le prince régent de Prusse allaient se réunir à Varsovie.

XLIV

L'ENTREVUE DE VARSOVIE

Au mois de septembre, après un dîner donné à Schœnbrunn pour la fête du tsar, l'empereur François-Joseph chargea le ministre de Russie d'exprimer à Alexandre II son vif désir d'avoir avec lui une entrevue. Le tsar, qui n'oubliait pas les incidents de la guerre de Crimée, et voyait dans la démarche du monarque autrichien une sorte d'amende honorable, répondit immédiatement que François-Joseph serait le bienvenu. On décida que le lieu de l'entrevue serait Varsovie et que les deux empereurs y rencontreraient le prince régent de Prusse.

Le duc de Montebello, ambassadeur de France à Saint-Pétersbourg, écrivit à M. Thouvenel, le 14 septembre: « L'entrevue des trois souverains fera parler en Europe de coalition et de sainte alliance; rien n'est plus éloigné des pensées de la Russie, et la phrase que m'a dite le prince Gortchakoff, en me l'apprenant, a été celle-ci : « Le vif et sincère désir de l'empereur Alexandre est que cette entrevue prépare une entente générale entre les grandes puissances, et fasse disparaître des défiances qui nuisent aux grands intérêts de l'Europe. Je suis certain que la Russie y apportera des dispositions amicales pour la France. »

Le 16 septembre, le tsar faisait demander le duc de Montebello, et lui disait : « Vous savez que le prince régent de Prusse et l'empereur d'Autriche viendront me voir à Varsovie; l'opinion s'est beaucoup préoccupée de cette entrevue avant même qu'elle fût décidée. On y a vu le germe d'une coalition. J'ai voulu m'expliquer avec vous sur les dispositions que j'y apporterai; je n'ai pas besoin de vous dire qu'elles seront amicales pour la France. Ce n'est pas de la coalition que je vais faire à Varsovie, mais de la conciliation, et je suis heureux de voir que le prince régent est dans les mêmes sentiments. Dites à l'empereur Napoléon qu'il peut mettre sa confiance en moi. »

Après avoir déclaré que son but était de préparer une entente générale entre les grandes puissances, la cour de Russie demanda au gouvernement français de lui faire savoir dans quelle mesure il pourrait la seconder à cet effet,

Rarement l'habileté de la diplomatie française avait eu à s'exercer dans des circonstances aussi délicates. Il fallait, tout en blâmant le Piémont, ne pas donner à ce blâme un caractère que la cour d'Autriche pût prendre pour un encouragement à ses propres idées d'agression, et il fallait, d'un autre côté, faire comprendre au cabinet de Turin, s'il avait eu la velléité d'une attaque contre la Vénétie, que la France ne se laissait ni intimider ni entraîner, et que ses armées n'étaient pas à la disposition du roi de Sardaigne.

M. Thouvenel rédigea un memorandum en date du 25 septembre qui contenait les quatre points suivants :

1º Si l'Italie attaque Venise, les puissances allemandes restant neutres, la France ne lui prêtera aucun appui ;

2º L'état de choses ayant déterminé la dernière guerre ne sera pas rétabli. La Lombardie ne sera pas mise en question ;

3º Tout ce qui concerne les limites territoriales de l'Italie sera soumis à un Congrès ;

4º Nice et la Savoie ne seront pas mises en discussion au Congrès, quand même l'Italie perdrait ses acquisitions postérieures aux stipulations de Villafranca et de Zurich.

M. Thouvenel raisonnait uniquement dans la prévision d'une agression de l'Italie contre l'Autriche, et, en dehors de cette conjoncture, il n'entrevoyait aucune circonstance où les bases de son memorandum pourraient s'appliquer.

Dans une dépêche adressée, le 17 octobre, au duc de Montebello, le ministre résumait ainsi la pensée principale de la politique italienne de Napoléon III : « Les grandes questions ne se résolvent pas uniquement par la force. Une action matérielle pourrait, sans doute, mettre un terme aux envahissements du Piémont ; elle ne suffirait pas pour reconstituer l'Italie et assurer la sécurité de l'Europe. Les anciens gouvernements, réintégrés par une intervention étrangère, ne se soutiendraient que par une occupation prolongée et l'expérience a prouvé surabondamment le défaut radical d'un pareil système. On ne ferait que se replacer dans un cercle reconnu vicieux par tout le monde, et qui, tôt ou tard, se briserait de nouveau. »

Après avoir posé en principe que la France ne pourrait recommencer, sous Napoléon III, en Italie, ce qu'elle entreprit en Espagne, sous Louis XVIII, le ministre ajoutait : « La France impériale n'est pas révolutionnaire. La haine qu'elle excite dans un certain camp démontre assez qu'on l'y regarde comme l'ennemie la plus redoutable et la plus décidée de la démagogie ; mais ce n'est ni dans sa nature, ni dans sa puissance d'empêcher les chutes ou les transformations que le temps et les fautes des hommes ont amenées. La malveillance et la calomnie peuvent seules prétendre que l'Empereur n'ait pas vu, avec un profond regret, se dérouler les événements dans les Etats Romains et le royaume de Naples. Nous n'approuvons pas tout ce qui se passe en Italie; notre conscience désavoue les moyens employés, et notre raison, d'un autre côté, ne nous permet pas de nous y faire les champions des régimes détruits. »

La conclusion de la dépêche était celle-ci : « Que sortira-t-il de ce volcan en éruption ? Nul ne le sait, et il serait téméraire de se tracer d'avance une conduite arrêtée. Consacrer tous ses efforts à prévenir une guerre générale et désastreuse pour la civilisation, tâcher que les grandes puissances de l'Europe, grâce à une entente intelligente et loyale, préparent une solution à de redoutables problèmes ; voilà, à mon avis, le but que doivent se proposer les cabinets et l'œuvre à laquelle nous sommes prêts à concourir. »

L'empereur Alexandre II s'appropria la substance du memorandum de M. Thouvenel, et en fit, pour ainsi dire, le thème de l'entrevue de Varsovie. Elle dura du 22 au 26 octobre. Le tsar, l'empereur François-Joseph et le prince régent de Prusse s'étaient fait accompagner par leurs ministres des Affaires étrangères, le prince Gortchakoff, le comte de Rechberg et le baron de Schleinitz. On aurait pu croire que les destinées du monde allaient être tranchées dans ce grand conclave politique. Tout se borna entre les souverains à une échange de politesses banales. Les ministres des Affaires étrangères entrèrent en conférence mais sans prendre aucune décision importante. Les obstacles, qui quelques mois auparavant, s'étaient opposés à la réunion d'un Congrès, n'avaient fait depuis lors qu'augmenter. Du moment où il était admis que l'emploi de la force serait écarté, les résolutions des cabinets auraient été d'avance frappées de stérilité, et l'on eût infailliblement assisté à ce double spectacle de l'Europe réglant les destinées de l'Italie, et de l'Italie refusant de se soumettre aux décisions de l'Europe.

On aurait pu croire que les cours de Russie, d'Autriche et de Prusse, qui s'étaient montrées tellement indignées des procédés de Victor-Emmanuel contre le roi de Naples, feraient un appel solennel à l'Europe en faveur de l'infortuné souverain. Elles n'eurent pas même l'idée de défendre ses droits et se bornèrent à protéger le Piémont contre l'éventualité d'une intervention des puissances. L'Europe était-elle fondée à blâmer la politique italienne de Napoléon III, quand elle-même ne tentait pas la moindre démarche sérieuse pour arrêter les envahissements de la Révolution ? A quoi avaient abouti les protestations véhémentes des trois cours ? Au néant.

Sunt verba et voces, prætereaque nihil

Les pourparlers de Varsovie furent écourtés par une triste nouvelle, la maladie mortelle de l'impératrice douairière de Russie. Le tsar retourna en toute hâte à Saint-Pétersbourg. Les trois souverains se séparaient sans avoir rien conclu, ce qui ne les empêcha pas de se congratuler comme s'il avaient sauvé le monde.

L'empereur François-Joseph se consola facilement de n'avoir rien pu faire pour les souverains italiens dépossédés, du moment où il acquit la conviction, ce qui était pour lui la chose essentielle, que la Sardaigne ne serait pas soutenue par la France si elle attaquait la Vénétie.

Le cabinet de Berlin se déclara pleinement satisfait. Le prince de Hohenzollern-Sigmaringen, président du conseil des ministres de Prusse, qui avait accompagné à Varsovie le prince régent, écrivit au prince Gortchakoff, le 26 octobre : « Au moment où les augustes souverains quittent Varsovie, je viens vous prier de vous rendre auprès de l'empereur Alexandre, l'organe des sentiments de la plus vive reconnaissance qu'inspirent à S. A. R. Mgr le prince régent, les preuves nouvelles que Sa Majesté vient de donner de sa haute sollicitude pour le maintien de la paix de l'Europe et pour l'affermissement de la confiance qui doit présider aux rapports des puissances. A cet égard, un résultat important a été obtenu par la communication d'une pièce où se trouvent exposées les idées de l'empereur des Français sur la question italienne et par l'échange d'idées auxquelles cette communication vient de donner lieu. »

Les souverains du Nord s'étaient séparés le 26 octobre. Le lendemain, l'Angleterre, qui n'avait pas été représentée à l'entrevue de Varsovie, prenait la parole. Le chef du Foreign-Office, lord John Russell adressait à sir James Hudson, ministre d'Angleterre à Turin, une dépêche à sensation qui devait être communiquée au comte de Cavour, ou, pour mieux dire, à toute l'Italie, et qui était une approbation bruyante, enthousiaste de toute la politique piémontaise. Lord John Russell invoquait le célèbre jurisconsulte Vattel, qui avait déclaré légitime l'intervention du prince d'Orange pour soutenir la révolution anglaise et détrôner Jacques II. « Qu'y a-t-il d'étonnant, ajoutait le ministre, qu'en 1860 les Napolitains, défiants et pleins de ressentiments, chassent les Bourbons, comme en 1688 l'Angleterre chassa les Stuarts. » Suivant lord John Russell « la révolution italienne était conduite avec une modération rare et singulière. Les formes vénérées de la monarchie constitutionnelle étaient associées au nom d'un prince représentant une ancienne et glorieuse dynastie. » Le ministre anglais concluait ainsi : « Le gouvernement de la reine ne peut voir aucun motif suffisant pour le blâme sévère dont l'Autriche, la Prusse et la Russie ont frappé les actes du roi de Sardaigne. Le gouvernement de Sa Majesté préfère tourner ses regards vers l'agréable spectacle d'un peuple élevant l'édifice de ses libertés, et consolidant l'œuvre de son indépendance au milieu des sympathies et des vœux sincères de l'Europe. »

Le même lord John Russell, ardent apologiste de l'invasion des Marches, de l'Ombrie et des Deux-Siciles, considérait comme sacrés les droits de l'Autriche sur la Vénétie, et aurait qualifié d'attentat et de violation du droit des gens toute tentative faite pour la délivrer. Sa mémorable dépêche n'en eut pas moins à Turin un immense succès. Sans rien risquer, sans rien dépenser, sans autre appoint que des phrases, l'Angleterre s'était substituée à la France dans la reconnaissance de l'Italie.

Les prédictions de Mazzini se réalisaient. Dans une lettre datée de Florence, le 20 septembre 1859, il avait écrit à Victor-Emmanuel : « La diplomatie est comme les fantômes de minuit; géant menaçant aux yeux de qui le craint, elle fond comme un subtil brouillard devant qui marche résolu contre elle. » Le secret de tous les succès de la politique piémontaise fut d'avoir eu la conviction que les remontrances de la diplomatie doivent être tenues comme nulles et non avenues, quand elles n'ont pas pour base et pour sanction la force.

XLV

VICTOR-EMMANUEL A NAPLES

Victor-Emmanuel n'avait plus rien à craindre des grandes puissances. Sûr de l'impunité, il pouvait aller droit à son but. Pendant que les populations des Deux-Siciles votaient le plébiscite, il franchit la frontière napolitaine, et se dirigea vers Naples à petites journées. Garibaldi alla au-devant du souverain. Tous deux se rencontrèrent, le 26 octobre, près de Teano. Le roi marchait en tête de deux divisions piémontaises. Se servant d'une lorgnette, il reconnut de loin Garibaldi, et donna de l'éperon pour le rejoindre plus vite. Garibaldi fit de même. A ce moment, des officiers ayant crié : Vive Victor-Emmanuel ! il ajouta, en ôtant son chapeau : Roi d'Italie ! A ce mot, Victor-Emmanuel porta la main à son képi, puis la tendit au conquérant des Deux-

Siciles, en lui disant : Merci. Tous deux marchèrent en se tenant la main pendant environ un quart d'heure. On fit halte à Teano, ville située à vingt kilomètres de Capoue. Le roi fit défiler ses troupes devant Garibaldi, puis il passa lui-même en revue les troupes garibaldiennes. Le 29 octobre, le dictateur déposait ses pouvoirs entre les mains du souverain.

Les troupes napolitaines tenaient encore à Capoue, ville située à vingt-huit kilomètres de Naples, et les Garibaldiens n'auraient pu les en déloger. Ce fut l'œuvre de l'armée piémontaise. La ville ne se rendit que le 2 novembre, après un siège qui avait duré quarante-huit jours. Victor-Emmanuel n'avait plus qu'à faire son entrée triomphale dans la capitale du royaume.

7 novembre, jour de l'entrée du roi. — Les troupes piémontaises et la garde nationale font la haie. L'armée garibaldienne ne figure pas à la solennité. Quelques officiers en casaque rouge y assistent seulement du haut d'un balcon. C'est encore Maxime Du Camp qui va nous en faire le récit.

Il pleut à torrent. Un gros vent d'ouest pousse sur la ville d'incessantes rafales. Dans le port, les navires sont agités par la houle jusqu'à tremper leurs vergues dans la mer. Le mauvais temps n'a point permis de terminer les préparatifs. Les statues sans têtes tendent à travers les rues inondées leurs mains symboliques, où manquent les drapeaux. Les arcs de triomphe ne sont que des carcasses. Les toiles peintes, arrachées par le vent, battent contre les échafaudages non recouverts. Une foule immense encombre la ville depuis la gare du chemin de fer jusqu'au Palais-Royal. C'est comme une immense forêt de parapluies.

Il est dix heures du matin. Le canon des forts éclate. Le roi fait son entrée. Il se rend d'abord à la cathédrale, accompagné de Garibaldi, puis il monte en voiture, pour gagner le Palais-Royal. A sa gauche se tient Garibaldi, dont la casaque rouge est couverte d'un manteau gris. Sur le devant du carrosse royal, on voit M. Pallavicino, prodictateur de Naples, en habit noir, et M. Antoine Mordini, prodictateur de Sicile, en chemise rouge. La foule sait gré à ce dernier d'avoir gardé le costume garibaldien; car, comme le dit M. Maxime Du Camp, c'est bien, en effet, la chemise rouge, c'est-à-dire l'indépendance italienne par la révolution, qui doit faire à Victor-Emmanuel les honneurs de la ville de Naples. Les cris de : Vive Garibaldi! sont plus nombreux encore que ceux de : Vive le roi!

Victor-Emmanuel offrit le collier de l'Annonciade à Garibaldi et à M. Pallavicino. Garibaldi le refusa et reçut malgré lui le titre de général d'armée, qui équivaut au grade de maréchal. On lui offrit en outre un apanage pour son fils aîné, une position d'aide de camp du roi pour son second fils, une dot pour sa fille, le cadeau d'un des châteaux royaux à son choix et d'un bateau à vapeur. Il refusa tout. Ce qu'il avait demandé, c'était le titre de lieutenant-général du roi dans les Deux-Siciles pour un an, avec des pouvoirs illimités. Comme on savait que, dans cette situation, il n'aurait eu d'autre idée que d'organiser une expédition contre le Pape, Victor-Emmanuel répondit à la demande par ce seul mot : « C'est impossible. »

Garibaldi fut très affecté par ce refus. « Vous savez, dit-il à l'amiral Persano, ce qu'on fait des oranges ; on en presse le jus, puis on les jette dans un coin. » Il possédait dans la petite île de Caprera un modeste domaine dont le revenu annuel, son unique avoir, s'élevait à environ quinze cents francs. Ce fut l'endroit qu'il choisit pour sa retraite, en attendant qu'il reparaisse sur les champs de bataille.

Le 8 novembre, il faisait ses adieux à ses compagnons d'armes par une proclamation datée de Naples : « La Providence, disait-il, fit don à l'Italie de Victor-Emmanuel. Tout Italien doit se rattacher à lui, se serrer autour de lui. A côté du roi galant homme, toute contestation doit disparaître, toute rancune se dissiper. Encore une fois, je vous répète mon cri : Aux armes ! tous ! tous ! Si, en mars 1861, il ne se trouve pas un million d'Italiens armés, pauvre liberté, pauvre terre italienne ! Oh ! non ; loin de moi une pensée qui me répugne comme un poison ! Le mois de mars 1861, et, s'il le faut, celui de février, nous trouvera tous à notre poste. Italiens de Catalafimi, de Palerme, du Volturne, d'Ancône, de Castelfidardo, d'Isernia, et avec nous tout homme de cette terre non couarde, non servile, tous serrés autour du glorieux soldat de Palestro, nous donnerons la dernière secousse, le dernier coup à la tyrannie qui croule. »

Le 9 novembre, à l'aurore, Garibaldi montait dans un canot que lui-même détachait du rivage, et gagnait le bateau à vapeur le *Washington*, mis à sa disposition pour le conduire de Naples à Caprera. Il n'emmenait avec lui que ses trois vieux et fidèles amis, Basso, Giusmaroli et Froccinati. Des sommes énormes qu'il venait de manier, il n'emportait que dix piastres (cinquante francs), avec un sac de haricots qu'il se proposait de cultiver dans son ermitage de Caprera, jusqu'au jour où il marcherait à la délivrance des « frères encore esclaves de l'étranger. »

Pendant que Victor-Emmanuel s'installait à Naples, il ne restait plus à l'infortuné François II que la petite ville de Gaëte, située sur la Méditerranée, à 70 kilomètres de Naples. Sa conduite et celle de la reine y méritèrent l'admiration de ses adversaires eux-mêmes. Appuyé par des troupes fidèles, le roi dépossédé révélait à Gaëte une énergie qu'on n'eût pas soupçonnée. Peut-être fondait-il quelque espoir sur les sentiments de la France qui, non contente de ne pas reconnnaitre le blocus de Gaëte, déclaré par le gouvernement piémontais, envoyait dans les eaux de cette place forte l'escadre d'évolutions commandée par le vice-amiral Barbier de Tinan. Ce fut là pour les partisans de François II une dernière illusion. Napoléon III voulait donner au roi de Naples une marque de sympathie personnelle en lui épargnant la pénible nécessité de devoir sa liberté à une capitulation; mais il n'avait pas la pensée de faire en sa faveur un acte d'intervention sérieuse.

M. Thouvenel écrivait à l'amiral de Tinan, le 30 octobre, que l'Empereur tenait à sauvegarder la dignité du roi François II dans ses derniers moments d'épreuves, mais n'avait pas l'intention de l'encourager à soutenir une lutte devenue trop inégale. M. Thouvenel ajoutait : « Le peuple napolitain a été appelé à émettre un vote qui doit détruire pour le moment les espérances de la cour de Gaëte quant à un revirement de l'opinion publique. Dans cette situation, monsieur l'amiral, il est permis de se demander si le roi François II, aujourd'hui que son honneur est sauf, ne devrait pas se résigner à céder aux circonstances, et éviter de répandre inutilement le sang des soldats qui lui sont restés fidèles. L'Empereur vous autorise, lorsque vous en aurez l'occasion, à laisser entendre au roi François II qu'il a poussé sa résistance aussi loin que l'exigeait la dignité de sa couronne et que le permettait l'abandon de ses sujets. »

François II ne suivit pas ce conseil. Il résista encore pendant deux mois et demi.

Ecoutons encore Maxime Du Camp qui, après le départ de Garibaldi pour Caprera, passa devant Gaëte en retournant en France : « A la nuit close, dit-il, nous arrivions devant Gaëte. La flotte française avait allumé ses feux ; des lumières brillaient dans la ville. Tous les passagers réunis sur le pont regardaient vers les remparts dont la masse sombre se distinguait à peine sur la profonde obscurité du ciel. On parlait de François II. Résistera-t-il ? Se rendra-t-il ? Il a tort ; il a raison ! Chacun donnait son avis. Je restais silencieux, et je me disais : comme homme, il a tort absolument de prolonger une résistance qui, dans aucun cas, ne pourra le sauver ; comme roi, il a raison, non point parce que cela garantit son honneur, mais parce qu'il met les rois de droit divin en mesure de se prononcer et de le secourir, sous peine d'abandonner aux hasards des révolutions le principe en vertu duquel ils règnent. Les gouvernements issus de même origine sont solidaires les uns des autres... Si les rois absolus d'Europe ne sauvent pas ce membre de leur famille, qui combat pour le principe commun, ils seront perdus ; un jour on les abandonnera comme ils abandonnent aujourd'hui. En tombant, François II, se tournant vers ceux qui l'appelaient son frère, pourra dire : *Hodié mihi, cras tibi.* »

Les monarques européens ne devaient tenir aucun compte de la solidarité dont parlait Maxime Du Camp. Ils laissèrent tout faire et ne prêtèrent au malheureux roi de Naples qu'un appui vraiment illusoire.

Il y avait cependant une souveraine que les événements italiens affligeaient vivement, c'était l'impératrice Eugénie. Très dévouée à Pie IX, parrain du Prince Impérial, et grande admiratrice de l'héroïsme dont la jeune et belle reine de Naples faisait preuve dans la forteresse de Gaëte, elle aurait voulu voir la France secourir efficacement le Saint-Père et François II. Mais la femme de Napoléon III n'avait pas assez d'influence pour faire prévaloir ses idées. Attristée et découragée, elle prit tout à coup une résolution qui causa un vif étonnement.

XLVI

L'IMPÉRATRICE EN ANGLETERRE

Depuis la mort de sa sœur, la duchesse d'Albe, l'Impératrice était restée dans une tristesse et un découragement qui allaient jusqu'à la prostration. « Ce n'était plus la même femme, a dit la comtesse Stéphanie Tascher de la Pagerie, et chacun s'étonnait d'une sensibilité qu'on ne lui croyait pas aussi profonde. » On ne reconnaissait plus la souveraine ordinairement si vive, si gaie, portant un si grand intérêt à toute chose. Elle ressemblait à la statue de la douleur. Elle avait pris soudainement en mépris, en dégoût, les grandeurs humaines. Elle en comprenait le néant. Les palais ne lui paraissaient plus être autre chose que des prisons dorées. Sa couronne lui pesait. Un voile noir s'étendait sur toutes les splendeurs, toutes les magnificences qui l'entouraient. La mort d'une sœur chérie, enlevée en pleine jeunesse, en pleine beauté, lui avait fait faire sur l'inanité des choses d'ici-bas des réflexions dignes de l'Ecclésiaste. Elle redisait avec Bossuet : « Après ce que nous venons de voir, la santé n'est qu'un nom, la gloire n'est qu'une apparence, les grâces et les plaisirs ne sont qu'un dangereux amusement ; tout est vain en nous, excepté le sincère aveu que nous faisons devant Dieu de nos vanités, et le jugement arrêté qui nous fait mépriser tout ce que nous sommes. » Dans cette brillante année 1860, apogée du second Empire, l'Impératrice eut tout à coup une lugubre vision ; elle aperçut, dans un horizon plein de larmes et de sang, toutes les catastrophes de l'avenir.

Au moment où les médecins constataient avec inquiétude un état d'âme qui exerçait une funeste influence sur sa santé, l'Impératrice prit subitement une résolution, qui causa une surprise générale, et donna lieu à une foule de commentaires fantaisistes. Elle se décida à entreprendre un long voyage, qui serait une diversion à son chagrin. Ce voyage, elle voulut le faire incognito, sans aucune pompe, sans aucune étiquette, en simple particulière. C'était là comme un apprentissage des voyages plus douloureux encore que le sort cruel lui réservait. Le spectacle d'une belle nature n'aurait fait qu'augmenter, irriter son chagrin. Ne voulant ni de l'Italie ou de l'Espagne, elle partit pour l'Angleterre et pour l'Ecosse, cherchant non pas le soleil, mais les brumes, les brouillards qui étaient en harmonie avec la mélancolie de son cœur.

Le 14 novembre, à six heures du matin, l'Impératrice quittait le château de Saint-Cloud, accompagnée par son écuyer, le marquis de Lagrange, et par deux de ses dames du palais, Mme de Saulcy et la comtesse de Montebello. Arrivée à Paris, elle se rendit directement à la gare du Nord. Le marquis de Lagrange prit simplement au bureau les billets nécessaires pour elle et pour les personnes de sa suite. Elle n'avait voulu se faire réserver aucun wagon, et monta dans le train ordinaire, comme une simple voyageuse, sous le nom de comtesse de Pierrefonds. Lorsqu'elle arriva à Londres, ni le comte de Persigny, ni aucun membre de l'ambassade n'allèrent à sa rencontre. Elle parcourut la ville dans une voiture de place. Personne ne la reconnaissait.

L'Empereur quitta Saint-Cloud, le 22 novembre, pour se fixer aux Tuileries. Le 27, il se rendit à Compiègne avec son fils. Il y chassa trois jours, et revint à Paris, le 30, avec le Prince Impérial, accompagné du comte de Morny, du comte Bacciochi et du général Fleury.

Pendant ce temps, l'Impératrice continuait son excursion en Angleterre et en Ecosse. Elle ne parvint pas à garder longtemps l'incognito, et partout où elle fut reconnue, les populations lui firent un chaleureux accueil. Celui qu'elle reçut à Manchester fut d'autant plus significatif qu'elle n'était pas attendue dans la grande cité manufacturière. Les cris de Vive la France! Vive la paix! retentirent sur son passage. Lorsqu'elle quitta Manchester, elle fut saluée depuis son hôtel jusqu'à la gare par les vivats de plusieurs milliers de personnes. Un détachement de volontaires, musique en tête, l'attendait à la station, et se joignit aux démonstrations de la foule.

De Manchester, l'Impératrice se rendit à Leamington, le 1er décembre. Son arrivée avait été tenue secrète. Mais le bruit s'en étant bientôt répandu, une foule considérable se porta sous les fenêtres de l'hôtel où elle était descendue. Le dimanche 2 décembre, elle alla à pied à l'église catholique où elle entendit la messe. A sa sortie une foule immense l'accompagna respectueusement jusqu'à son hôtel. Dans la soirée, elle quitta Leamington et se rendit à Londres.

Reçue en descendant du chemin de fer par le prince époux, l'Impératrice fut conduite dans une voiture de la cour au château de Windsor où l'attendait la reine; elle trouva réunis sur la plate-forme le maire et les principales autorités de la ville, ainsi que les officiers des troupes de la garnison, venus pour la complimenter. A son entrée au château, elle fut reçue par Sa Majesté britannique, accompagnée de la princesse Alice, du prince Alfred et des dames et gentilhommes de service. Le duc de Cambridge, le prince Louis de Hesse, lord Granville, le duc de Newcastle et lord Palmerston vinrent offrir leurs hommages à l'auguste visiteuse. La duchesse de Kent s'était également rendue à Windsor. Après une visite de deux heures, l'Impératrice repartit pour Londres au milieu d'acclamations. Pendant toute la durée de son séjour à Windsor, les cloches de l'église Saint-Jean n'avaient cessé de carillonner en son honneur.

Heureuse ou malheureuse, l'impératrice Eugénie a toujours été traitée par la reine Victoria comme une sœur.

Un article du *Morning Chronicle* contenait les lignes suivantes : « L'impératrice Eugénie est venue voir la reine à Windsor, mais elle est venue moins comme souveraine que comme personne privée. Ça été, nous en sommes convaincus, un grand plaisir pour notre reine de recevoir sa sœur de France aussi simplement qu'elle reçoit la visite d'une amie... Triste et souffrante comme est aujourd'hui l'Impératrice, toute réception officielle eût été on ne peut plus gênante pour elle... Un aimable échange de politesse entre l'Impératrice et la nation anglaise ne sera point sans effet... Tout Anglais qui a salué l'Impératrice ne songera plus à dire que les Français sont nos ennemis naturels. Si l'on se rappelle les anciennes guerres, que ce soit comme l'a fait récemment, à Perth, l'impératrice Eugénie, qui, apprenant qu'un vétéran qu'elle honorait de sa bienveillance était à la bataille de Waterloo, s'écria : « Il mérite d'autant plus d'honneur, car il eut à combattre un vaillant adversaire. »

Les Anglais qui, en 1855, avaient vu l'Impératrice joyeuse et radieuse, lors de son entrée triomphale à Londres et à Windsor, la revoyaient avec émotion pâlie, mélancolique, profondément affligée, mais toujours admirablement belle, en son vêtement de deuil.

Les journaux anglais parlaient tous de la souveraine dans les termes les plus respectueux et les plus sympathiques. On lisait dans le *Sun* : « La visite que l'Impératrice des Français vient de nous faire nous a profondément touchés. Sa Majesté est dans la douleur. Elle souffre d'une épreuve que chacun de nous comprend. Aussi, pourquoi l'impératrice Eugénie a-t-elle, au mois de novembre, fait choix de la brumeuse Albion, au lieu d'un climat plus doux ? C'est que Sa Majesté a pensé qu'elle trouverait une bienvenue tout exceptionnelle. Son attente n'a pas été déçue, et depuis le jour où elle a mis le pied sur le sol britannique, elle n'a eu qu'à se louer de l'accueil que lui ont fait partout toutes les classes de la société sans exception. Les Anglais voient en effet dans l'Impératrice des Français une princesse qui doit la haute position qu'elle occupe, non pas au hasard de la naissance, mais à son mérite et à sa grâce. Nous faisons donc du fond du cœur nos adieux à l'impératrice Eugénie, et nos vœux les plus sincères l'accompagnent à son retour en France »

De son côté, le *Moniteur* français s'exprimait ainsi : « Les manifestations sympathiques de la nation anglaise pour l'Impératrice ne peuvent que resserrer les liens des deux peuples; elles prouvent d'une manière évidente combien le bon sens des masses a su faire justice des attaques violentes et irréfléchies dont une certaine partie de la presse n'a pas craint de se faire l'organe. »

L'Impératrice s'embarqua à Folkestone, le 13 décembre, à dix heures du matin, et fit la traversée sur le *Corse*, bâtiment de la marine impériale, escorté par le *Pélican*. Elle débarqua à Boulogne vers une heure et demie. Arrivée à Amiens, elle y trouva l'Empereur, venu à sa rencontre. A six heures et demie du soir, tous les deux étaient à Paris, et il y avait aux Tuileries un dîner de famille.

Le voyage de l'Impératrice, qui revenait beaucoup mieux portante, avait duré juste un mois. Pendant l'absence de la souveraine, l'Empereur avait pris une grave résolution. Il était entré, par le décret du 24 novembre, dans une voie libérale.

XLVII

LE DÉCRET DU 24 NOVEMBRE

Le décret du 24 novembre fut, comme le traité de commerce avec l'Angleterre, une surprise, un vrai coup de théâtre. L'ancienne opposition se voyait complètement désarmée. Le silence régnait autour des institutions impériales. On ne s'attendait à aucune réforme, quand l'Empereur, agissant *proprio motu*, rendit ce décret qui introduisait dans le régime des modifications profondes :

1º Le Sénat et le Corps législatif étaient appelés à voter tous les ans, à l'ouverture de la session, une réponse au discours du trône, et, lors de la discussion de cette adresse, les commissaires du gouvernement devaient donner aux Chambres toutes les explications nécessaires sur la politique intérieure et extérieure.

2º Des ministres sans portefeuille étaient institués pour défendre, de concert avec le président et les membres du Conseil d'Etat, les projets de loi du gouvernement.

3º Les débats législatifs étaient reproduits *in extenso*.

4º On assurait au Corps législatif l'exercice du droit d'amendement.

Le journal officieux, le *Constitutionnel*, publia un long article dont on attribua la rédaction à l'Empereur, et qui fut considéré comme le commentaire du décret. Il y était dit : « Attentif à des symptômes qui pouvaient passer inaperçus pour d'autres, l'Empereur a reconnu que l'action, pourtant si efficace, des grands corps de l'Etat dans son gouvernement, ne se maintenait pas assez aux yeux du pays. Il a voulu que le concours si utile du Sénat et du Corps législatif fut plus libre, afin d'être mieux apprécié du pays. »

Le rédacteur de l'article ne ménageait pas les critiques au régime existant avant le décret. « L'état de choses qui vient d'être changé, disait-il, avait révélé dans la pratique certains côtés défectueux. Il n'y avait pas assez de moyens, pour le Gouvernement, de manifester sa pensée et de connaître celle du pays. Les discussions qui s'engageaient dans les Chambres étaient assurément très sérieuses, et quelquefois brillantes, mais elles étaient gênées par des restrictions trop étroites. La politique, qui ne saurait jamais être étouffée dans une assemblée française, ne se reproduisait que d'une manière anormale, et presque comme un article de contrebande. N'ayant pas de soupape, elle s'en allait par des fissures. Le Sénat et le Corps législatif souffraient de cette fausse situation. Le Gouvernement lui-même n'avait rien à y gagner. Calomnié souvent au dedans et au dehors, il ne pouvait se défendre avec autorité, et, quand sa voix s'élevait dans l'enceinte législative, elle était à peine entendue dans le pays. Nous pensons que cette situation sera heureusement modifiée par les dispositions nouvelles que l'Empereur a jugées nécessaires et opportunes. »

Les partisans du système parlementaire ne s'y trompèrent pas. Ils comprirent tout de suite que le décret du 24 novembre n'était qu'un commencement, un prélude de l'Empire libéral. Au premier abord, le système des ministres sans portefeuille, ministres orateurs, et des ministres avec portefeuille, ministres agissant, semblait un peu bizarre, et l'on se demandait comment pourrait fonctionner sans entraves ce double cabinet, formé, derrière le rideau, de ministres qui feraient les affaires sans les exposer et les défendre dans les délibérations législatives, et, sur la scène, des ministres qui ne feraient rien, mais qui viendraient exposer et défendre les actes de leurs collègues. Les esprits perspicaces devinèrent que le système n'était qu'une transition.

Un homme avisé, M. Eugène Forcade, qui rédigeait alors la chronique de la quinzaine dans la *Revue des Deux-Mondes*, écrivait le 1er décembre : « Nous ne serions pas surpris, quant à nous, que ce système n'aboutît nécessairement à la responsabilité ministérielle et à la formation de cabinets parlementaires sous la conduite d'un premier ministre. Notre conclusion paraîtra peut-être paradoxale ; nous croyons qu'on peut dès à présent la justifier. La Constitution actuelle n'a pas encore reconnu la responsabilité ministérielle, et c'est probablement à cette circonstance que nous devons l'institution transitoire des ministres de l'action et des ministres de la parole. »

Au fond, le chroniqueur de la *Revue des Deux-Mondes* était très satisfait : « C'est peu de chose encore, disait-il, si l'on ne regarde qu'aux dispositions positives du décret ; c'est beaucoup, ce peut être tout si l'on considère seulement la direction prise. » Chantant victoire, il rappelait avec ironie « le temps où des gens qui se croyaient habiles et profonds se faisaient les publicistes de la servitude, et décoraient leur lâche école de littérature d'État... L'abomination de la désolation, c'était alors le régime parlementaire. En prononcer le nom, c'était plus que de l'insolence, c'était de l'effronterie ; on eût dit une sorte d'obscénité politique. »

Impitoyable pour les anciens apologistes du pouvoir absolu, M. Forcade ajoutait : « En attendant que ces prudes d'hier aient accordé leurs instruments pour le concert d'aujourd'hui, — ce qui ne sera pas long, — qu'il nous soit permis de nous distinguer d'eux. Forçons-les à reconnaître que nous avons sur eux l'avantage auquel ils doivent être le plus sensibles : nous avons apprécié mieux qu'eux la force des circonstances, et nous avons mieux qu'eux jugé le caractère et l'esprit de l'Empereur. »

Le publiciste libéral exprimait bien la pensée de ses coreligionnaires politiques, quand il concluait ainsi : « Les changements dans les affaires humaines sont toujours si rapides et quelquefois si soudains que l'on ne peut jamais dire, au moment où l'aspect en est le plus défavorable, que l'on ne touche point, au contraire, aux occasions décisives. C'est en ce sens que ceux que la mauvaise fortune n'a ni corrompus, ni lassés, ont droit à revendiquer une part dans les victoires que les circonstances bien plus que leurs propres efforts, viennent à l'improviste procurer à leur cause. »

Les libéraux venaient de faire un premier pas ; ils étaient décidés à ne pas s'arrêter en route.

Dans le camp des impérialistes, la satisfaction était loin d'être générale. Beaucoup des partisans les plus dévoués de l'Empereur considéraient la Constitution de 1852 comme excellente, et ne voulaient à aucun prix voir renaître le parlementarisme, qui, à leurs yeux, était une source de discordes et de révolutions. D'après eux, un gouvernement fort, comme celui de Napoléon III, n'avait aucun intérêt à se laisser discuter, et le contrôle qu'il créait deviendrait bientôt un joug. Ces adeptes de l'absolutisme disaient qu'on ne doit pas remuer ce qui est tranquille, *quieta non movere*, et que l'Empereur était son propre ennemi, en se suscitant, de gaîté de cœur, des difficultés et des embarras qui iraient toujours en grandissant. C'est ainsi que parmi les impérialistes eux-mêmes il y avait déjà une droite et une gauche. Quant aux anciens partis, légitimistes, orléanistes, républicains, ils étaient tous résolus à se servir contre l'Empire des concessions que l'Empire accordait.

En résumé, les autoritaires trouvaient le décret du 24 novembre inutile, même dangereux; les libéraux le trouvaient tardif et incomplet. Dans la pensée du souverain, c'était un essai honnête et loyal. L'Empereur voulait habituer peu à peu la France à la liberté, pour voir si elle en saurait faire un emploi fructueux et raisonnable. L'expérience le déciderait soit à limiter les réformes, soit à en poursuivre le développement.

Divers changements dans les personnes et dans les attributions ministérielles coïncidèrent avec le décret du 24 novembre. Le ministère de l'Algérie fut supprimé et remplacé par un gouvernement général, qui eut son siège à Alger, et fut confié au maréchal Pélissier, duc de Malakoff. Le ministère de la Maison de l'Empereur fut séparé du ministère d'Etat, et le titulaire en devint le maréchal comte Vaillant. Le comte Walewski fut nommé ministre d'Etat en remplacement de M. Fould, démissionnaire, et l'on rattacha à son ministère les Beaux-Arts. Le marquis de Chasseloup-Laubat devint ministre de la Marine et des Colonies. Enfin, le comte de Persigny et M. de Forcade La Roquette remplacèrent, l'un à l'Intérieur, l'autre aux Finances, MM. Billault et Magne, nommés ministres sans portefeuille.

Cinq jours après le décret du 24 novembre, l'attention publique fut tout à coup portée vers l'Extrême-Orient. Le *Moniteur* du 29 annonça les victoires de Chang-Kia et de Palikao, et celui du 20 décembre l'entrée triomphale des alliés à Pékin et la conclusion de la paix.

Nous avons laissé les troupes françaises au moment où elles venaient de débarquer sur les rives du golfe de Petchili, et où, dans leurs campements de Sin-Ko, le 15 août, elles célébraient la fête de l'Empereur, et s'apprêtaient à attaquer les forts de Takou, qui dominent l'embouchure du Peï-Ho.

Jetons maintenant un rapide coup d'œil sur les

événements qui se déroulèrent depuis l'attaque de ces forts jusqu'à la signature du traité de Pékin. Nous nous servirons principalement, pour les raconter, des renseignements fournis par l'excellente relation du Dépôt de la Guerre.

XLVIII

LES FORTS DE TAKOU

L'embouchure de Peï-Ho est défendue par quatre forts très solidement construits, qu'on appelle les forts de Takou. Le 21 août est le jour fixé par les chefs des armées alliées pour attaquer ces redoutables défenses.

Sur chaque rive, à l'embouchure du fleuve, se dresse un fort énorme, battant la mer et les approches des estacades. En amont est un second fort, couvrant de ses feux le premier, et enfilant le fleuve. Pour protéger tout le système, un vaste camp retranché s'étend à la limite des lagunes et de la terre ferme. C'est là le théâtre de l'échec que la France et l'Angleterre ont subi en 1859, et qu'il s'agit de venger.

Le plan des alliés est celui-ci : s'emparer du premier fort du nord, qui n'est éloigné de Tang-

Ko que de 600 mètres environ ; attaquer ensuite le second fort en aval de la rive gauche avec l'aide des canonnières ; cette rive une fois entièrement occupée, débarrasser, pendant la nuit, le fleuve des obstacles voisins, et préparer ainsi un passage aux canonnières, qui, remontant jusqu'en arrière des forts du sud, pourront de là combiner leur action avec celle des troupes envoyées plus tard sur la rive droite, s'il en est besoin.

L'attaque ne sera pas facile. Construits à l'européenne, les quatre forts sont pourvus d'artillerie et défendus par des troupes très nombreuses. Glacis, talus, bastions, courtines, redans, demi-lunes, rien n'y manque. Les alliés attaqueront d'abord celui des quatre forts qui est le plus rapproché d'eux : le premier fort de la rive gauche du fleuve. Pour l'atteindre, il faudra traverser un abatis de bois, deux fossés, pleins d'eau, profonds de trois mètres, larges de huit, et deux ceintures redoutables, formées de bambous serrés et pointus. Après avoir franchi ces obstacles, on appliquera contre le parapet les échelles qui auront servi de ponts.

21 août. Cinq heures du matin. — La brigade Collineau débouche de Tang-Ko, et, se rapprochant de la rive gauche du fleuve, se place à la droite du corps anglais. L'artillerie chinoise ouvre immédiatement le feu. Les escadrilles commandées par les contre-amiraux Page et Jones s'avancent vers les bancs de la rive gauche, et, traçant leur sillon dans la vase, s'établissent près du pont choisi par le vice-amiral Charner.

A six heures, l'action est générale sur terre et sur mer. A sept heures, un immense panache de fumée, traversé par des flammes et emportant vers le ciel des masses noires informes, s'élève, avec une détonation effroyable, au-dessus du premier fort de la rive gauche. « C'est la poudrière qui saute, s'écrie le général de Montauban. Allez dire à Collineau de marcher de suite. » Les pièces de campagne prennent position à 500 mètres du fort.

Sept heures et demie. — Les colonnes d'assaut, commandées par le général Collineau, se précipitent. Les fossés sont franchis, les palissades abattues à coups de hache. On applique contre le parapet les échelles. Malgré la résistance acharnée de l'ennemi qui fait pleuvoir sur eux des boulets et des pierres, quelques hommes intrépides parviennent à escalader le mur. Le drapeau français est planté sur l'escarpe par le tambour Fachard. Le reste de la colonne couronne la crête et, sautant dans l'enceinte du fort, s'élance la baïonnette en avant. Les Chinois résistent encore avec une grande bravoure. Après avoir tiré leur dernier coup de fusil, ils prennent des pierres, des projectiles de toute sorte, et les jettent sur les assaillants. Puis ils luttent corps à corps, en redoublant d'acharnement et d'énergie. Mais les compagnies de soutien, venues au secours de la colonne d'assaut, et l'arrivée des troupes anglaises, les obligent à abandonner le fort. Les Français ont eu environ deux cents hommes tués ou blessés. Les pertes des Anglais sont égales.

Deux heures de l'après-midi. — Après une courte halte, les alliés se portent sur le second fort de la rive gauche, distant de deux kilomètres environ, et situé au bord de la mer. Tout à coup, on voit avec surprise flotter au mât qui s'élève sur le bastion de ce second fort un drapeau blanc. Les alliés dressent les échelles et gravissent les murailles, s'attendant à quelque piège. Un spectacle imprévu s'offre à eux. Dans l'intérieur du fort, trois mille Tartares, dépouillés de leurs armes et en posture de suppliants, demandent grâce. Non seulement on leur laisse la vie sauve, mais ne pouvant ni les nourrir, ni les garder, on leur donne la liberté et ils se dispersent dans la campagne.

A ce moment, un orage qui menaçait depuis le matin éclate. Le sol marécageux du pays se détrempe en un clin d'œil. Les canons enfoncent dans la boue jusqu'à l'esssieu. Le comte d'Hérisson, l'un des combattants, a écrit : « Si cette pluie était survenue quelques heures plus tôt, notre brillante victoire pouvait se transformer en une véritable défaite. Que de fois, dans l'histoire, une simple intempérie ne s'est-elle pas jouée de toutes les combinaisons stratégiques. » Le général de Montauban s'écrie : « Décidément, nous avons de la chance. »

Les deux forts de la rive droite du Peï-Ho restent encore intacts. Plusieurs parlementaires traversent le fleuve sur une jonque et somment les chefs de se rendre. Ceux-ci, après quelque hésitation, s'y décident et remettent aux alliés tous les ouvrages et tout le matériel. Le 22 août, à l'aurore, tout le cours du Peï-Ho est libre. L'échec de 1859 est vengé.

Le même jour, l'amiral anglais Hope, sans prévenir les Français et agissant par conséquent d'une manière contraire à ses instructions, prend avec lui trois canonnières, et remonte le fleuve jusqu'à Tien-Tsin. L'amiral Charner, dépité, le suit avec une extrême vitesse, mais n'arrive à Tien-Tsin que le second. Tous deux sont bientôt rejoints par les ambassadeurs de France et d'Angleterre, le baron Gros et lord Elgin, qui s'abouchent avec le commissaire impérial Kouei-Liang pour négocier la paix. L'accord semble d'abord facile. Kouei-Liang consent à tout ce qu'on lui demande. L'ultimatum du 8 mars est accepté. Il est convenu que le traité de 1858 recevra son entière exécution, et que les ambassadeurs de France et d'Angleterre se rendront à Pékin, avec une escorte convenable, pour en échanger les ratifications. On se croit donc arrivé au but quand, tout à coup, le commissaire chinois, alléguant qu'il n'a pas les pleins pouvoirs nécessaires, se refuse à signer les préliminaires de paix. Les négociations n'étaient qu'un leurre. Les Chinois n'ont voulu qu'une chose : gagner du temps.

Cependant la mauvaise saison approche, et, dans les environs de Pékin, l'hiver n'est guère moins rigoureux qu'en Sibérie. Le général de Montauban se rend compte du danger que les alliés, qui ne sont qu'une poignée d'hommes, courent au milieu d'un empire de quatre cents millions d'habitants. Ils ne peuvent être sauvés que par la rapidité foudroyante des mouvements militaires. La moindre défaillance, la moindre hésitation, le moindre retard perdrait tout.

Le baron Gros et lord Elgin ne se laissent pas jouer par les ruses et les atermoiements de Kouei-Liang. Le 7 septembre, ils lui notifièrent que les troupes alliées allaient se diriger vers Tong-Tcheou, ville située à quatre lieues de Pékin. Là seulement, ajoutaient-ils, les négociations pourraient être reprises si le gouvernement chinois envoyait des commissaires munis cette fois des pouvoirs nécessaires pour traiter définitivement. Kouei-Liang essaya de retenir les alliés à Tien-Tsin, en promettant que, sous trois jours, il leur serait donné satisfaction. Mais cette demande fut rejetée, et les troupes se mirent en marche dans la direction de Pékin.

Le baron Gros et lord Elgin s'étaient à peine mis eux-mêmes en marche qu'ils reçurent dépêches sur dépêches, expédiées par deux nouveaux commissaires chinois, le prince Tsaï, parent de l'empereur, et Muh, ministre de la guerre, qui les suppliaient de les attendre à Tien-Tsin pour y signer la paix. Sur le refus des deux ambassadeurs, les deux commissaires chinois demandèrent que les troupes alliées s'arrêtassent à six milles environ de Tong Tcheou, et qu'on envoyât dans cette ville des délégués français et anglais qui s'aboucheraient avec les commissaires et prépareraient le traité de paix, destiné à être ensuite signé par les ambassadeurs et ratifié à Pékin. « Nous donnons notre assentiment, disaient les plénipotentiaires chinois à tous les articles de la convention. Nous souhaitons vivement qu'après tant de preuves de bon vouloir le désir que nous avons de conclure la paix ne sera pas déçu, et nous aimons à croire que le même sentiment anime Vos Excellences. »

Pouvait-on croire que de telles protestations n'étaient qu'une nouvelle feinte? Malgré les soupçons que leur inspirait la duplicité chinoise, les ambassadeurs se crurent en droit d'espérer que la Chine ne voudrait pas, à quelques jours de distance, renouveler une comédie qui ne lui avait pas réussi, puisque les troupes alliées avaient continué leur marche en avant vers Pékin. Il fut donc convenu que les troupes alliées s'arrêteraient près de la ville de Chang-Kia, située à huit kilomètres de Tong-Tcheou, et que des délégués anglais et français se rendraient dans cette dernière ville, pour y prendre les mesures nécessaires avant la conclusion de la paix. Tout semblait arrangé, quand eut lieu le guet-apens du 18 septembre.

XLIX

LE GUET-APENS DE TONG-TCHEOU

Les délégués français, qui partent du bivouac de Hosihou pour Tong-Tcheou le 17 septembre, à cinq heures du matin, sont le comte Léon de Bastard, secrétaire de l'ambassade du baron Gros, et M. de Méritens, interprète de l'ambassade, suivis tous deux d'un lettré, d'un domestique et d'un palefrenier chinois.

A la même heure, le général de Montauban, à la tête de la colonne expéditionnaire, quitte le camp de Hosihou, pour aller le soir même s'établir à Mataou, à quatre ou cinq lieues de Tong-Tcheou, grande ville de quatre cent mille âmes.

Après avoir dépassé la colonne, MM. de Bastard et de Méritens rencontrent en chemin l'intendant Dubut, le colonel d'artillerie Grandchamp, l'abbé Duluc, interprète du général en chef, le capitaine d'état-major Chanoine, un officier d'ordonnance et deux officiers comptables, qui, escortés de huit hommes, se rendent également à Tong-Tcheou, avec des instructions relatives à l'approvisionnement et au campement des troupes. M. d'Escayrac de Lauture, chargé d'une mission scientifique en Chine, se rend aussi à Tong-Tcheou, suivi d'un lettré et d'un secrétaire.

Un peu en avant de Chang-Kia, village situé à 4,800 mètres de Tong-Tcheou, les délégués français aperçoivent de très nombreuses tentes tartares. Sur la route, comme dans la campagne, ils ont vu souvent des groupes de cavaliers prenant des directions diverses. Mais ils n'en ont pas conçu d'inquiétudes. Arrivés à Tong-Tcheou, ils y trouvent les délégués anglais. Ce sont MM. Normann et Parkes, l'un secrétaire, l'autre interprète de l'ambassade. Ils sont accompagnés par le colonel Walker, chef d'état-major de la cavalerie, le lieutenant Anderson, M. Loch, secrétaire particulier de lord Elgin, et M. Bowlby, correspondant du *Times*. Dix-neuf cavaliers hindous leur servent d'escorte.

M. de Bastard raconte ainsi, dans un rapport adressé au baron Gros, sa conférence avec le prince Tsaï : « Selon vos instructions, monsieur le baron, je fis demander par M. de Méritens, en termes formels, au prince Tsaï, s'il était muni de pleins pouvoirs ; il répondit affirmativement mais non sans avoir manifesté sa vive contrariété d'être en butte à pareille question, lui qui, dit-il, n'avait jamais menti, dont l'autorité était supérieure à celle de tous les plénipotentiaires, et dont la signature avait la même force que celle de l'empereur. Il prit ensuite connaissance du projet de convention préparé à Tien-Tsin, dont je laissai entre ses mains le texte chinois. Il n'y fit des objections que pour la forme, et il promit de faire prendre toutes les dispositions nécessaires pour faciliter le voyage de Votre Excellence à Tong-Tcheou et à Pékin, comme aussi pour l'établissement des marchés nécessaires à l'approvisionnement de l'armée qui, le lendemain même, devait camper, comme il était convenu, à cent mètres en avant de Chang-Kia. »

Le 18 septembre, à la pointe du jour, MM. de Bastard et de Méritens, croyant leur mission heureusement accomplie, et le capitaine Chanoine, quittaient Tong-Tcheou, laissant dans cette ville l'intendant Dubut, M. d'Escayrac de Lauture, le colonel Grandchamp, MM. Ader et Gagey, comptables de l'armée et leurs ordonnances. En route, ils apprirent que les Tartares occupaient en grand nombre le terrain destiné au campement du corps expéditionnaire français, et ils eurent la chance de pouvoir traverser leurs lignes sans être inquiétés et rejoindre le général de Montauban.

Il ne fallait plus en douter. Ce qui venait de se passer à Tong-Tcheou n'était, de la part des Chinois, qu'une comédie précédant une tragédie horrible. Les trente ou quarante mille Tartares réunis à Chang-Kia n'étaient là que pour attirer les troupes alliées dans un guet-apens et les écraser sous la supériorité du nombre. Les deux généraux en chef n'eurent pas un moment d'hésitation. Le 18, à l'instant même où ils venaient d'apprendre l'acte de perfidie des Chinois, ils prirent l'offensive, et marchèrent vers Chang-Kia à la rencontre de l'armée tartare. Ce coup d'audace leur réussit.

Entre les alliés et les premières troupes de l'armée tartare il y avait deux villages. Ils furent enlevés au pas de course par le colonel Poujot, avec des hommes des 101e et 102e de ligne et une compagnie du génie. L'artillerie suivait de près le mouvement. Les villages une fois traversés, elle s'établit, d'après les indications du chef d'état-major, le colonel Schmitz, sur une petite éminence d'où elle commença à foudroyer l'ennemi.

Au même moment, le général de Montauban, qui dirigeait l'ensemble des opérations, se tournait vers le colonel anglais Fowley, attaché à son état-major, et lui disait : « Colonel, je vous donne le commandement de l'escadron de sikhs que voilà. Chargez à la tête des vôtres. » Et il ajoutait, en s'adressant à son escorte de spahis :

« Messieurs, allez avec le colonel ! Et en avant ! » La charge, pendant laquelle le lieutenant de Damas tomba mortellement frappé d'une balle, s'enfonça comme un coin dans la masse chinoise. L'artillerie prit en écharpe les soixante pièces de canon de bronze que l'ennemi avait mises en batterie sur la digue du canal impérial. Le général de Montauban vint rejoindre en équerre les Anglais, tandis que les Tartares, déconcertés et démoralisés, s'enfuient dans la direction de Pékin. Il était deux heures. L'armée alliée était en marche ou en bataille depuis cinq heures du matin, chaque homme portant sous un soleil ardent six jours de vivres dans son sac.

Le comte d'Hérisson, qui prit part à la charge des sikhes et des spahis, a eu raison de le dire : « Jamais, peut-être, armée placée dans de telles conditions d'infériorité numérique et de fatigue physique n'avait déployé autant de calme, et n'avait fait preuve d'une façon plus parfaite de ces deux premières qualités du soldat, l'obéissance et la bravoure. » Le prestige du généralissime San-Ko-Li-Tsin, célèbre par ses victoires sur les rebelles, était détruit. Les tigres, soldats de la garde, à l'uniforme zébré de raies noires, jonchaient de leurs cadavres le théâtre de l'action. Les troupes alliées, dont les pertes étaient aussi minimes que celles de l'armée tartare étaient considérables, avaient complètement vaincu un ennemi à peu près dix fois supérieur en nombre.

On avait d'abord supposé que les négociateurs chinois étaient étrangers au guet-apens, et que l'initiative devait en être attribuée au généralissime San-Ko-Li-Tsin, qui passait pour être le chef du parti de la guerre. Un édit impérial, publié le 20 septembre, montre que le gouvernement chinois était bien loin d'avoir désapprouvé l'acte de trahison qui venait de s'accomplir. Il était dit dans ce curieux document : « Les barbares révoltés, pour satisfaire leur orgueil, sont venus menacer Tong-Tcheou avec une armée, exprimant en outre le désir d'amener leurs troupes à la capitale et de nous y voir. Si une prétention aussi insensée avait été concédée, comment aurions-nous pu nous présenter devant nos peuples ? Aussi avons-nous dû donner les ordres les plus sévères aux divers commandants des troupes d'amener de partout des cavaliers et des fantassins et d'aller combattre avec fureur. »

La proclamation impériale se terminait ainsi : « Cependant, si les barbares venaient à se repentir de leur crime et à le reconnaître, il faudrait les laisser jouir dans les différents ports de la liberté de commerce qui leur a été concédée précédemment, pour bien établir ainsi que nous sommes un empereur généreux et bienveillant. Si, au contraire, ils persévèrent dans leur révolte, que mon peuple tout entier fasse tous ses efforts pour les anéantir tous, et nous jurons ici que cette race abominable, si elle n'a pas voulu reconnaître ses crimes, sera exterminée tout entière. Que cet édit soit porté à la connaissance de tous et respecté par tous ! »

Le gouvernement chinois s'obstinait dans sa perfidie. Nous avons vu que le 17 septembre un certain nombre de Français et d'Anglais s'étaient rendus à Tong-Tcheou, et que, le 18, quelques-uns seulement purent revenir au camp des alliés. Les autres, au nombre d'environ trente-cinq, furent retenus prisonniers. Parmi eux se trouvaient le colonel de Grandchamp, l'abbé Duluc, M. Loch, M. Parkes, et le correspondant du *Times*, M. Bowlby. Les alliés espérèrent un instant que les Chinois, effrayés par leur défaite de Chang-Kia, consentiraient à rendre les captifs. Le 19 septembre, le second interprète de l'ambassade anglaise, M. Wade, reçut la périlleuse mission de se rendre à Tong-Tcheou comme parlementaire, et de réclamer leur délivrance. Les mandarins affectèrent de ne pas même comprendre ce qu'on leur demandait. « Les Européens, dirent-ils, sont partis de Tong-Tcheou bien avant la bataille, et nous ne savons pas ce qu'ils sont devenus. » Ce mensonge ne trompa point les alliés, qui conçurent, hélas ! non sans raison, les plus vives inquiétudes sur le sort des malheureuses victimes du guet-apens. Après la victoire de Chang-Kia, ils n'étaient pas entrés dans la ville, qu'ils avaient laissée à une demi-lieue à leur droite. Les généraux en chef décidèrent de continuer la marche sur Pékin et d'attaquer Palikao, le camp des Tartares, commandés par San-Ko-Li-Tsin.

L

LA BATAILLE DE PALIKAO

A 5 kilomètres en avant des bivouacs que les alliés occupent à Chang-Kia se trouve la ville de Tong-Tcheou reliée à Pékin par une route de douze kilomètres, ouvrage des anciennes dynasties. Cette route traverse, au village de Palikao, et sur un solide pont de pierre aux grandes arches, le canal qui joint le Peï-Ho à la capitale. C'est en avant et en arrière de ce pont, sur un terrain longtemps étudié et préparé d'avance, que le généralissime chinois a disposé ses troupes, dont l'effectif paraît être de cinquante à soixante mille hommes.

Les Français disposent de cinq mille baïonnettes, de quelques cavaliers d'escorte et d'une petite artillerie. Les Anglais ont à peu près le même effectif, un peu moins de fantassins, mais une cavalerie plus nombreuse. Telle est la petite phalange, qui, sans la supériorité de son armement et sans la perfection de son tir, ne pourrait pas soutenir une lutte si disproportionnée au point de vue du nombre.

Le 21 septembre, à cinq heures et demie du matin, les troupes alliées quittent leurs bivouacs de Chang-Kia, et s'avancent dans la direction de Palikao, pour y attaquer l'armée tartare.

Une petite colonne se porte en avant, sous le commandement du général Collineau. Le général Jamin suit le mouvement. A l'extrémité de la droite des Français marchent le général de Montauban et son état-major. Les Anglais viennent ensuite.

Le plan de la bataille est celui-ci : Les Français attaqueront le grand pont de pierre de Palikao, tandis que les Anglais, s'étendant sur la gauche, chercheront un point de passage sur un pont de bois situé en amont et à trois kilomètres du pont de pierre, le traverseront, et se rabattront sur les ennemis en les prenant à revers.

La lutte s'engage à sept heures du matin. Arrivés à quatre kilomètres du pont de pierre, les Français voient s'avancer en très bon ordre et au petit trot la masse énorme de la cavalerie tartare, qui forme un immense arc de cercle. On n'entend pas dans ses rangs le moindre commandement. Les évolutions des Tartares sont indiquées par des bannières qui se meuvent de haut en bas, comme des signaux de marine. Les premiers escadrons arrivent au trot jusqu'à cinquante mètres des tirailleurs français, qui culbutent des chevaux du premier rang. Si un seul bataillon se laissait entamer, l'armée alliée ne tarderait pas à être enveloppée de toutes parts. Mais le généralissime chinois fait en vain charger en masse toute sa cavalerie. Au centre, la charge, répétée plusieurs fois avec des cris sauvages, est repoussée par les fuséens, une batterie de 12 et les chasseurs à pied. A gauche, elle vient se briser contre la poignée d'hommes du général Collineau, et recule devant la cavalerie anglaise qui vient de déboucher sur le champ de bataille. A droite, elle est repoussée par le 101e de ligne, disposé avec habileté et avec sang-froid par son chef le colonel Pouget. Pris en écharpe par l'artillerie du colonel de Bentzmann, les cavaliers tartares commencèrent un mouvement de retraite.

Voyant que ses troupes sont sorties victorieuses du cercle qui les menaçait, et ne craignant plus rien pour la position de sa gauche, depuis l'arrivée de l'armée anglaise, le général de Montauban fait se rapprocher de lui le petit corps du général Collineau, et lui ordonne de tourner le village de Palikao, par un mouvement de conversion à droite, en gagnant le bord du canal, tandis que le général Jamin attaquera de front le village. Il est enlevé malgré la vive résistance de l'infanterie chinoise, qui le défend pied à pied, mais en vain, à cause de l'infériorité de son armement.

La prise du village ne termine pas la lutte. Il s'agit maintenant de s'emparer du pont de Palikao, principal objectif de la bataille. Pendant que le général Collineau, arrivé sur le bord du canal, prend le pont en écharpe avec son artillerie, le général en chef ordonne au colonel de Bentzmann de faire avancer les fuséens et la batterie de 12, pour battre le pont d'enfilade, et pour tirer sur les servants des dix pièces qui le défendent. Heureusement pour les Français, les Chinois ont l'artillerie la plus défectueuse, et les boulets passent au-dessus de la tête des assaillants.

La conduite des chefs chinois n'en est pas moins digne de grands éloges. Sur la chaussée du pont, désignés à la mort par leurs somptueux costumes, ils agitent des étendards, et répondent à découvert par un feu impuissant à celui des pièces et de la mousqueterie françaises. C'est l'élite de l'armée qui se dévoue pour protéger une retraite précipitée. Les servants des dix pièces se font tuer sur leurs canons par les chasseurs à pied du 2e bataillon. La bataille est gagnée. Le général Collineau passe le pont et s'engage sur la droite de la route de Pékin, dans la direction prise par la masse des fuyards. Le général en chef le suit avec le reste de ses troupes. Il est midi. On s'est battu cinq heures de suite.

Justement fier de ses subordonnés, et spécialement de son fils, un futur général, qui, décoré depuis six ans déjà sur le champ de bataille en Crimée, venait de se battre vaillamment, le vainqueur rayonnait de joie. Citons encore M. de Hérisson, dont le *Journal d'un Interprète en Chine* est un tableau si vivant, si animé, de cette fabuleuse expédition : « Montauban, entouré de tous ses officiers, et salué par les acclamations de ses soldats, passait devant les lignes en s'essuyant le front. Sa figure martiale et sévère était illuminée par un bon sourire de satisfaction. Voyait-il en pensée, à travers les airs, sous le beau soleil de la victoire, la Renommée lui apportant les honneurs militaires, la médaille du soldat et du commandant en chef, la grand'croix de la Légion d'honneur, un siège au Sénat, et ce titre de comte chinois qui ressemblait aux surnoms que les Romains donnaient à leurs généraux vainqueurs ? Je n'en sais rien. Mais certainement il ne soupçonnait pas, et nous ne soupçonnons pas plus que lui toutes les calomnies, toutes les basses et mesquines jalousies qui l'accueillirent à son retour dans la patrie, et cette invraisemblable ingratitude d'un parlement qui ne se souvint de ses victoires que lorsque la patrie déjà ne pouvait plus être sauvée. »

Les résultats de la journée de Palikao semblaient tenir du miracle. Tandis que l'ennemi eut plus de douze cents hommes hors de combat, les Français ne comptèrent que trois tués et dix-huit blessés, et les Anglais deux tués et vingt-neuf blessés. Un grand nombre de canons, un monceau de paquets de flèches, d'arcs, de carquois, des milliers de fusils à mèche, une foule de bannières, et entr'autres la grande bannière impériale du généralissime San-Ko-Li-Tsin, tombèrent entre les mains des vainqueurs. Le soir, ils couchèrent sous les tentes abandonnées par les vaincus, à douze kilomètres de Pékin.

On s'est demandé pourquoi les armées alliées n'avaient pas profité de leur succès pour s'avancer immédiatement jusqu'aux remparts de la capitale. La cause en est que la marche précipitée des derniers jours et les deux combats de Chang-Kia et de Palikao avaient presque épuisé les ressources en vivres et en munitions. L'infanterie des Français n'avait plus de cartouches de réserve, et il ne restait plus à leur artillerie que quarante-sept coups par pièce. Les approvisionnements de vivres touchaient à leur fin. Les Anglais se trouvaient dans des conditions analogues. Les généraux en chef ne jugèrent pas prudent de se présenter encore devant une ville de deux millions d'habitants. Ils décidèrent d'appeler à eux toutes leurs forces, et de ne quitter leur campement de Palikao qu'après avoir reçu tout ce que Tien-Tsin pourrait leur fournir en hommes, en munitions et en subsistances. La halte allait durer du 22 septembre au 5 octobre.

Le 24 septembre, le baron Gros et lord Elgin reçurent une dépêche chinoise. Elle était du prince Kong, frère puîné de l'empereur. Le prince annonçait que Tsaï et Muh, ayant mal mené les affaires, avaient été destitués, et que lui, prince de la famille, était nommé commissaire impérial, avec les pouvoirs les plus étendus pour traiter et conclure la paix. Il demandait donc aux deux ambassadeurs de faire cesser les hostilités, mais il ne parlait ni des événements du jour, ni des prisonniers de Tong-Tcheou, qui venaient d'être transférés à Pékin. Le baron Gros et lord Elgin répondirent qu'avant de suspendre les hostilités et d'entrer en pourparlers, il fallait que ces prisonniers fussent rendus dans leurs camps respectifs. Le prince Kong n'ayant voulu consentir à la délivrance des captifs qu'en la subordonnant à la conclusion de la paix, les deux ambassadeurs remirent les choses entre les mains des généraux en chef qui décidèrent que, le 5 octobre, les troupes alliées reprendraient leur marche en avant.

LI

LE PALAIS D'ÉTÉ

Les armées alliées ont complété leurs forces dans leur campement de Palikao. Le 102ᵉ de ligne, une compagnie de génie, une batterie et 270 hommes d'infanterie de marine, ont rejoint l'armée française, qui compte dès lors, 4,000 hommes, avec trois batteries. L'armée anglaise présente à peu près le même effectif. Le général de Montauban laisse une compagnie à Chang-Kia, deux autres à Palikao et à Tong-Tcheou. Il amène avec lui une colonne d'ambulance légère et cinq jours de vivres.

Le 5 octobre, les deux armées quittent Palikao, et se mettent en marche dans la direction de Pékin. Le soir, elles s'établissent à cinq kilomètres de la capitale, dans un village dont les maisons sont groupées autour d'une dizaine d'immenses fours à briques. Du faîte de l'un deux, on aperçoit à l'horizon les toits de Pékin.

Le 6 octobre, on se remet en marche. Les deux armées s'éloignent l'une de l'autre, et bientôt se perdent de vue.

Dans la journée, les Français apprennent que l'armée tartare s'est retirée dans la direction de Yuen-Ming-Yuen, le Palais d'Eté, magnifique résidence impériale, située à quelques kilomètres au nord-ouest de la capitale. Ils se proposent de la poursuivre. A sept heures du soir, ils traversent le village d'Haï-Tien, dont les habitants étonnés ferment en toute hâte leurs maisons. Ils franchissent un pont magnifique jeté sur un canal, et s'avancent, par une route en dalles de granit, sur une esplanade plantée de grands arbres en quinconces, et présentant de l'analogie avec la place d'armes de Versailles. Au fond de cette esplanade apparaît le Palais d'Eté. L'entrée en est fermée par une porte très solide au milieu, et par des barrières à droite et à gauche.

Peut être des troupes tartares sont-elles massées dans la cour et les jardins. Le général en chef envoie le lieutenant de vaisseau de Pina, avec une compagnie d'infanterie de marine, pour reconnaître la position. Arrivé à la grande porte du palais, M. de Pina somme les gardiens d'ouvrir. Sur leur refus, il fait apporter une échelle et escalade le mur, suivi de M. Vivenot, enseigne de vaisseau. Des Tartares tirent sur les deux audacieux officiers qui reçoivent l'un et l'autre une blessure. Mais les hommes d'infanterie de marine viennent à leur secours et les Tartares prennent la fuite. La grande porte est ouverte. Le général Collineau, avec une partie de sa brigade, occupe la première cour du palais, et reste jusqu'au lendemain dans cette situation. Il serait dangereux de s'engager au milieu des ténèbres, dans les constructions immenses du palais. On attendra le jour pour y pénétrer.

Résidence favorite de l'empereur Hien-Fung, qui le préfère à sa résidence de Pékin, où il ne vient que pour présider les cérémonies annuelles, le Palais d'Eté dépasse en splendeurs et en bizarreries somptueuses tout ce que pourrait rêver une imagination orientale. Le matin du 7 octobre, on dégage les portes barricadées pendant la nuit; on les ouvre. Le général de Montauban, accompagné des généraux Jamin et Collineau et du colonel Schmitz, entre dans la merveilleuse résidence, silencieuse et déserte, abandonnée par le souverain chinois depuis la veille. « Il est impossible, dit le général en chef dans son rapport, de décrire la magnificence des constructions nombreuses qui se succèdent sur une étendue de quatre lieues et qu'on appelle le Palais d'Eté; succession de pagodes renfermant toutes des dieux d'or et d'argent ou de bronze d'une dimension gigantesque. Ainsi un seul dieu en bronze, un boudha, a une hauteur d'environ soixante-dix pieds, et tout le reste est à l'avenant, jardins, lacs et objets curieux entassés depuis des siècles dans des bâtiments de marbre blanc, couverts de tuiles éblouissantes; qu'on ajoute à cela des points de vue d'une campagne admirable. »

Quel coup d'œil féerique! Quel entassement de richesses! Quelle accumulation de merveilles! Séparés les uns des autres par des lacs, des ponts, des collines artificielles, les innombrables maisons de plaisance dont l'ensemble constitue ce qu'on appelle le Palais d'Eté, semblent jetées pêle-mêle dans un parc immense dessiné en rectangle et entouré de murs. Les bâtiments occupés par l'Empereur sont superbes. Rien de plus majestueux que la salle du trône. Elle a cinquante mètres de long, vingt mètres de large et quinze mètres de hauteur. Dans l'oratoire, les murs, les plafonds, les dressoirs, les sièges, les piédestaux, tout est en or, semé de pierreries. Dans les salles d'apparat, comme dans les plus petites pièces, c'est une prodigieuse accumulation de choses précieuses et d'objets d'art : candélabres, cristaux, porcelaines, brûle-parfums, divinités fabuleuses, objets en jade orientale, en or, en argent, en laque, disposés sur des étagères ainsi que dans les musées d'Europe. Près des bâtiments habités par l'empereur on trouve des magasins remplis de soie, de fourrures, de vivres, de tout ce qui est nécessaire pour l'entretien de sa maison militaire qui ne contient pas moins de dix mille personnes. Les Jésuites venus en Chine au xviie et au xviiie siècles, et alors en grande faveur à la cour de Pékin, ont sans doute donné des conseils pour la construction de ce Versailles de l'Extrême-Orient, ce Versailles bien plus spacieux encore que celui de Louis XIV.

Le parc, dont les murs, très élevés, n'ont pas moins de quatorze kilomètres de tour, n'est pas moins curieux que le palais. Voici les grottes profondes, pleines de statues de dieux et d'animaux. Voilà le grand lac avec l'embarcadère des barques impériales, et le bateau de pêche du souverain. Voilà la réduction exacte de la tour de Nankin, aux innombrables étages. Partout des pavillons et des pagodes, des ruisseaux et des îles, des bosquets et des labyrinthes, des observatoires et des kiosques. On va de surprise en surprise et d'éblouissement en éblouissement.

Le général de Montauban, au fur et à mesure qu'il avance dans sa tournée d'inspection, fait placer des sentinelles, et confie à deux officiers, MM. de Brives et Schœlcher, capitaines d'artillerie, le soin de veiller à ce que tout reste intact, jusqu'à l'arrivée des Anglais, dont on n'a pas encore de nouvelles, bien que sur l'esplanade, en face du palais, on ait tiré toutes les cinq minutes pendant une heure un coup de canon pour leur indiquer l'endroit où se trouve l'armée française. Les deux capitaines s'acquittent scrupuleusement de leur mission; aucun objet n'est détourné, tant que dure leur surveillance. Il n'en sera malheureusement pas de même par la suite.

À onze heures et demie, l'armée anglaise arrive enfin. Sir Hope Grant et lord Elgin entrent dans le Palais d'Été. Aussitôt des commissaires, relevant les deux capitaines, sont désignés pour recueillir les objets les plus précieux dont il doit être fait un partage égal entre les deux armées. Le soir même, dans la salle du trône, la répartition a lieu entre les chefs alliés. Le général de Montauban fait mettre de côté un choix des objets les plus remarquables qui seront offerts à Napoléon III, à l'impératrice Eugénie et au Prince Impérial. (Ce sont ceux qu'on a vus plus tard au palais de Fontainebleau, dans une pièce qui a pris, pour cela même, le nom de Musée chinois). Une collection semblable est destinée à la reine d'Angleterre.

Le lendemain, 8 octobre, de nouvelles recherches amènent la découverte de lingots d'or et d'argent qui, à titre de prises, sont partagés d'une manière régulière et proportionnellement aux grades. Le lot des simples soldats ou marins s'élève à environ 180 francs.

Jusque-là toutes les règles de la discipline ont été strictement maintenues. Il n'en sera plus de même dans la journée. On apprend tout à coup que les Chinois du voisinage ont pénétré dans le parc, puis qu'ils ont appliqué des échelles aux murs du palais, et qu'ils ont commencé à piller. On signale en même temps des tentatives d'incendie partiels. Un premier appel de trompette retentit. Une compagnie en armes est commandée pour punir les pillards chinois. Un second appel de trompette se fait entendre. On demande des soldats sans armes avec des bidons et des marmites pour faire la chaîne et empêcher les ravages du feu.

C'est alors que se produit, aux portes gardées, une poussée violente, irrésistible. Les sentinelles sont emportées. Tout le monde entre avec la compagnie en armes et les travailleurs demandés. Chacun s'empare de ce qui lui tombe sous la main. « Montauban, avec toute son énergie, a dit M. d'Hérisson, n'aurait pas été plus capable d'empêcher ses troupes de passer par la grande porte du Palais d'Été que Napoléon, avec son prestige de demi-dieu, n'aurait pu arrêter ses armées au moment du sauve-qui-peut de Waterloo... Il y avait des troupiers la tête enfoncée dans les coffres de laque rouge de l'impératrice, d'autres à moitié ensevelis dans des amoncellements de brocarts et de pièces de soie, d'autres qui mettaient des rubis, des saphirs, des morceaux de cristal de roche dans leurs poches, dans leur chemise, dans leur képi, et qui se chargeaient la poitrine de grandes perles... C'était un rêve de mangeur de haschich. » Les Anglais pillaient comme les Français, mais avec plus de méthode.

Le 9 octobre, les alliés quittaient le Palais d'Été et prenaient la direction de Pékin. Dans la journée, ils virent revenir quelques-unes des victimes du guet-apens de Tong-Tcheou, que le gouvernement chinois s'était enfin décidé à relâcher, mais après leur avoir fait subir les traitements les plus horribles. C'étaient M. Parkes, M. Loch, M. d'Escayrac de Lauture, un soldat anglais et quatre soldats français. Le colonel de Grandchamps, l'intendant Dubut, l'officier comptable Ader, trois soldats français, M. de Normann, le lieutenant Anderson, M. Bowlby et treize soldats anglais avaient péri dans les tortures. Le gouvernement chinois renvoya leurs cercueils. Trois prisonniers ne furent rendus ni vivants ni morts : l'abbé Duluc, le capitaine anglais Brabazon et un soldat, son compatriote.

Quand elles apprirent tous les détails des cruautés abominables commises par les Chinois, les armées alliées éprouvèrent une vive indignation. Il n'était plus permis de les tromper encore, et c'est à Pékin même que les vainqueurs devaient dicter des lois aux vaincus.

Une proclamation en langue chinoise fut adressée, le 18 octobre, par le général de Montauban aux habitants de la capitale et des campagnes environnantes. Il y était dit : « Les troupes françaises et anglaises se trouvent aujourd'hui devant Pékin. Leur drapeau flotte sur les murs de la ville; elle est en leur pouvoir, et c'est par bienveillance pour les habitants inoffensifs qu'elle renferme que les alliés n'ont pas voulu en occuper l'intérieur. » Après avoir flétri « l'acte de perfidie et de cruauté exercé contre les prisonniers avec une barbarie sans exemple dans l'histoire », le général en chef ajoutait : « De nouvelles conditions de paix sont offertes par les ambassadeurs de France et d'Angleterre au prince Kong. Si le gouvernement impérial rejetait ces propositions, ou s'il les laissait sans réponse, le commandant en chef ne serait pas responsable des malheurs que les autorités chinoises auraient attirés sur la ville. Cette proclamation est adressée aux habitants de Pékin et des campagnes environnantes par bienveillance pour eux. Fait au quartier général français, sur les remparts de la ville, à la porte Nganting, 18 octobre 1860. »

Le même jour, les Anglais, plus vindicatifs et plus implacables que les Français, crurent nécessaire de frapper un grand coup par un terrible exemple. Lord Elgin fit détruire de fond en comble et incendier tout ce qui restait du Palais d'Été. En vain le baron Gros et le général de Montauban essayèrent de lui faire comprendre que ce serait là une action sans profit et sans gloire qui pourrait mettre fin aux négociations, en décidant le prince Kong à prendre la fuite. L'ambassadeur fut inflexible. Il envoya une division anglaise qui procéda méthodiquement à l'incendie. Le palais, les pagodes, les musées, les magnifiques bibliothèques, tout fut livré aux flammes. Il ne resta plus que des cendres.

LII

LE TRAITÉ DE PÉKIN

Le dénouement approchait. L'hiver allait bientôt couvrir de neiges et de glaces les routes, les canaux et le Peï-Ho. Lord Elgin manifesta inutilement le désir de faire hiverner les armées alliées à Pékin. Le général de Montauban lui déclara que sous aucun prétexte l'armée française ne resterait devant Pékin après le 1er novembre. Au moment où le prince Kong hésitait encore à traiter, et où l'on pouvait craindre qu'imitant l'empereur son frère il ne prît la fuite, ce qui aurait tout arrêté, le général Ignatieff, ministre de Russie en Chine, interposa ses bons offices. Le prince paraissait redouter pour lui-même un guet-apens pareil à celui dont les prisonniers de Tong-Tcheou avaient été victimes; le général le rassura, et, d'après la relation du Dépôt de la Marine, il alla même jusqu'à proposer de se rendre en otage dans le camp tartare pendant que les ratifications du traité seraient échangées entre le prince et les ambassadeurs d'Angleterre et de France. Ajoutons que, le 18 octobre, la vue des flammes qui dévoraient le Palais d'Été, et que l'on pouvait apercevoir du haut des remparts de Pékin, hâta la conclusion de la paix. Dans la crainte d'un bombardement de la capitale, le prince Kong céda devant l'ultimatum qui lui était adressé, et les puissances alliées obtinrent tout ce qu'elles demandaient.

Les clauses du traité conclu à Tien-Tsin, le 27 juin 1858, étaient toutes confirmées. Le gouvernement chinois exprimait formellement son regret pour l'attaque dont les pavillons de France et d'Angleterre avaient été l'objet à l'embouchure du Peï-Ho, le 25 juin 1859. Il payait à la France une somme de 8 millions de taels (60 millions de francs) et autant pour l'Angleterre. Les établissements religieux confisqués aux chrétiens pendant les persécutions dont ils avaient été victimes leur étaient restitués. Le paisible exercice de la religion et la libre propagande des missionnaires devaient avoir lieu sans nulle entrave dans toute l'étendue de l'empire. La ville et le port de Tien-Tsin étaient ouverts au commerce étranger. Les agents diplomatiques des deux puissances alliées pourraient se rendre à Pékin toutes les fois qu'une affaire importante les y appellerait. Deux indemnités de 1,500,000 francs chacune était accordées à la France et à l'Angleterre pour les victimes du guet-apens de Tong-Tcheou et leurs familles.

La signature des traités et l'échange des ratifications eurent lieu à Pékin, au palais du Li-Pou (Tribunal des Rites) le 24 octobre pour les Anglais, et le 25 pour les Français.

24 octobre. — Le cortège de sir Hope Grant et de lord Elgin se compose d'une centaine de dragons de la reine dans une fort belle tenue, d'une cinquantaine de sikhs à cheval, de deux régiments d'infanterie anglaise de 500 hommes chacun et d'un détachement de sikhs à pied. Lord Elgin fait son entrée dans une chaise entourée de 16 porteurs élégamment vêtus. Il témoigne au prince Kong une raideur hautaine et calculée, comme pour lui faire comprendre que la signature du traité est un acte de mansuétude de la part des Anglais qui auraient renversé la dynastie s'ils l'avaient voulu.

25 octobre. — A onze heures du matin, le général de Montauban et le baron Gros se mettent en marche avec leur escorte, pour se rendre au palais du Tribunal des Rites où le prince Kong les attend. Toutes les troupes du corps expéditionnaire sont représentées dans l'escorte : spahis avec leur manteau écarlate et leurs housses de selle neuves ; chasseurs d'Afrique avec des casques garnis d'un turban bleu de ciel ; escadron complet d'artillerie à cheval, portant des habits et des képis confectionnés à Shang-Haï, pour remplacer les effets perdus sur le bâtiment la *Reine des Clippers*; marins et infanterie en tenue de campagne.

Le groupe des clairons et des tambours de toute l'armée française et la musique du 101e de ligne ouvrent la marche.

Puis vient le baron Gros, — un vétéran de la diplomatie, il a 67 ans. — Le drapeau du 101e, celui du 102e et celui de l'infanterie de marine précèdent son palanquin porté par huit coolies en livrée, dont les chapeaux sont garnis de franges tricolores. L'ambassadeur est en habit noir, son uniforme ayant disparu dans le naufrage de l'*Isère*. Mais tous les membres de son ambassade, se tenant à cheval autour de lui, sont en uniforme. Le traité de Tien-Tsin et les sceaux de l'ambassade sont portés devant lui par quatre sous-officiers.

Vient ensuite, en grand uniforme, la plume blanche au chapeau, sur un cheval superbe, le général de Montauban qui, malgré ses 64 ans, a la belle prestance d'un jeune homme. Il est suivi par les généraux Collineau et Jamin, les colonels de Bentzmann et Schmitz, le commandant Campenon, les capitaines de Montauban et de Bouillé, tout l'état-major.

Derrière le général s'avancent les troupes

d'escorte. L'escadron d'artillerie à cheval ferme la marche.

A l'entrée de la ville, quinze mandarins en grande tenue à cheval reçoivent l'ambassadeur, le complimentent et le conduisent au Tribunal des Rites, où le prince Kong l'attend.

Le temps est magnifique. Une population plus compacte que celle de Paris les jours de fête se presse sur l'itinéraire du cortège, sans donner le moindre signe de malveillance. Aucun désordre. Des mandarins de tout grade font circuler la foule de manière à laisser libre le milieu des rues qui ont, sur les points parcourus, une largeur de trente mètres. Le cortège, sans s'arrêter, met plus d'une heure et demie à traverser ainsi les trois quarts de la ville. Le voilà arrivé devant le palais du Tribunal des Rites.

L'ambassadeur entre dans la cour en palanquin. Voyant le prince Kong se lever avec toute sa suite et venir au-devant de lui, il fait arrêter les porteurs, et va rejoindre à pied le prince, avant que celui-ci ait franchi le seuil de la salle. Le baron Gros s'incline, et prend la main que lui tend le prince. « Je remercie, dit-il, Votre Altesse Impériale d'avoir bien voulu envoyer des mandarins pour me recevoir aux portes de la ville. Je suis heureux de venir signer une paix qui, je l'espère bien, ne sera jamais troublée à l'avenir, et je n'exprime que les sentiments de Sa Majesté l'empereur des Français, en formant les vœux les plus sincères pour qu'il en soit ainsi. » Le prince donne une seconde fois la main à l'ambassadeur, et lui indique le fauteuil préparé pour lui à sa gauche (en Chine la gauche est la place d'honneur). Le général de Montauban est à la gauche du baron Gros. Les officiers de son état-major et de l'armée occupent le côté gauche de la salle. MM. de Bastard et de Vernouillet, secrétaires de l'ambassade et les deux interprètes sont entre le prince et l'ambassadeur. Une foule de mandarins à globules de toutes couleurs remplit le côté droit de la salle. Tous, comme le prince lui-même, sont en robe de cérémonie, avec leurs doubles chapelets d'ambre au cou.

Le prince signe le premier les quatre textes chinois du traité de Pékin, et l'ambassadeur signe le premier les quatre textes français. Quand les signatures ont été données et les sceaux appliqués sur les huit exemplaires, le baron Gros dit au prince que la paix étant heureusement rétablie entre les deux empires, une salve de vingt-et-un coups de canon va être tirée par l'artillerie française.

A ce moment, le prince Kong, qui est un jeune homme de vingt-deux ans, très distingué de visage, d'allures et de manières, fait remarquer qu'il est venu plein de confiance, et sans un seul soldat tartare ou chinois, se placer au milieu d'une armée française. Le baron Gros lui répond : « Cette confiance me prouve que Votre Altesse Impériale connaît la loyauté du souverain que j'ai l'honneur de représenter. »

On procède ensuite à l'échange des ratifications du traité conclu à Tien-Tsin, le 27 juin 1858, et dont le traité de Pékin est le complément.

Avant de se retirer, l'ambassadeur offre au prince les photographies de Napoléon III, de l'Impératrice, du Prince Impérial et une collection de monnaies françaises.

Après avoir remercié le baron Gros, le prince Kong serre la main du général de Montauban, et le félicite de ses talents militaires et de la valeur de ses soldats.

Quand la cérémonie fut terminée, la nuit était venue. Au moment où le cortège repartit du Tribunal des Rites, une splendide illumination de lanternes remplissait toute la ville de lumière.

Il existait à Pékin un cimetière catholique concédé deux siècles auparavant aux missionnaires portugais. Il était fermé depuis vingt ans, mais il n'avait pas été profané par les Chinois, qui ont le respect des tombes. C'est là que se trouvaient les restes de plusieurs jésuites, missionnaires célèbres, le père Gerbillon, le père Ricci et le père Shaal, qui fut le précepteur, puis le ministre d'un empereur de Chine. Ce cimetière venait d'être rendu à Mgr Mouly, évêque du Pé-Tché-Li et de Pékin. On décida que les six victimes françaises du guet-apens y seraient inhumées. La cérémonie funèbre eut lieu le 28 octobre. L'armée et l'ambassade y assistaient. Les six corps furent portés chacun sur un chariot d'artillerie, recouvert d'un drap de velours noir, avec une croix blanche. Sir Hope Grant et son état-major s'étaient joints au cortège, qu'attendait, au cimetière, le général Ignatieff, ministre de Russie, qui, dans toutes ces circonstances, avait prêté aux Français un concours si loyal et si efficace. Les dernières prières furent récitées sur les tombes par Mgr Mouly et l'abbé Trogaro, aumônier supérieur de l'armée.

Le lendemain 29 octobre eut lieu une cérémonie imposante entre toutes, couronnement magnifique d'une expédition qui se terminait comme une croisade. La cathédrale de Pékin était rendue au culte catholique, après une interruption de trente-cinq années. Construit en 1657, rebâti en 1707, restauré après un incendie en 1757, cet édifice, depuis qu'il était abandonné, présentait l'aspect le plus triste. La croix de fer qui le surmontait avait été abattue en 1853, tableaux, stalles, autels, confessionnaux, trône épiscopal, tout avait été enlevé. Il ne restait plus que les gros murs. Les ronces et les broussailles obstruaient la façade. En quelques jours, les troupes du génie, aidées par les soldats de toutes armes, et par les prêtres chinois et français, remirent tout en bon état. Se souvenant de leur enfance, de l'église où ils avaient reçu le baptême et fait leur première communion, ils travaillèrent avec une activité prodigieuse, comme pour remercier Dieu qui les avait protégés pendant cette guerre lointaine. Toutes les traces de dévastation disparurent. Les Chinois chrétiens avaient apporté des cierges, des chandeliers et des tableaux. Dans le chœur tendu de cotonnade bleue et blanche se dressait un grand baldaquin dont les rideaux encadraient l'autel. Des faisceaux de drapeaux tricolores complétaient la décoration. La croix de fer, retrouvée, avait été replacée au faîte de l'édifice.

La solennité du 29 octobre fit battre tous les cœurs. On vit couler dans bien des yeux de pieuses larmes. Les chants religieux auxquels on était habitué en France venaient de faire disparaître en un instant les six mille lieues qui séparaient l'armée française de la mère patrie. Les musiques militaires tenaient lieu d'orgue. Les Irlandais de l'armée anglaise s'étaient joints à leurs coreligionnaires français. Lorsque, entouré de missionnaires et de prêtres catholiques chinois, le vénérable évêque de Pékin, qui, depuis vingt-huit ans, bravait le martyre en Chine, monta à l'autel et célébra l'office, l'assistance se sentit profondément émue. A l'élévation, les tambours battirent aux champs, les clairons retentirent, les officiers et les soldats mirent genou à terre, et les drapeaux français, qui n'avaient jamais été si loin, s'inclinèrent devant Dieu. A l'issue de la messe, on chanta le *Domine salvum fac Imperatorem*. Puis on entonna le *Te Deum* d'actions de grâces. Rarement la chrétienté avait obtenu un pareil triomphe.

L'armée alliée quitta Pékin le 1ᵉʳ novembre. Elle allait revenir en Europe, après une des expéditions les plus merveilleuses dont l'histoire ait gardé le souvenir.

CONCLUSION

Le drapeau français avait flotté la même année à Rome, à Beyrouth et à Pékin. Si les expéditions de Syrie et de Chine avaient eu lieu à l'époque du complet accord entre le Saint-Siège et la France impériale, que de cantiques d'actions de grâces auraient retenti dans toute la catholicité, et avec quelle effusion le Souverain-Pontife aurait exprimé sa gratitude au nouveau Charlemagne, défenseur de la croix et Fils aîné de l'Eglise! Mais depuis que Pie IX avait perdu une partie de ses Etats et se voyait menacé de perdre le reste, il n'avait plus confiance en Napoléon III. Le parrain du Prince Impérial n'était plus l'ami de l'Empereur.

L'Impératrice, à la fin de 1860, se montrait vivement préoccupée par la tournure que les événements prenaient en Italie. Les malheurs de deux femmes dont le sort l'intéressait lui avaient causé une impression pénible. L'une était la duchesse de Parme, l'autre la reine de Naples.

Fille et veuve de princes tous deux assassinés, sœur d'un prince proscrit, mère et tutrice d'un enfant dépouillé de son héritage, la duchesse de Parme inspirait une sympathie profonde à l'Impératrice, qui respectait beaucoup le parti légitimiste, et qui trouvait que défendre la sœur du comte de Chambord était de la part de l'Empereur un acte noble et chevaleresque. Elle avait fait de grands efforts pour sauver le trône du jeune duc de Parme, et cependant ce trône s'était écroulé. N'était-ce pas là pour elle-même un présage?

L'Impératrice ne se consolait pas non plus de ne pouvoir venir en aide à l'héroïque reine de Naples, qui, à Gaëte, se conduisait comme une amazone, et s'associait à tous les dangers de son époux. Le moment approchait où la flotte française, malgré les démarches de la Prusse et de la Russie, qui demandaient son maintien dans les eaux de Gaëte, allait être rappelée, pour complaire à l'Angleterre, et où François II serait obligé de capituler après une longue et honorable résistance. L'Impératrice partageait le sentiment du duc de Gramont, qui écrivait alors à M. Thouvenel : « Nous assistons aux derniers efforts de ce malheureux roi de Naples, qui va périr dans quelques heures victime de l'acte le plus odieux qu'il soit possible de concevoir! Vous ne pouvez pas vous imaginer tout ce qu'il y a de pénible à se voir, bon gré mal gré, mêlé aux souffrances de cette agonie, refusant un bout de corde au noyé qui s'enfonce sous l'eau, ou plutôt la balançant au-dessus de sa tête, trop courte pour qu'il puisse la saisir. »

L'Impératrice aurait pu également signer cette autre lettre du 29 décembre, où le même ambassadeur disait à M. Thouvenel : « Je crois que l'Italie *une* est une chose détestable pour la France, et que si, par malheur, l'Empereur se prête à cette combinaison, la France lui en demandera un jour, à lui et à ceux qui auront coopéré avec lui, un compte sévère. Or, l'existence du Pape à Rome comme pouvoir temporel empêche l'unité de l'Italie. Donc, il faut l'y soutenir quand bien même nous n'y aurions pas d'autre intérêt. D'ailleurs, l'Empereur ne peut pas l'abandonner, ce pouvoir temporel, sans se parjurer à la face du monde entier, et je ne puis me résoudre à discuter une pareille hypothèse. Ce qui est certain, c'est que je protesterai de toute ma conscience contre une pareille solution. » C'est là ce que l'Impératrice allait faire. Elle devait jusqu'à la fin du règne user de toute son influence sur l'esprit de son époux pour défendre la cause du Saint-Siège. Elle devenait femme politique, nouveau rôle destiné à être pour elle plein d'amertumes. L'année 1860, avait été le commencement de ses épreuves, et sa tâche allait être chaque jour plus difficile. Elle pressentait déjà que la féerie des premiers temps du règne était le prélude de tragédies terribles. Mais en 1860, l'Impératrice était peut-être la seule femme de la Cour qui eût des appréhensions pour l'avenir. La plupart des autres, entraînées par le tourbillon mondain, éblouies par les splendeurs de l'existence parisienne, se complaisaient, sans arrière-pensée, dans la prospérité dont la France jouissait avec délices. La souveraine elle-même, après une période de recueillement et de tristesse qui dura plusieurs mois et fit supprimer, pour 1860, les fêtes habituelles de Compiègne, allait reprendre, en 1861, tous ses devoirs de représentation et toutes les pompes de sa brillante vie d'impératrice.

Quant à l'Empereur, c'était en somme avec satisfaction qu'il récapitulait les événements de 1860. L'annexion de Nice et de la Savoie était considérée avec raison par lui comme le plus grand succès de son règne. Ses sympathies pour la cause italienne, loin de diminuer, s'accentuaient chaque jour davantage, et parce que son oncle avait été empereur des Français et roi d'Italie, il croyait avoir lui-même deux patries auxquelles il s'intéressait également. Poursuivant le cours de ses projets cosmopolites et de sa politique humanitaire, il rêvait une solidarité morale et matérielle entre toutes les nations, une sorte de fédération européenne, et se croyait appelé à réaliser, grâce au principe des nationalités, les rêves du *Mémorial de Sainte-Hélène*. L'intérêt particulier de la France passait, dans son esprit, après l'intérêt général des peuples. Les grandes agglomérations qui se formeraient à côté de son empire ne l'effrayaient pas. Les républicains presque sans exception et plusieurs grands organes de publicité, aux tendances orléanistes, tels que le *Journal des Débats* et la *Revue des Deux-Mondes*, l'encourageaient dans sa condescendance pour le Piémont et pour la Prusse. Il s'imaginait qu'il n'aurait jamais rien à craindre de ces deux puissances, et croyait qu'il trouverait dans la Cour de Berlin un utile auxiliaire pour l'émancipation de Venise, complément de son programme inachevé en 1859 : « l'Italie libre des Alpes jusqu'à l'Adriatique. »

Apôtre du principe des nationalités, Napoléon III était destiné à en devenir le martyr. C'est à cette cause qu'il devait sacrifier une amitié précieuse entre toutes, l'amitié de la Russie. Il n'aurait pas dû cependant oublier que sans cette puissance il n'aurait jamais obtenu ses succès de 1860. C'est la Russie qui avait déjoué les projets de coalition tentés par l'Angleterre pour empêcher l'annexion de la Savoie et de Nice à la France. C'est la Russie qui avait également déjoué les intrigues anglaises en facilitant l'expédition de Syrie et en ne prenant aucun ombrage du rôle glorieux que la France assumait. C'est la Russie qui, par les bons offices de son ministre en Chine, le général Ignatieff, avait contribué, de la manière la plus efficace, à l'heureuse conclusion du traité de Pékin. En dépit de la soi-disant alliance anglaise, Napoléon III n'avait trouvé à Londres que des difficultés. A Saint-Pétersbourg, au contraire, il n'avait rencontré que bon vouloir et sympathie. Tant qu'il restera fidèle au pacte de Stuttgart, il sera sûr d'éviter toutes les catastrophes. Mais il sacrifiera au principe des nationalités, à la cause polonaise, celle de toutes les alliances qui aurait pu être la plus utile, la plus durable, la plus féconde. C'est également pour le principe des nationalités, pour la délivrance de Venise, que Napoléon III se fera le promoteur principal de l'accord entre Turin et Berlin, qui aura pour conséquences Sadowa et Sedan.

En 1860, l'Empereur ne présageait rien de tout cela. Il ne se doutait point des amères déceptions que lui préparait sa diplomatie personnelle, et, en fait de politique intérieure, il ne pouvait s'imaginer que ses adversaires retourneraient contre lui les concessions libérales qu'il leur accordait avec une généreuse spontanéité. Dévoué aux idées du libre-échange, il croyait avoir, par le traité de commerce, jeté dans le sol des germes d'où sortiraient d'immenses et bienfaisantes moissons. Il rêvait pour l'humanité la cessation de l'âge de fer et l'avènement de l'âge d'or. Comme tout lui avait réussi depuis le commencement de son règne, il croyait que ses aigles planaient au-dessus de la foudre. Heureux époux, heureux père, heureux souverain, il jouissait en paix d'une situation qui contrastait avec les douloureuses épreuves de son enfance et de sa jeunesse. Il regardait l'avenir avec confiance, et il croyait plus que jamais à son étoile.

FIN

TABLE DES MATIÈRES

		Pages
INTRODUCTION.		v
I.	Le Jour de l'An	1
II.	La démission du comte Walewski	8
III.	La lettre au ministre d'État	16
IV.	Le général de Montauban	23
V.	Le traité de commerce avec l'Angleterre	30
VI.	L'agitation religieuse	37
VII.	La mort de la grande-duchesse Stéphanie	46
VIII.	Le carnaval	53
IX.	Le discours du trône	62
X.	Monsieur Thouvenel	69
XI.	La question d'Italie	78
XII.	Nice et la Savoie	85
XIII.	Les grandes puissances	93
XIV.	Le traité de Turin	100
XV.	Le vote des populations	109
XVI.	Le bal de l'hôtel d'Albe	117
XVII.	Victor-Emmanuel	124
XVIII.	Le comte de Cavour	133
XIX.	Pie IX	140
XX.	Le duc de Gramont	148
XXI.	Le général de Lamoricière	156
XXII.	L'armée pontificale	165
XXIII.	Garibaldi	172
XXIV.	François II	180
XXV.	L'entrevue de Lyon	187
XXVI.	Fontainebleau	194
XXVII.	L'entrevue de Bade	205
XXVIII.	La mort du roi Jérôme	215
XXIX.	Les massacres de Syrie	227

XXX.	La Syrie et l'Angleterre.	236
XXXI.	Le 15 août.	245
XXXII.	Le voyage dans le Sud-Est.	253
XXXIII.	Marseille et Toulon.	268
XXXIV.	Nice	279
XXXV.	Ajaccio.	287
XXXVI.	Alger	295
XXXVII.	La mort de la duchesse d'Albe.	303
XXXVIII.	L'invasion piémontaise	313
XXXIX.	Castelfidardo	320
XL.	Ancône	328
XLI.	L'expédition de Syrie.	336
XLII.	Le royaume de Naples.	344
XLIII.	Les protestations diplomatiques.	354
XLIV.	L'entrevue de Varsovie.	363
XLV.	Victor-Emmanuel à Naples.	372
XLVI.	L'Impératrice en Angleterre	380
XLVII.	Le décret du 24 novembre.	387
XLVIII.	Les forts de Takou	395
XLIX.	Le guet-apens de Tong-Tcheou	403
L.	La bataille de Palikao.	411
LI.	Le Palais d'Été	418
LII.	Le traité de Pékin.	428
Conclusion.		437

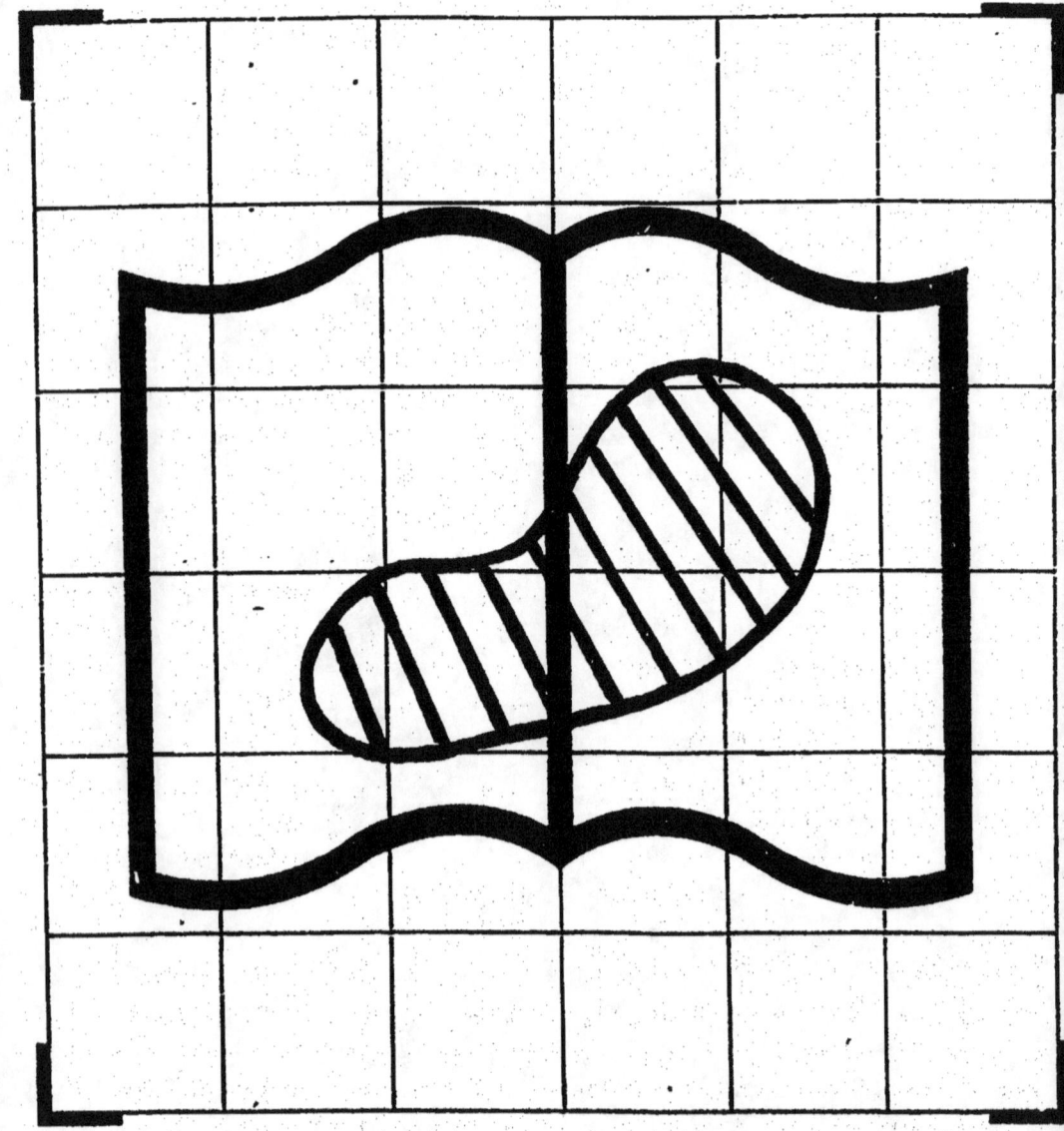

OUVRAGES DU MÊME AUTEUR :

LES FEMMES DE VERSAILLES

I.	La Cour de Louis XIV	3 50
II.	La Cour de Louis XV	3 50
III.	Les dernières années de Louis XV	3 50
IV.	Les beaux jours de Marie-Antoinette	3 50
V.	La fin de l'Ancien Régime	3 50

LES FEMMES DES TUILERIES

I.	Histoire du Château des Tuileries	3 50
II.	Marie-Antoinette aux Tuileries	3 50
III.	Marie-Antoinette et l'Agonie de la Royauté	3 50
IV.	La dernière année de Marie-Antoinette	3 50
V.	La jeunesse de l'Impératrice Joséphine	3 50
VI.	La Citoyenne Bonaparte	3 50
VII.	La Femme du premier Consul	3 50
VIII.	La Cour de l'Impératrice Joséphine	3 50
IX.	Les dernières années de l'Impératrice Joséphine	3 50
X.	Les beaux jours de l'Impératrice Marie-Louise	3 50
XI.	Marie-Louise et la décadence de l'Empire	3 50
XII.	Marie-Louise et l'invasion de 1814	3 50
XIII.	Marie-Louise, l'Île d'Elbe et les Cent Jours	3 50
XIV.	Marie-Louise et le duc de Reichstadt	3 50
XV.	La jeunesse de la Duchesse d'Angoulême	3 50
XVI.	La Duchesse d'Angoulême et les deux Restaurations	3 50
XVII.	La Duchesse de Berry et la Cour de Louis XVIII	3 50
XVIII.	La Duchesse de Berry et la Cour de Charles X	3 50
XIX.	La Duchesse de Berry et la Révolution de 1830	3 50
XX.	La Duchesse de Berry et la Vendée	3 50
XXI.	La Captivité de la Duchesse de Berry	3 50
XXII.	Les dernières années de la Duchesse de Berry	3 50
XXIII.	La jeunesse de la Reine Marie-Amélie	3 50
XXIV.	Marie-Amélie et la Cour de Palerme	3 50
XXV.	Marie-Amélie au Palais-Royal	3 50
XXVI.	Marie-Amélie et la Cour des Tuileries	3 50
XXVII.	Marie-Amélie et la Duchesse d'Orléans	3 50
XXVIII.	Marie-Amélie et l'apogée du Règne de Louis-Philippe	3 50
XXIX.	Marie-Amélie et la Société Française en 1847	3 50
XXX.	La Révolution de 1848	3 50
XXXI	Les Exils	3 50
XXXII.	Louis-Napoléon et Mademoiselle de Montijo	3 50
	Les Femmes de la Cour des derniers Valois	3 50
	Deux victimes de la Commune	2 50
	Souvenirs (poésies)	2 50
	Portraits des grandes dames	3 50
	Madame de Girardin	3 50
	Histoire du Château des Tuileries (illustré)	5 »
XXXIII.	Napoléon III et sa Cour	3 50
XXXIV.	La Cour du Second Empire (1856-1858)	3 50
XXXV.	La France et l'Italie	3 50

ÉDITIONS SPÉCIALES DÉDIÉES A LA JEUNESSE

	La Cour de Louis XIV	3 50
	La Cour de Louis XV	3 50
	Les Beaux jours de Marie-Antoinette	3 50
	La Jeunesse de l'Impératrice Joséphine	3 50

www.ingramcontent.com/pod-product-compliance
Lightning Source LLC
Chambersburg PA
CBHW070202240426
43671CB00007B/520